EUROPAVERLAG**BERLIN**

W0188394

Christian Kreiß

GEKAUFTE FORSCHUNG

Wissenschaft im Dienste der Industrie – Irrweg Drittmittelforschung

EUROPAVERLAGBERLIN

© 2015 Europa Verlag GmbH & Co. KG, Berlin · München · Wien
Umschlaggestaltung: Hauptmann & Kompanie Werbeagentur, Zürich
Bildnachweis: S. 97: © Daniel Karmann/picture-alliance/dpa-Report; S. 95: privat; S. 13: © Stifterverband für die Deutsche Wissenschaft: Ländercheck 2012; S. 101: Wikimedia Commons
Satz: BuchHaus Robert Gigler, München
Druck und Bindung: cpi Clausen & Bosse, Leck
ISBN 978-3-944305-72-1

www.europa-verlag.com

INHALTSVERZEICHNIS

Einleitung 7

**Kapitel 1: Das Grundprinzip oder:
Was ist schlecht an Industriegeldern für die Bildung?** 21

Tabakindustrie – die Taktik der Verschleierung 22
Chemieindustrie – Fälschung von Studien 39
Pharmaindustrie – Gewinn geht vor Gesundheit 44
Gentechnikindustrie – Diskreditierung
    unabhängiger Forschung 66
Zuckerindustrie – die World Sugar Research Organisation 73
Zwischenfazit 80

Kapitel 2: Subtile Formen der Einflussnahme 82

Stiftungsprofessuren 82
Aktivitäten von Pharmakonzernen, Banken
    und Finanzdienstleistern 94
Internetkonzerne – das Beispiel Google 102
Energiekonzerne 108
Wasserwirtschaft 118

Arbeitgeberverbände 119

Automobilindustrie 124

Industrieeinfluss auf Kitas und Schulen 133

Industrieeinfluss auf Forschung mit Staatsgeldern
in Deutschland 143

Industrieeinfluss auf die großen deutschen
Wissenschaftsgemeinschaften 155

Industrieeinfluss auf EU-Förderprogramme 158

Kapitel 3: Marktverzerrung durch steuerfinanzierte Forschungsmittel 161

Verdeckte Subventionen 161

Intransparenz 163

Informationsasymmetrien 164

Kapitel 4: Schlüsselfragen 166

1. Einseitigkeit oder Vielfalt? 166
2. (Geld-)Macht oder offener Wettbewerb
   der Argumente? 169
3. Strukturell tendenziöse oder freie Forschung? 171

Kapitel 5: Gesellschaftliche Folgen 175

Lösungsvorschläge – allgemein 177

Lösungsvorschläge – Pharmaindustrie 182

Schlussbetrachtung – Industriefinanzierung
und ihre Folgen 184

Literaturverzeichnis 191

Register 201

Anmerkungen 208

EINLEITUNG

Die Titelstory der *Süddeutschen Zeitung* vom 4. Dezember 2014 lautete: »Pfusch bei Zulassung von Medikamenten«.[1] Es wurde berichtet, dass die indische GVK Biosciences, eines der größten asiatischen Forschungsinstitute, das im Auftrag Dutzender weltweit agierender Pharmaunternehmen wissenschaftliche Medikamententests durchführt, möglicherweise Tausende von Studien systematisch zugunsten der Pharmaindustrie verfälscht hat. Daraufhin wurden allein in Deutschland 80 Medikamente aus dem Verkehr gezogen.[2]

Bei genauerer Betrachtung besteht jedoch der Verdacht, dass es sich um alles andere als Pfusch gehandelt haben könnte. Mit dem Begriff Pfusch verbindet man zum Beispiel Schlamperei, Ungenauigkeit, menschliches Versagen und dergleichen. Dies war jedoch gar nicht das Problem. Vielmehr lässt sich vermuten, dass es sich um absichtliche, systematisch betriebene Fehldarstellungen handelte, um die Gewinne der Auftraggeber, nämlich der Pharmaunternehmen, zu erhöhen, und nicht um Pfusch.[3] Es lag struktureller Missbrauch von Forschung im Dienste der Geldgeber vor. Solche gezielten Fehldarstellungen wissenschaftlicher Untersuchungen zugunsten der Pharmakonzerne sind nach Ansicht von Fachleuten in der Pharmaindustrie weltweit der Regelfall, nicht die Ausnahme (siehe Kapitel »Pharmaindustrie«, Seite 44).[4]

Diese und ähnliche Formen gekaufter Forschung sind Gegenstand des vorliegenden Buches. Die Pharmaindustrie ist bei Weitem kein Einzelfall, wenn auch dort der Missbrauch gekaufter Forschung besonders stark blüht. Der Strom von privaten Geldern in die Wissenschaft ist in den letzten Jahrzehnten dramatisch angeschwollen. Im Normalfall steht dabei nicht der Nutzen von Forschung für die Allgemeinheit, sprich für die Menschen, im Vordergrund, sondern der Nutzen der Geldgeber. Dies führt in starkem Ausmaß zu einer zunehmenden Irreführung durch sogenannte wissenschaftliche Ergebnisse.

Nur sehr selten geht es dabei um Lüge oder Betrug. In den allermeisten Fällen handelt es sich um eine Einseitigkeit der Darstellung, um Viertel-, Halb- oder Dreiviertelwahrheiten, die ja ebenfalls Wahrheiten sind. Daher sind diese Wahrheiten auch nicht oder nur schwer widerlegbar. So gibt es beispielsweise bei vielen politisch umstrittenen Fragen zahlreiche gute Argumente, Zahlen, Daten und Fakten dafür und dagegen. Beleuchtet man in wissenschaftlichen Untersuchungen nun einseitig die Zahlen, Daten und Fakten, die *für* eine bestimmte Sache sprechen, und vernachlässigt man die Zahlen, Daten und Fakten, die *gegen* sie sprechen, so werden politische oder gesellschaftliche Prozesse in eine ganz bestimmte Richtung gelenkt. Schließlich beanspruchen ja all die Zahlen, Daten und Fakten für sich, wahr und wissenschaftlich belegbar zu sein.

Diese Methode, Forschung einseitig in eine gewünschte Richtung zu lenken, hat gravierende langfristige Folgen. Denn worüber geforscht wird und – vielleicht noch wichtiger – worüber *nicht* geforscht wird, beeinflusst maßgeblich langfristige gesellschaftliche Weichenstellungen, legt fest, in welche Richtung eine Gesellschaft sich bewegt beziehungsweise nicht bewegt. Unsere Gedanken von heute sind häufig die Wirklichkeit von morgen!

Man kann die Methode, Forschung einseitig in eine gewünschte Richtung zu lenken, gezielt nutzen, um bestimmte Interessen im gesellschaftlichen Konsensfindungsprozess zu bevorzugen oder durchzusetzen. Und genau dies geschieht in großem Umfang. Wissenschaft gerät in den letzten Jahren und Jahrzehnten immer stärker unter den Einfluss von Geld- und Machtinteressen. In früheren Zeiten stand die Wissenschaft stark unter kirchlicher Einflussnahme, dann war sie dem Druck von Fürsten und Landesherren und später von staatlichen Interessen ausgesetzt. Jetzt wird die staatliche Einflussnahme zunehmend abgelöst durch ökonomische Steuerungsimpulse, durch Geldmacht.[5] Wollen wir das wirklich?

Dieses Buch beginnt mit der Frage: Was ist eigentlich schlecht an industrienaher Forschung?[6] Anhand mehrerer detaillierter Beispiele skrupellosen Missbrauchs von Wissenschaft durch verschiedene Unternehmen werden die nachteiligen Folgen solcher Forschung aufgezeigt. Hat man sich einmal das Grundprinzip klargemacht, kann man es problemlos auf subtilere Formen einseitiger Einflussnahme übertragen, insbesondere in Form von Drittmitteln für Hochschulen – beispielsweise Stiftungsprofessuren oder Industriesponsoring. Im Vordergrund steht dabei durchweg der Einfluss von Industriegeldern auf die Forschung. Am Rande wird auch auf staatliche Drittmittel eingegangen. Hier steht die Frage im Vordergrund, ob beziehungsweise inwieweit Industrievertreter ihre einseitigen Interessen in den Entscheidungsgremien herbeiführen. Anders ausgedrückt: Wie groß ist der Einfluss von Geldinteressen auf öffentlich finanzierte Forschungsprojekte? Wie wir sehen werden, ist er erheblich. Am Ende werden wir uns Vorschläge für mögliche Maßnahmen gegen den weitverbreiteten Missbrauch von Forschung durch Industriegelder ansehen.

Im Kern geht es in diesem Buch um die Frage: Wie frei sind unsere Forschung und Wissenschaft heute? So frei, wie es im

Grundgesetz verankert ist?[7] Dient unsere Forschung an den öffentlichen Hochschulen dem öffentlichen beziehungsweise dem Allgemeininteresse, also möglichst allen Menschen, oder dient sie zunehmend Partikularinteressen, Einzel- oder Gruppeninteressen, insbesondere einseitigen Gewinninteressen? Oder ganz direkt gefragt: In welchem Umfang wird unsere Wissenschaft an den Hochschulen von der Wirtschaft gekauft?

Man könnte es auch von der anderen Seite formulieren: Sind die akademischen Kernprinzipien und die öffentliche Mission der Hochschulen noch gewährleistet? Sind akademische Freiheit, institutionelle Autonomie und Forschungsintegrität auch heute noch gewährleistet?[8]

Da es in diesem Buch um Drittmittel geht, möchte ich darauf hinweisen, dass auch für dieses Buch Drittmittel in Höhe von 20 000 Euro eingeworben wurden. Mit dem Geld konnte eine Stelle für den jungen Politologen Felix Möller finanziert werden, der vorzügliche Recherchearbeit leistete und geistreiche Ideen für Schaubilder hatte. Dafür möchte ich mich ganz herzlich bedanken. Und natürlich gilt mein besonderer Dank auch der Stiftung, die diese Mittel zur Verfügung gestellt hat und die nicht namentlich genannt werden möchte.

Das Buch entstand im Wesentlichen 2014 bis April 2015 und dokumentiert bis zum Redaktionsschluss den Stand der Debatte der hier angeführten Beispiele.

Entwicklungen der letzten Jahrzehnte

In den OECD-Ländern sank von 1981 bis 2003 der Anteil der selbst finanzierten Forschung an den Universitäten durchschnittlich um 10 Prozentpunkte. Der Anteil der gewerblich finanzierten akademischen Forschung verdoppelte sich im selben Zeitraum. Auch wenn industriefinanzierte Forschung derzeit mit einem Anteil von 6 Prozent der gesamten Finanzierung vergleichsweise gering ausfällt, zeigt ihr auffallendes Wachstum in den letzten Jahrzehnten jedoch die stark zunehmende Bedeutung von Industriegeldern.[9]

Zahlreiche Publikationen im deutschsprachigen Raum greifen diesen Trend stark wachsender Drittmittel in jüngerer Zeit auf und erörtern mögliche Auswirkungen auf Hochschulen, Forscher und die Allgemeinheit. Sätze wie »Wer heutzutage in der Wissenschaft erfolgreich sein will, ist auf Drittmittel angewiesen«[10] sind beinahe so häufig wie die Abhandlungen zum Thema selbst. Die Höhe eingeworbener Drittmittel wird dabei in der jüngeren Zeit immer häufiger als Erfolgsindikator angesehen.[11] Sie haben daher unter anderem starken Einfluss auf die Forschungsausrichtung vieler Hochschulen und vieler Forscher, was auch politisch so gewollt ist.[12]

Was sind eigentlich Drittmittel? Laut Paragraf 25 Absatz 1 Hochschulrahmengesetz (HRG) sind Drittmittel solche Gelder, »die nicht aus der der Hochschule zur Verfügung stehenden Haushaltsmitteln, sondern aus Mitteln Dritter finanziert werden«. Im Folgenden soll diese Umschreibung beibehalten werden. Unter Drittmitteln werden demnach alle Geldmittel verstanden, die von Dritten kommen und nicht aus Haushaltsmitteln der Hochschule stammen. Im HRG heißt es in Paragraf 25 Absatz 4 ausdrücklich: »Die Mittel sind für den vom Geldgeber bestimmten Zweck zu verwenden und nach dessen Bedingungen zu bewirtschaften.«[13] Dadurch wird eine Einflussnahme seitens privater Geldgeber gesetzlich nicht nur erlaubt, sondern geradezu vorgeschrieben.

Die deutsche Forschungslandschaft

Im Jahr 2011 beliefen sich die gesamten Forschungsausgaben in Deutschland auf rund 75,6 Milliarden Euro, davon entfielen 51,1 Milliarden Euro oder 67,7 Prozent auf Forschungsausgaben im Unternehmensbereich, 13,5 Milliarden Euro oder 17,8 Prozent auf die deutschen Hochschulen und rund elf Milliarden Euro oder 14,5 Prozent auf den öffentlichen Bereich und private Institutionen ohne Erwerbszweck.[14] Die 51 Milliarden Euro des Unternehmensbereichs werden zu 77 Prozent in den Sektoren Fahrzeugbau (37 Prozent der gesamten Industrie-F&E-Aufwendungen), Elektroindustrie, Chemie, Pharmaindustrie und Maschinenbau erbracht. Der wichtigste Teil der privatwirtschaftlichen Forschungsanstrengungen entfällt also auf »unmittelbare technologische Forschung in den deutschen Schlüsselindustriesektoren«.[15] Die elf Milliarden Euro des öffentlichen Bereichs werden zum größten Teil von vier großen Forschungsgemeinschaften ausgegeben, den Helmholtz-Zentren (rund 3,5 Milliarden Euro), den Fraunhofer Instituten (1,8 Milliarden Euro), den Max-Planck-Instituten (1,6 Milliarden Euro) und der Leibniz-Gemeinschaft (1,2 Milliarden Euro) – zusammen also 8,2 Milliarden Euro.[16]

Im Jahr 2011 forschten in Deutschland offiziell 574 701 Menschen, davon waren 357 129 (62,1 Prozent) im Unternehmensbereich beschäftigt, 123 910 (21,6 Prozent) an Hochschulen und 93 663 (16,3 Prozent) im öffentlichen Bereich und in privaten Institutionen ohne Erwerbszweck.[17] Gut ein Viertel des wissenschaftlichen Hochschulpersonals war 2011 durch Drittmittel finanziert. Bei den Professoren waren es etwa 3,8 Prozent, bei den wissenschaftlichen Mitarbeitern dagegen 38 Prozent.[18]

Die deutsche Forschungslandschaft ist demnach stark dominiert von Industrieforschung, auf die etwa zwei Drittel aller Forschungsaktivitäten in Deutschland entfallen. An den Hochschulen findet knapp ein Fünftel der Forschung statt, in den vier großen Forschungseinrichtungen etwa ein Zehntel (gemessen an den Forschungsausgaben).

Die Aufteilung der Gesamtfinanzierung (Forschung und Lehre) deutscher Hochschulen nach Grund- und Drittmitteln stellt sich folgendermaßen dar:

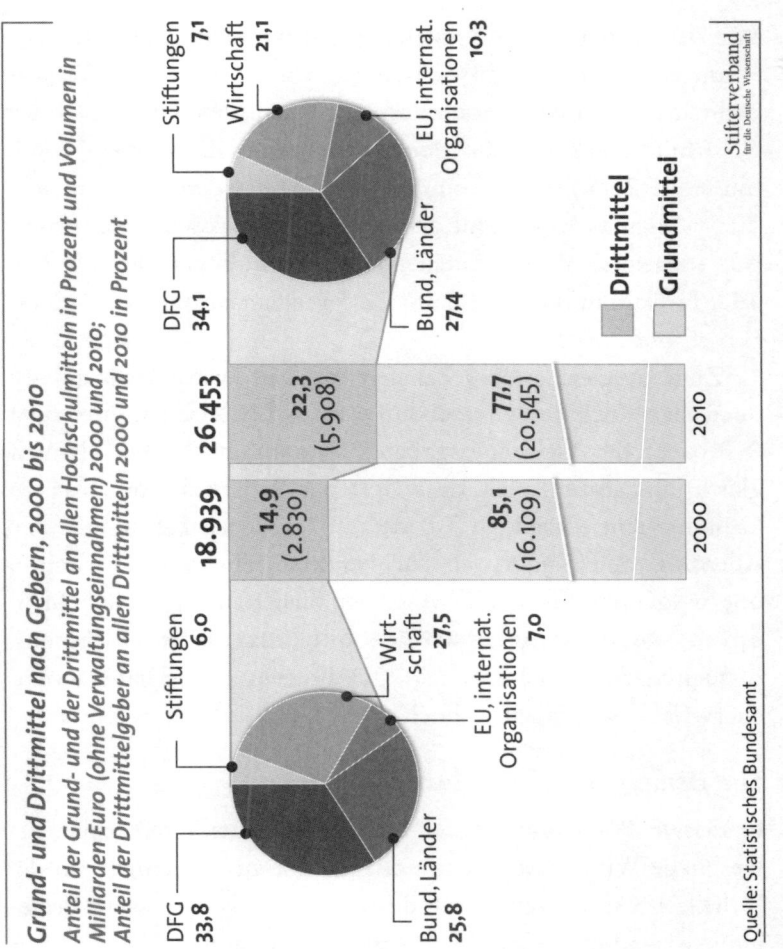

Grund- und Drittmittel nach Gebern, 2000 bis 2010

Anteil der Grund- und der Drittmittel an allen Hochschulmitteln in Prozent und Volumen in Milliarden Euro (ohne Verwaltungseinnahmen) 2000 und 2010; Anteil der Drittmittelgeber an allen Drittmitteln 2000 und 2010 in Prozent

Stiftungen 7,1
Wirtschaft 21,1
EU, internat. Organisationen 10,3
DFG 34,1
Bund, Länder 27,4

2010 — 26.453 — 22,3 (5.908) — 77,7 (20.545)
2000 — 18.939 — 14,9 (2.830) — 85,1 (16.109)

Stiftungen 6,0
Wirtschaft 27,5
EU, internat. Organisationen 7,0
DFG 33,8
Bund, Länder 25,8

Drittmittel
Grundmittel

Stifterverband
für die Deutsche Wissenschaft

Quelle: Statistisches Bundesamt

Abbildung 1: Grund- und Drittmittelfinanzierung deutscher Hochschulen nach Gebern in den Jahren 2000 und 2010. Ersichtlich werden der Anteil der Grund- und Drittmittel an allen Hochschulmitteln in Prozent und Volumen in Millionen Euro (ohne Verwaltungseinnahmen) sowie der Anteil der Drittmittelgeber an allen Drittmitteln in Prozent.[19]

Wie dem Schaubild zu entnehmen ist, hat sich die Drittmittel-finanzierung deutscher Hochschulen von 2000 bis 2010 etwas mehr als verdoppelt (von rund 2,8 Milliarden Euro auf etwa 5,9 Milliarden Euro). Im gleichen Zeitraum stiegen die Grund-mittel um 27,5 Prozent von rund 16,1 Milliarden Euro auf circa 20,5 Milliarden Euro und damit weniger stark als die Drittmit-tel, sodass sich der Anteil der Drittmittelfinanzierung von 14,9 Prozent im Jahr 2000 auf 22,3 Prozent im Jahr 2010 deut-lich erhöht hat.

Zum Vergleich: 1990 beliefen sich die Drittmittelausgaben deutscher Hochschulen noch auf etwa 1,5 Milliarden Euro oder 8 Prozent der Gesamtausgaben.[20] Nimmt man 1995 als Ver-gleichsjahr, so zeigt sich, dass 1995 das Verhältnis von Dritt- zu Grundmitteln etwa 1 zu 7 betrug, 2011 dagegen fast 1 zu 3.[21] Allerdings muss man sich darüber klar sein, dass Drittmittel überwiegend in Forschungsvorhaben fließen, nicht in die Lehrtä-tigkeit, sodass der Anteil der drittmittelfinanzierten Hochschul-forschung deutlich höher als 22,3 Prozent sein dürfte, mögli-cherweise fast doppelt so hoch.[22]

Die Bedeutung von Industriegeldern

In diesem Buch umfasst der Begriff »Industrie« die ganze ge-werbliche Wirtschaft. Da es uns hier fast ausschließlich um die Rolle von Geldern aus der Industrie für die Wissenschaft bezie-hungsweise um die Einflussnahme der privaten Wirtschaft auf die Hochschulforschung geht, wollen wir einen genaueren Blick darauf werfen.

Die Drittmittel aus der gewerblichen Wirtschaft stiegen von 2000 bis 2010 um circa 60 Prozent auf etwa 1,3 Milliarden Euro, wie man aus obigem Schaubild ersehen kann, und damit weniger stark als die anderen Formen der Drittmittelfinanzie-rung, sodass sich ihr Anteil an den gesamten Drittmitteln in die-sen zehn Jahren von 27,5 auf 21,1 Prozent reduzierte.[23] Drittmittel aus der freien Wirtschaft rangieren daher hinter denen der Deutschen Forschungsgemeinschaft (DFG), die überwiegend staatlich finanziert ist, und hinter den Drittmitteln des Bundes an dritter Stelle aller Drittmittelgeber.

Der Anteil der Drittmittel aus der Privatwirtschaft an der Gesamtfinanzierung der deutschen Hochschulen erscheint mit 4,7 Prozent vergleichsweise gering. Daher könnte man der Ansicht sein, dass sowohl die Bedeutung wie auch der Einfluss von Industriegeldern auf die deutsche Hochschulforschung ebenso recht gering wären. Das täuscht jedoch. Wie später im Kapitel »Forschung und Staatsgelder« noch gezeigt werden wird, ist der Einfluss der Industrie auf die Verwendung von nationalen und internationalen öffentlichen Mitteln erheblich. Der dadurch bewirkte indirekte Einfluss von Industrieinteressen auf die Hochschulforschung ist sehr stark. Dazu kommt, dass auch ein großer Teil der Drittmittel aus Stiftungen recht industrienah ist. Deshalb ist der tatsächliche Einfluss der Industrie auf die Hochschulforschung bei Weitem höher, als die Angabe von 4,7 Prozent vorspiegelt – wie wir noch sehen werden.

Das Statistische Bundesamt, von dem die Zahlen aus dem obigen Schaubild stammen, kommentiert Drittmittel wie folgt: »Die Höhe der Drittmittel ist ein Maß für den Erfolg der Hochschullehrer und -lehrerinnen, Forschungsmittel zu akquirieren, und kann gleichzeitig als Indikator für die Qualität der Forschung angesehen werden.«[24] Ähnlich freundlich urteilt der industrienahe Stifterverband für die Deutsche Wissenschaft auf seiner Homepage:

»Neben der finanziellen Bedeutung sind Drittmittel vor allem eine Geldquelle, die mit einer hohen Reputation verbunden ist und als Aushängeschild der Leistungsfähigkeit einer Hochschule gilt. Denn Drittmittel werden im wissenschaftlichen Wettbewerb eingeworben: bei der Exzellenzinitiative, bei der Forschungsförderung von Bund,

Ländern und Europäischer Union wie auch bei Stiftungen und Unternehmen.«[25]

Am Rande sei angemerkt, dass die Situation bezüglich Drittmitteln in Österreich – auf die wir hier nicht weiter eingehen wollen – ähnlich der in Deutschland ist. Drittmittel spielen auch in Österreich eine große und wachsende Rolle und sind in der Forschungslandschaft nicht mehr wegzudenken.[26] Interessant in diesem Zusammenhang ist, dass lange Zeit eine verbreitete gesellschaftliche Skepsis in der österreichischen Öffentlichkeit gegenüber dem zunehmenden Einfluss von Industrieinteressen auf die Wissenschaft herrschte und ein »Abgleiten in die Geschäfts- und Marketingsphären«[27] befürchtet wurde. Durch die Einflussnahme der Europäischen Union wurde 2002 jedoch durchgesetzt, dass die »Universitäten die Notwendigkeit anerkennen, sich mehr Privatmittel zu verschaffen und sich diversifiziertere Finanzierungsquellen [als den Staat] zu sichern«.[28] 2002 wurde, ausgehend von der Europäischen Kommission, die österreichische Rechtslage dahingehend verändert, dass nunmehr von österreichischen Hochschulen »ausdrücklich erwartet [wurde], zusätzlich zur gesicherten staatlichen Finanzierung Drittmittel [zu] lukrieren und flexibel [zu] verwenden«.[29]

Die Privatfinanzierung der Schweizer Universitäten und der beiden ETH (Eidgenössische Technische Hochschulen Zürich und Lausanne) stieg zwischen 1995 und 2010 um 122 Prozent von 470 Millionen Franken auf rund 1,1 Milliarden Franken. Der Anteil der Privatmittel an den Gesamtbudgets stieg im selben Zeitraum von 12,6 auf 15,5 Prozent.[30]

Drittmittel sind nicht gleich Drittmittel

In zahllosen Veröffentlichungen werden Drittmittel als Leistungsindikator für erfolgreiche Wissenschaft hervorgehoben. Dieser Aussage wollen wir nun auf verschiedenen Ebenen nachgehen.

Wirft man einen genaueren Blick auf die Herkunft von Drittmitteln, so zeigt sich, dass in Bezug auf das wissenschaftliche Ansehen ein großer Unterschied zwischen den einzelnen Geldgebern besteht. Im Handbuch *Von der Idee zur Publikation*[31] findet sich ein interessantes Schaubild zum Ranking der Drittmittelgeber nach Reputation für den Antragsteller und die Hochschule:

Das Ranking wird festgelegt durch Ausmaß und Qualität des Begutachtungsverfahrens. Die höchste Reputation genießt demnach die Deutsche Forschungsgemeinschaft (DFG), die ganz überwiegend öffentliche Mittel vergibt, den schlechtesten Ruf haben Drittmittel aus der Industrie. Das Handbuch weist auch auf den Hauptgrund hierfür hin: nicht ausreichende Objektivität. »Die Suche nach dem richtigen Partner ist oft schwierig, da das eigene Projekt nicht notwendigerweise mit den Zielen des Unternehmens übereinstimmt.«[32] »Cave [Vorsicht] – den Industriepartner nicht nur als Geldquelle betrachten. Die Ziele des Industriepartners müssen (mit)erfüllt werden.«[33] Der Leitfaden rät: »Lassen Sie sich auf keinen Vertrag ein, der Ihnen verbietet, Ergebnisse zu publizieren, die nicht im Sinne des erwünschten Ergebnisses der Firma sind.« Die Zusammenarbeit mit der Industrie sei häufig unbefriedigend, unter anderem weil »der Industriepartner aussteigt, wenn ein erwartetes Ergebnis nach Abgabe des Zwischenberichts nicht erzielt wird«.[34]

Diese Hinweise zeigen, dass bei industriegesponserter Forschung nicht Objektivität, sondern ein gewünschtes oder erwartetes Ergebnis im Vordergrund steht. Daher das niedrige wissenschaftliche Ranking von industriegesponserter Forschung. Im Forschungshandbuch, Ausgabe 2007, wird ein kurzes Fallbeispiel beschrieben: »Ein Institut benötigt ein neues Gerät. Falsch wäre es, an den Hersteller heranzutreten und um eine Schenkung zu bitten. Kein Unternehmen verschenkt teure Geräte, die es verkaufen kann.«[35] Man kann davon ausgehen, dass fast alle Geldzuwendungen von Wirtschaftsunternehmen in diesem Sinne interessengeleitet sind.

Andere Wissenschaftler stellen Drittmittel als Indikator für solide und erfolgreiche Forschung grundsätzlich infrage. So hätten laut Nicolas Winterhager verschiedene Studien festgestellt, dass »Ratings von Gutachtern/Gutachterinnen über die Qualität des Manuskripts nur mit 0,24 mit den späteren Zitationen korrelieren. Starbuck [...] schätzt anhand verschiedener Indikatoren die Korrelation von Reviewer-Urteilen mit der tatsächlichen Qualität eines Manuskripts auf 0,25 bis 0,3 [...]. Es ist vielfach dokumentiert, dass in hochrangigen Journalen Artikel zurückgewiesen wurden, die später hohe Preise gewonnen haben, einschließlich des Nobelpreises.« Er kommt so zu dem Schluss: »Die Summe der eingeworbenen Drittmittel eines Wissenschaftlers sagt also per se nichts über die Produktivität seiner Forschung aus.«[36] In diesem Sinne sei »die Drittmitteleinwerbung nicht mehr Mittel zum Zweck für die Forschung, sondern ein Selbstzweck«.[37]

Die bloße Höhe der Drittmitteleinwerbung allein sagt noch nicht zwingend etwas über die Qualität der Forschung aus: »Manchmal wird so getan, als sei das ›beste Restaurant dasjenige, das über die größten Pfannen und die meisten Herde‹ verfügt«.[38] Oft kann unter schlechten äußeren finanziellen Rahmenbedingungen trotzdem ausgezeichnete Forschung stattfinden.

Solche Aussagen, die von zahlreichen Wissenschaftlern bestätigt werden,[39] zeigen, dass man die vielen unkritischen Lobeshymnen auf Drittmittel als Erfolgsindikatoren einer guten Forschungsleistung durchaus auch kritisch hinterfragen kann.

Zum Stand der Forschung

Zum Thema »Drittmittelforschung« existiert in Deutschland eine Fülle von Literatur, insbesondere zu juristischen Gesichtspunkten und zur Frage, wie man am besten Drittmittel generieren kann. Jedoch fehlt, anders als in den USA, eine neuere detaillier-te, kritische wissenschaftliche Auseinandersetzung in Buchform zum Thema Einflussnahme seitens der Industrie auf Forschungs-gegenstand und Forschungsergebnisse.[40] 1994 erschien das von Antje Bultmann und Friedemann Schmidhals herausgegebene Buch *Käufliche Wissenschaft. Experten im Dienst von Industrie und Politik*. Dort wird jedoch nur am Rande auf Drittmittel ein-gegangen. Aufgrund der dynamischen Entwicklung auf diesem Gebiet sind die Aussagen von 1994 für heute nicht mehr ausrei-chend aktuell.

Über das Thema Drittmittel weit hinausgehend, zeigt der Soziologe Richard Münch in seinem 2011 erschienenen grundle-genden Buch *Akademischer Kapitalismus. Über die politische Ökonomie der Hochschulreform* eindringlich die negativen Aus-wirkungen und Gefahren für die wissenschaftliche Freiheit durch die Reformprozesse im Hochschulwesen seit den 1980er-Jahren im Zuge des New Public Management und im Rahmen des Bo-logna-Prozesses auf. Dadurch sei ein neuer akademischer Kapi-talismus entstanden, der, statt Freiheit von Wissenschaft, Lehre und Forschung in den Vordergrund zu stellen, zunehmend Wert auf Renditedenken und eine Führung von Universitäten wie ge-winnorientierte Unternehmen lege. Eines der Kriterien für den Erfolg von Hochschulen sei dabei der Umfang der eingeworbe-nen Drittmittel. Von daher bestehe ein deutlicher Anreiz für Hochschulen, zunehmend Drittmittel zu akquirieren. Münch kritisiert diesen Trend scharf, weil dadurch »die Wahrheitssuche ein enges Bündnis mit der wirtschaftlichen Profitmaximierung [eingehe], die akademische Freiheit bedroht [sowie] die Wissen-schaft externen Interessen« unterworfen werde.[41]

Dem kann man nur vollumfänglich zustimmen. Der negative Trend hin zu immer mehr Drittmitteln ist daher im Kontext die-ser Reformprozesse zu sehen, auf die wir hier nicht weiter einge-hen wollen.

Der Schweizer Journalist Marcel Hänggi veröffentlichte 2013 zu diesem Thema ein neues, sehr gut recherchiertes Buch mit dem treffenden Titel *Cui bono? Wer bestimmt, was geforscht wird? Eine Studie über die Beziehung zwischen öffentlicher Wissenschaft und Industrie in der Schweiz.*

In den USA spielt die Drittmittelfinanzierung von Hochschulen seit Langem eine sehr viel größere Rolle und ist dort erheblich verbreiteter als in Deutschland.[42] So wird das System der höheren Bildung der Vereinigten Staaten derzeit zu etwa 55 Prozent durch private Geldmittel finanziert,[43] in Deutschland dagegen lediglich zu gut 6 Prozent.[44] Daher hat auch die Auseinandersetzung mit diesem Thema in den USA früher begonnen und ist weiter verbreitet als in Deutschland. Kein Geringerer als der langjährige Präsident von Harvard, Derek Bok, veröffentlichte 2003 ein wegweisendes Buch zu dem Thema, in dem er die zunehmende Kommerzialisierung der US-amerikanischen Universitäten scharf kritisierte, wie schon der Titel zeigt: *Universities in the Marketplace. The Commercialization of Higher Education.*[45] 2013 griff er das Thema am Rande noch einmal auf und erneuerte seine Kritik grundsätzlich, milderte sie aber auch teilweise ab.[46]

Auch die Journalistin und Publizistin Jennifer Washburn prangert in ihrem hochinteressanten Buch von 2005 *University Inc. The Corporate Corruption of Higher Education* anhand vieler Einzelbeispiele die zunehmende Korruption von US-Hochschulen und Hochschullehrern durch Industriegelder an. Dies sind jedoch bei Weitem nicht die einzigen Auseinandersetzungen zum Thema »Gekaufte Forschung« in den USA. Andere Autoren, die die Einflussnahme der Industrie auf die Wissenschaft anprangern, sind Sheldon Krimsky, James Turk oder Philip Mirowski, um nur einige wenige zu nennen.

1
DAS GRUNDPRINZIP ODER: WAS IST SCHLECHT AN INDUSTRIE-GELDERN FÜR DIE BILDUNG?

Wie oben erwähnt, werden Industriegelder für Hochschulen und Bildung von sehr vielen Menschen und Institutionen rundweg positiv eingeschätzt. Es wird argumentiert, dass Forscher dadurch mehr Möglichkeiten bekämen, über Themen zu forschen, die sie interessierten, dass der Finanzierungsengpass der Hochschulen überwunden werde, dass die Forschung praxisnäher werde, dass dadurch manche Forschungsfelder überhaupt erst bearbeitet werden könnten und vieles mehr. Kurz: Die Meinung, dass Industriegelder für Hochschulen und Bildung gut seien für uns alle, dass sie vorteilhafte Auswirkungen auf unser Land und unsere Gesellschaft haben und daher äußerst begrüßenswert seien, ist weit verbreitet.

Diese positive Einschätzung ist meiner Meinung nach aber falsch. Industriegelder haben in vielen Fällen äußerst schlechte Auswirkungen auf unsere Gesellschaft und uns alle. Im Folgenden wollen wir daher anhand mehrerer Fallbeispiele aus verschiedenen Branchen aufzeigen, wohin einseitig interessengeleitete Forschung auf der Basis von Industriegeldern führen kann.

TABAKINDUSTRIE – DIE TAKTIK DER VERSCHLEIERUNG

Ein sehr gut dokumentiertes Beispiel für systematische Einflussnahme von Geldinteressen auf die Wissenschaft ist die Tabakindustrie. Über 50 Jahre lang platzierten Tabakunternehmen einseitige wissenschaftliche Artikel in Medizinzeitschriften, ohne
deren Finanzierung offenzulegen. Es wurde eine große Anzahl
von Studien finanziert, die Zweifel säen sollten am Zusammenhang zwischen Krankheit und Rauchen.

Eigens zu diesem Zweck wurden Gruppen von Wissenschaftlern zusammengestellt. Die Tabakindustrie finanzierte internationale Seminare, um wissenschaftlich »richtige« Standards zur
Beweisführung von Zusammenhängen zu erarbeiten. Diese sollten möglichst hoch angesetzt werden, um den Nachweis der
Kausalität von Rauchen und Krankheit zu erschweren. Oder es
wurden durch die Tabakkonzerne wenig bekannte Non-Profit-
Gesellschaften gegründet, die wissenschaftliche Studien finanzierten.[47]

Die Ergebnisse der industriegesponserten wissenschaftlichen
Studien entsprachen den Vorgaben: So fanden 94 Prozent der
Passivraucher-Studien, die von der Tabakindustrie finanziert wa-
ren, keine gesundheitsschädigenden Auswirkungen, dagegen ka-
men nur 13 Prozent der unabhängigen Studien zu demselben
Ergebnis.[48]

Die renommierte Zeitschrift *Science* resümierte hierzu: »Die
Tabakunternehmen vernichteten häufig ihre eigenen Forschungen, wenn ungünstige Ergebnisse herauskamen, finanzierten einseitig verfälschte Studien, um Rauch-kritische Studien zu unterminieren, und benutzten die Namen angesehener Wissenschaftler
und Institute, um ihr öffentliches Image zu verbessern.«[49]

Mehrere angelsächsische Universitäten und Forschungseinrichtungen sowie die Universität Genf verbieten heute Geldzuwendungen von der Tabakindustrie oder verweigern Forschern,

die Gelder aus der Tabakindustrie angenommen haben, die Unterstützung.[50]

Der Fall Rylander

»Ragnar Rylander steht im Zentrum eines Geschehens, das man ohne Weiteres als mafiös bezeichnen kann.«[51]

Anwalt Christian Pirker

Der 1935 geborene schwedische Forscher Ragnar Rylander galt über Jahrzehnte hinweg als ausgewiesener Experte im Bereich Umweltmedizin. Er veröffentlichte eine große Zahl wissenschaftlicher Studien in angesehenen Fachzeitschriften und war viele Jahre Professor für Umweltmedizin an der Universität Göteborg sowie assoziierter Professor an der Universität Genf. Seit den 1970er-Jahren publizierte er wissenschaftliche Untersuchungen, die belegten, dass Passivrauchen nicht schädlich sei. So kam ein von Ragnar Rylander 1983 in Genf organisierter Kongress unter dem wissenschaftlichen Aushängeschild der Universität Genf zu dem Ergebnis, »dass man keinen Zusammenhang feststellen kann zwischen Passivrauch und Gesundheitsschädigung«.[52] Dieses Ergebnis wurde in der angesehenen wissenschaftlichen Fachzeitschrift *European Journal of Respiratory Diseases* veröffentlicht. Das Ergebnis überraschte angesichts einer kurz zuvor (1982) erschienenen, sehr umfangreichen japanischen Studie mit Untersuchungen an über 265 000 Erwachsenen, die dokumentierte, dass japanische Nichtraucherinnen, die mit Rauchern zusammenlebten, bedeutend häufiger an Lungenkrebs litten als Nichtraucherinnen, die mit Nichtrauchern verheiratet waren.[53]

In einem im Jahr 2000 veröffentlichten wissenschaftlichen Aufsatz schreibt Ragnar Rylander: »Der Tabakrauch in der Umgebung hat keinen Einfluss auf das Erkrankungsrisiko. Dagegen wurde eine Kausalbeziehung zwischen bestimmten Symptomen und der Feuchtigkeit oder der Schimmelbildung in der Umgebung gefunden.«[54] Wie sich später herausstellte, hatte Ragnar Rylander die dem Aufsatz zugrunde liegenden Daten manipuliert, um zu diesem für die Tabakindustrie freundlichen Ergebnis zu kommen. Er wusste spätestens seit Anfang der 1980er-Jahre, dass »Passivrauchen zu starken Schädigungen führt, die in mancher Hinsicht sogar gravierender sind als die Schäden durch das Rauchen selbst«.[55] Rylander schrieb nämlich am 20. Mai 1988 intern: »Die Verbindung zwischen dem Passivrauchen und einem erhöhten Lungenkrebsrisiko sowie Auswirkungen auf die Atemwege sind mittlerweile eindeutig bewiesen.«[56] Dennoch vertrat er in der Öffentlichkeit die genau gegenteilige Meinung. Aufgrund seiner hohen Fachkompetenz wurde Ragnar Rylander unter anderem von der US-amerikanischen Umweltbehörde EPA 1990 um eine Stellungnahme zur Schädlichkeit von Passivrauchen gebeten. Auch dort äußerte er seine tabakindustriefreundliche, der Wahrheit entgegengesetzte Meinung.

Anfang der 2000er-Jahre wurde von den Rauchgegnern Pascal Diethelm und Jean-Charles Rielle gegen Ragnar Rylander der Vorwurf eines »nie da gewesenen Wissenschaftsbetruges« erhoben, da er, ohne dies öffentlich bekannt zu machen, seit den 1970er-Jahren im Dienst des Zigarettenkonzerns Philip Morris stehe. Es kam zu einem mehrjährigen Prozess in der Schweiz, in dem die Vorwürfe gegen Rylander bestätigt wurden. So stellte sich heraus, dass Rylander tatsächlich seit den 1970er-Jahren ein hoch bezahlter Berater des US-Tabakkonzerns Philip Morris gewesen war – er erhielt jährliche Zahlungen von bis zu 150 000 US-Dollar –, was er jedoch jahrzehntelang verheimlicht hatte.[57] Bei Philip Morris intern war die Finanzierung von Rylanders Forschung »top secret« gewesen.[58]

Am Ende des Rechtsstreits heißt es dazu in der Schweizer Urteilsbegründung von 2003:

»Genf war tatsächlich Ort eines nie da gewesenen Wissenschaftsbetruges [sic!], insofern Ragnar Rylander in seiner Eigenschaft als außerordentlicher Professor der Universität Genf gehandelt und sich deren Ruf zunutze gemacht hat. Er zögerte nicht, die Wissenschaft in den Dienst des Geldes zu stellen, obwohl die Aufgabe der Universität als öffentlicher Einrichtung darin besteht, Wissen zu erlangen und zu verbreiten, und obwohl die Lehrbeauftragten der Gesellschaft gegenüber in der Verantwortung stehen. [...] Als er 2001 gegenüber dem European Journal of Public Health behauptete, dass zwischen ihm und Philip Morris niemals ein Vertrag zustande gekommen sei, hat Ragnar Rylander gelogen [sic!].«[59]

Der Betrugsfall Rylander zeigt auf beeindruckende Weise beinahe die gesamte Bandbreite der gesellschaftsschädigenden Methoden, die Interessenvertreter der Industrie anwenden können, um Öffentlichkeit, Politik und Wissenschaft irrezuführen. Diese Methoden lassen sich an derart klar zutage tretenden Beispielen sehr gut erkennen. Daher wollen wir ihnen nun genauer nachgehen.

1. Auswahl von geeigneten Wissenschaftlern

Von zentraler Bedeutung ist das Finden geeigneter industrienaher Wissenschaftler, die bereit sind, die Meinung der Industrie zu vertreten. Rylander fiel Philip Morris frühzeitig, spätestens im Alter von 33 Jahren, als ein solch vielversprechender junger Wissenschaftler mit industrienahen Anschauungen und Empfänglichkeit für finanzielle und andere Zuwendungen auf.[60] In einem Interview 2004 sagte Rylander rückblickend selbst dazu: »Ich hatte gerade meine Stelle in Stockholm aufgegeben, wo ich so viel verdient hatte wie ein Professor, und war als Forschungsbeauftragter an die Universität Genf gegangen. Dort war der Verdienst deutlich niedriger. Ich brauchte also Geld. Ich kannte Philip Morris und fragte dort nach, ob man mir einen Vorschlag machen würde.«[61]

Bemerkenswert ist auch die Antwort von Rylander auf die folgende Frage aus demselben Interview:

>»Glauben Sie wirklich, dass diese Industrie [die Tabakindustrie] sich um die öffentliche Gesundheit schert?«
»Aber natürlich. Bestimmte Unterlagen von Philip Morris belegen das. Doch diese werden nie zitiert. [...] die [Tabak-]Industrie möchte wissen, welche gesundheitlichen Gefahren ihr Produkt birgt. Und ich als Arzt hatte Gelegenheit, die schädlichen Auswirkungen dieses Produkts in zahlreichen Studien hervorzuheben. Ich habe also überhaupt kein Problem, das Geld von diesen ›Umweltsündern‹ anzunehmen.«[62]

Rylander fühlte sich bis zuletzt als integrer Wissenschaftler, der das Richtige tat, und sprach nach dem verlorenen Prozess von seiner verlorenen Ehre.[63] Bis zuletzt stritt Rylander die gegen ihn erhobenen Vorwürfe ab. Seine Beziehungen zur Tabakindustrie seien nicht von Bedeutung gewesen, der Einfluss dieser Industrie auf seine Forschungsergebnisse null, die Beträge, die Philip Morris ihm gezahlt habe, lächerlich gewesen, und einen Wissenschaftsbetrug habe es nie gegeben. Vielleicht habe er einiges verdunkelt, aber Widersprüche habe es nie gegeben.[64] In dem Interview mit Rylander 2004 heißt es noch: »Sie glauben weiterhin, Sie hätten keine Fehler gemacht und auch die wissenschaftliche Ethik nicht verletzt?« – »Ja, absolut!«[65]

Oreskes und Comway schildern in ihrem 2014 auf Deutsch erschienenen Buch detailliert, wie sich die Suche der Tabakindustrie nach geeigneten Personen vollzog. Hierbei war Geld manchmal nur von nachrangiger Bedeutung. Oft waren eher psychologische Faktoren entscheidend, auf die man seitens der

Industrie setzen konnte, beispielsweise Ehrgeiz, Eitelkeiten, der Wunsch nach Ruhm, persönliche Enttäuschungen gegenüber der Wissenschaftsgemeinschaft, ideologiegefärbte Weltanschauungen oder dergleichen.[66]

2. Maximierung der Wirksamkeit der ausgewählten Wissenschaftler

Sind geeignete industrienahe Persönlichkeiten gefunden, gilt es, diesen in der Öffentlichkeit, Politik und Wissenschaft Gehör zu verschaffen. Durch großzügige finanzielle Ausstattung, Einrichtung von Laboren, Lehrstühlen, Forschungsinstituten und anderem mehr sollen die gewählten Persönlichkeiten größtmögliche wissenschaftliche Wirksamkeit entfalten. Neben Geld setzt man auch auf Eitelkeiten oder Ruhmsucht der jeweiligen Person, was sich häufig als sehr viel wirkungsvoller erweist als der finanzielle Anreiz.

Ragnar Rylander wurde von Philip Morris auf sämtlichen Gebieten so stark wie möglich unterstützt: Neben persönlichen Geldzahlungen in erheblichem Umfang wurde er Leiter eines eigenen Instituts, von Philip Morris finanziert, konnte großzügig Kongresse ausrichten, erhielt Mittel aller Art bei Forschungsvorhaben und Publikationen, man vermittelte ihm diskret den Zugang zu wichtigen Persönlichkeiten und vieles mehr.[67]

3. Gremienbesetzung mit industrienahen Personen

Steht ein Pool geeigneter industrienaher Persönlichkeiten zur Verfügung, ist sodann darauf zu achten, dass Entscheidungsgremien ausschließlich oder überwiegend mit diesen besetzt werden. Auch bei der Veranstaltung von Kongressen sollte genauestens darauf geachtet werden, wer eingeladen wird und besonders wer *nicht*. So war beispielsweise ein wissenschaftliches Symposion 1983 zum Thema Passivrauchen, das Rylander ausrichtete, »eine Scheinveranstaltung: Keiner der unabhängigen Wissenschaftler, die das Passivrauchen erforschten und seine Schädlichkeit erkannten, wurde eingeladen. Sie konnten sich nicht gegen die Vorwürfe verteidigen, die auf dem Symposion gegen sie erhoben wurden. Rylander hatte wissentlich an der Verzerrung der ›wissenschaftlichen Wahrheit‹ durch einseitige Auswahl der Teilnehmer mitgewirkt.«[68] Dennoch hieß es später in einer Stellungnahme des scheinbar industrieunabhängigen Tobacco Institute dazu: »Das Symposion spiegelte das ganze Spektrum der wissenschaftlichen Positionen auf diesem Gebiet wider.«[69]

4. Oberstes Gebot – Geheimhaltung

Hat die Industrie geeignete Persönlichkeiten gefunden, die sich von ihr bezahlen lassen, lautet das oberste Gebot: Geheimhaltung! Die Bezahlung von Ragnar Rylander war seitens Philip Morris absolut »top secret«.[70] Es musste strikt darauf geachtet werden, dass keine Verbindung zwischen den beteiligten Wissenschaftlern und den Geldgebern feststellbar war, um den Anschein von unabhängiger Wissenschaft zu erhalten.

Das ist im Fall Rylander jahrzehntelang gelungen. Zahlungen von Philip Morris an ihn liefen über Dreiecksgeschäfte, in die Mittelsmänner, beispielsweise Anwaltskanzleien, involviert waren. In einem Brief vom 23. Juni 1997 schreibt Ragnar Rylander an Richard Carchman (Philip Morris): »[…] durch alle die Jahre war ich immer sehr bedacht darauf, nur mit Richmond zu korrespondieren und insbesondere nichts mit den Aktivitäten der Gruppe von Neuchâtel zu tun zu haben, [...] um so weit wie möglich den Anschein eines unabhängigen Wissenschaftlers zu bewahren. So weit ist dies gelungen.«[71]

Im Falle Philip Morris ging die Geheimhaltung in Sachen Ragnar Rylander noch darüber hinaus. Konzerninterne raucherschädliche Studienergebnisse sollten ebenfalls nicht an die Öffentlichkeit gelangen. Zu diesem Zweck betrieb Philip Morris ein Forschungszentrum, das Institut für biologische Forschung

(INBIFO) außerhalb der USA in Köln, dessen Koordinator seit 1972 Ragnar Rylander war: »Im Untergeschoss des INBIFO wurden vertrauliche Dokumente von Philip Morris archiviert. Unter der Leitung des Konzerns wurden hier Studien durchgeführt, die keine Spuren in den USA hinterlassen sollten.«[72]

Interne Unterlagen der Firma zeigen, dass Philip Morris USA »absichtlich alle Verbindungen gekappt hat, durch die man P[hilip] M[orris] mit INBIFO in Verbindung bringen könnte. Letzteres fungierte somit als geheime Forschungseinheit. Rylander stand im Zentrum der Einrichtung.«[73] Nach Aussage eines ehemaligen Mitarbeiters von Philip Morris wusste man im Konzern seit Mitte der 1970er-Jahre über den Zusammenhang zwischen Krebs und Passivrauchen Bescheid, doch tat man alles, um diesen Zusammenhang zu verschleiern.[74]

Auch bei anderen Schlüsselforschern, die für die Tabakunternehmen tätig waren, wurden die Beziehungen zur Tabakindustrie so stark wie möglich verheimlicht: »Weder Cline noch Prusiner arbeiteten jemals ›direkt‹ für die Tabakindustrie. Viele der Gelder wurden über Rechtsanwaltsbüros zu den Wissenschaftlern geleitet.«[75] Der Grund hierfür ist einfach: »Gerichte glaubten eher wissenschaftlichen Experten, die scheinbar unabhängig forschten, als industriellen Vertretern.«[76]

5. Daten fälschen

Ein besonders wirksames, allerdings gefährliches Mittel (weil es ans Tageslicht kommen kann), um zu gewünschten Ergebnissen zu kommen, besteht darin, die Daten zu fälschen. So wurde 1981 eine große Studie an Kindern in Genf durchgeführt. Deren Rohdaten »wurden in Form eines Abstracts von einer Mitarbeiterin Rylanders kurz nach Abschluss der Studie präsentiert. Ihre Schlussfolgerung lautete: »Passivrauch ist für die Kinder schädlich.« Rylander manipulierte jedoch die Datenbasis und präsentierte dieselbe Kinderstudie in einem Vortrag an der American

Thoracic Society in Boston 1992.[77] Seine Zusammenfassung lautete: »Es wurde keinerlei Zusammenhang zwischen dem Kontakt mit Zigarettenrauch und den Atemwegserkrankungen der Kinder festgestellt. Eine starke negative Korrelation mit den Nahrungsmitteln Ei und Hühnerfleisch wurde gefunden.«[78]

6. Falsche Fährten legen durch Confounder

Der Hinweis auf Ei und Hühnerfleisch in diesem Zusammenhang ist interessant, denn er ist Teil einer anderen Ablenkungsstrategie. Biologische Prozesse in Lebewesen und in der Natur sind äußerst komplex. Da es praktisch immer eine Vielzahl von beeinflussenden Faktoren gibt, sind einfache, monokausale Zusammenhänge sehr schwierig nachzuweisen. Um von bestimmten Einflussfaktoren abzulenken, kann man daher die Strategie anwenden, auf andere, mitbeeinflussende Faktoren und deren Wichtigkeit hinzuweisen, sogenannte Confounder (Störfaktoren). Dies tat Ragnar Rylander mit großer Bewusstheit. So lenkte er beispielsweise in einer wissenschaftlichen Studie von der Bedeutung des Tabakrauchs als gesundheitsbeeinträchtigenden Faktor ab und wies stattdessen bewusst auf Feuchtigkeit und Schimmelbildung in der Umgebung hin.[79] Andere die Gesundheit beeinträchtigende Faktoren, die in Studien der Tabakindustrie genannt wurden, waren Stress, genetische Vererbung, geschwächte Abwehrkräfte, »krank machende Gebäude«[80] und dergleichen.

Das Ziel war immer das gleiche: »[...] von einem zentralen Problem abzulenken: der Gewissheit, dass Rauchen tödlich sein kann«.[81] Diese Vernebelungsstrategie ist häufig äußerst erfolgreich. Der Hinweis auf die Vielzahl beeinflussender Faktoren ist eine Teilstrategie auf dem Gebiet, eine »gesunde Skepsis« zu erzeugen gegenüber bestimmten missliebigen wissenschaftlichen Ergebnissen.

7. Skepsis schüren gegen unerwünschte wissenschaftliche Ergebnisse

Diese Strategie wurde 1977 als »Operation Berkshire« seitens der Tabakindustrie bewusst ins Leben gerufen. Sie ist benannt nach einem englischen Landhaus, in dem sich damals führende Vertreter der Tabakkonzerne trafen. Ziel dieser Strategie sollte sein, »wissenschaftliche Daten zu erzeugen, die zeigen, dass Passivrauchen nicht schädlich ist, oder zumindest, dass wissenschaftliche Zweifel über diesen Zusammenhang bestehen«.[82] Zweifel säen ist äußerst wichtig, um missliebige politische Gegenmaßnahmen zu verhindern oder zumindest zu verzögern. »Die Kontroverse musste aufrechterhalten werden, damit man sagen konnte, dass es keinen wissenschaftlichen Beweis gab, und die Freiheit der Raucher deshalb nicht gesetzlich eingeschränkt werden durfte.«[83]

Zur Durchführung der wissenschaftlichen Verschleierungsstrategie wurde seitens der Tabakindustrie unter anderem das Tobacco Institute gegründet. Das Forschungsinstitut, das sich lange Zeit als Institution ohne finanzielle Interessen präsentierte, war in Wahrheit jedoch ein Propagandainstrument der Tabakkonzerne. Das oben erwähnte Passivraucher-Symposion von 1983 in Genf wurde vom Tobacco Institute folgendermaßen kommentiert:

>»Das Tobacco Institute hat der Universität Genf die Gelder offiziell zur Verfügung gestellt. Diese hat die Veranstaltung völlig unabhängig organisiert und integere, anerkannte Forscher eingeladen. [...] Das Symposion spiegelte das ganze Spektrum der wissenschaftlichen Positionen auf diesem Gebiet wider. [...] Insbesondere konnte nicht bewiesen werden, dass der Zigarettenrauch das Lungenkrebsrisiko bei Nichtrauchern erhöht.«[84]

Diese »wissenschaftliche Skepsis« war sehr wichtig, um negative Gesetzgebungsmaßnahmen abzuwehren.

8. Auf Zeit spielen – Paralyse durch Analyse

»Solange ernst zu nehmende Wissenschaftler Zweifel an der Datenlage von Studien zur Schädlichkeit des Passivrauchens formulierten, war an gesetzliche Bestimmungen zum Schutz der Bevölkerung nicht zu denken«, schrieb 2008 Thomas Zeltner als Direktor des Schweizerischen Bundesamtes für Gesundheit.[85] Hierfür sind unabhängige Experten von entscheidender Bedeutung; »ernst zu nehmende Wissenschaftler« sind solche, die nicht durch finanzielle Zuwendungen seitens der Industrie zu einseitigen Darstellungen von Sachverhalten neigen. Insofern war das jahrzehntelange Geheimhalten der Geldzahlungen von Philip Morris an Ragnar Rylander von größter Bedeutung.

Die Strategie des Verzögerns politischer Maßnahmen durch das Anfordern von immer mehr und mehr Daten wird auch »Paralyse durch Analyse« genannt.[86] Die Vorgehensweise leuchtet ein: Solange keine belastbare wissenschaftliche Analyse mit abschließenden Ergebnissen vorliegt, können schwerlich politische Entscheidungen getroffen werden. Obwohl beispielsweise die US-amerikanische Food and Drug Administration (FDA), die dem Gesundheitsministerium unterstellt ist, seit Beginn der 1990er-Jahre »versuchte, Tabak als Suchtmittel zu deklarieren, dauerte es bis 2009, bis der US-Kongress endlich seine Zustimmung gab«.[87]

Unter Renditegesichtspunkten für Aktionäre der Tabakkonzerne ist eine solche Verzögerung um über 15 Jahre ein großer Erfolg: 1993 schätzte die Tabakindustrie die Auswirkungen möglicher Rauchverbote zum Nichtraucherschutz in öffentlichen Räumen folgendermaßen ein: »Die Rauchverbote werden schreckliche finanzielle Auswirkungen haben. Eine Verminderung des Zigarettenkonsums um drei bis fünf Stück täglich würde die Gewinne der Firmen um über eine Milliarde Dollar pro Jahr verringern.«[88] Nur am Rande sei bemerkt, dass der größte Teil der Gewinne von Großkonzernen (über 50 Prozent) auf die Konten von weniger als einem Prozent der Bevölkerung fließt.[89] Diese »schrecklichen finanziellen Auswirkungen« für die Aktionäre der Konzerne konnten durch die Lügen angeblich ausgezeichneter Wissenschaftler für zumindest 15 Jahre erfolgreich vermieden werden – zulasten der Gesundheit von Millionen von Passivrauchern.

9. Die Rolle der Universität Genf in der Affäre Rylander

Im Nachhinein stellte sich heraus, dass die Leiter der Universität Genf jahrelang die »Köpfe in den Sand« steckten.[90] Im Untersuchungsbericht der Universität Genf zur Affäre Rylander vom 6. September 2004 heißt es: »Die Tabakindustrie kann nicht als glaubwürdiger Partner einer unabhängigen Wissenschaft gelten. Die Kommission schlägt vor, dass es den Mitgliedern der Universität von nun an verboten sein soll, Forschungsgelder von der Tabakindustrie zu erhalten oder als direkte oder indirekte Berater für diese Industrie zu arbeiten. Diese Maßnahme dient dem Schutz der wissenschaftlichen Integrität der Forscher.«[91] »Seither ist jede Zusammenarbeit mit der Tabakindustrie verboten. Deren ›Ziele und Interessen stehen im Widerspruch sowohl zur öffentlichen Gesundheit als auch zur Medizin‹.«[92]

10. Systematische Einflussnahme der Tabakkonzerne auf die Wissenschaft

Die Affäre Rylander war kein Einzelfall. In den 1950er-Jahren kam die Tabakindustrie infolge wissenschaftlicher Studien unter Druck, die zeigten, dass Zigarettenrauch die Gesundheit beeinträchtigt. Die Konzernlenker der größten US-Tabakfirmen erkannten, dass die Wissenschaft eine Schlüsselrolle spielt, wenn es darum geht, etwaige gesetzliche Einschränkungen oder die Verteuerung des Rauchens oder der Werbung für das Rauchen zu verhindern. Auf einer internen Sitzung von Leitern der führenden US-Tabakkonzerne im Dezember 1953 wurde daher eine strategisch geplante gezielte Einflussnahme auf die wissenschaftliche Meinung beschlossen.[93]

Zum einen wurden ein eigenes Forschungsprogramm aufgelegt, ein Forschungskomitee gebildet und mehrere Forschungszentren aufgebaut. Bei der Auswahl der Forschungsleitung wurden naheliegenderweise solche Forscher ausgewählt, die überzeugte Anhänger der Tabakindustrie und dennoch renommierte Wissenschaftler waren.[94] Bis Mitte der 1980er-Jahre wurden durch die Tabakkonzerne mehr als 100 Millionen Dollar für biomedizinische Forschung ausgegeben.[95] Zentrales Ziel war die »Vermarktung des Zweifels« an der Kausalität zwischen Rauchen und Lungenkrebs beziehungsweise anderer Lungenleiden.

Zum anderen wurden große Geldsummen zur Beeinflussung der Meinung von wissenschaftlichen Einrichtungen außerhalb der Tabakindustrie eingesetzt. So wurde 1955 ein Stipendienprogramm zur Unterstützung von Forschungsarbeiten von Medizindoktoranden in den USA eingerichtet, an dem sich 77 von 79 medizinischen Fakultäten beteiligten. Man vergab eine Unzahl von Stipendien an Forscher in Krankenhäusern, medizinischen Fakultäten und Forschungsinstituten.[96]

In Deutschland standen 2007 mehr als 60 (!) Wissenschaftler im Verdacht, sich von der Tabakindustrie und ihrem Interessenverband fördern zu lassen. Auch in Deutschland sprachen sich führende Wissenschaftler, die von der Tabakindustrie finanziert wurden, gegen tabakindustriefeindliche Maßnahmen aus, wie etwa die Erhöhung des Nichtraucherschutzes.[97]

Der US-Gerichtsprozess von 2004 bis 2006 gegen die Tabakindustrie

Der größte Wirtschaftsprozess der US-Geschichte fand von September 2004 bis August 2006 statt. US-Präsident Bill Clinton hatte 1999 angekündigt, dass die US-Regierung von den führenden Tabakkonzernen Hunderte Milliarden Dollar zurückfordern werde, die mittels staatlicher Gesundheitsprogramme für die Behandlung von tabakrauchbedingten Krankheiten aufgewendet worden waren.[98]

Während des sehr umfangreichen Prozesses kamen viele Machenschaften der Tabakindustrie ans Tageslicht. Die US-Bundesrichterin Gladys Kessler bezeichnete in der Urteilsverkündung am 17. August 2006 die Tabakindustrie als eine »kriminelle Vereinigung«, als eine »Verbrechensorganisation«, die strukturell lüge und betrüge.[99] Die Worte »lügen« und »betrügen« ziehen sich ebenso durch die über 1700 Seiten starke Urteilsbegründung wie »fälschen« und »manipulieren«. Trotz erdrückender Tatsachen waren die letztlich gegen die Tabakkonzerne verhängten Geldstrafen lächerlich gering. Ursprünglich wollte das US-Justizministerium »alle Gewinne einschließlich der Zinsen, die dieses Kartell mit seinen illegalen Manipulationsstrategien seit 1954 erwirtschaftet hatte, abschöpfen [...] und veranschlagte dafür die astronomische Summe von 742 Milliarden Dollar«.[100] Dank guter Beziehungen in die Politik, insbesondere zur Regierung von George W. Bush, mussten die Konzerne zuletzt keinen Cent Strafzahlung leisten – die Tabakindustrie musste lediglich die Prozesskosten übernehmen.[101]

Das Gerichtsurteil stellte fest, »dass die Tabakbranche ein System für das Betrügen der Konsumenten und der potenziellen Konsumenten aufgebaut hätte, um die Gefahren, die vom Rauchen von Zigaretten ausgingen, zu verschleiern und diese Gefahren wären, so aus internen Unterlagen zu entnehmen, bereits seit den 1950er-Jahren bekannt gewesen«.[102]

Das systematische Lügensystem der kriminellen Vereinigung »Tabakindustrie« (so darf man die Tabakindustrie seit dem US-amerikanischen Urteilsspruch vom August 2006 bezeichnen) hat über 50 Jahre lang ausgezeichnet funktioniert. Man kann also nicht davon sprechen, dass Lügen kurze Beine hätten oder rasch ans Tageslicht kämen. Im Gegenteil: Ein Lügensystem, das über beinahe zwei Generationen tadellos funktioniert, scheint doch etwas sehr Langfristiges und Hartnäckiges zu sein.

Werfen wir noch einmal einen Blick auf das Vorgehen der kriminellen Vereinigung »Tabakindustrie«, wie die US-Justiz sie bezeichnete, unter ökonomischen Gesichtspunkten. Das US-Justizministerium schätzte bei Prozessbeginn die Summe aller Gewinne inklusive Zinsen, die der Tabakindustrie seit 1954 durch illegale Tätigkeiten zugeflossen waren, auf 742 Milliarden US-US-Dollar.[103] Zum Vergleich: Die Gewinne der sechs größten Tabakgesellschaften der Welt betrugen 2010 35 Milliarden US-Dollar.[104] 742 Milliarden US-Dollar sind das 20-fache davon! Lüge und Betrug haben demnach die Rendite auf das eingesetzte Kapital, den Cashflow und die Dividenden der US-Tabakindustrie sehr stark erhöht. Kurz: Lügen und Betrügen haben sich gelohnt. Und: Es wird in der derzeitigen Wirtschafts- und Justizordnung offenbar nicht etwa drakonisch bestraft, sondern in großem Ausmaß belohnt. Merkliche Strafen sind selbst bei erdrückendem Nachweis krimineller Tätigkeit dank guter Kontakte in die Politik allem Anschein nach nicht zu befürchten.

Die Tabakindustrie hat dadurch ein halbes Jahrhundert Zeit gewonnen und obsiegte in diesem Zeitraum, gestützt auf vorsätzlich gefälschte Aussagen, in zahllosen gerichtlichen Auseinandersetzungen. Durch dieses systematische Betrugs- und Lügensystem erzielte sie ein halbes Jahrhundert lang zusätzliche Milliardengewinne für ihre Aktionäre. Das Betrugssystem war unter Renditegesichtspunkten sehr lukrativ.

Eine herausragende Rolle bei diesen kriminellen Praktiken

der US-Tabakindustrie spielten deren Rechtsanwälte, die alles taten, um die Wahrheit zu verdrehen, zu vertuschen und zu verheimlichen.[105] Man sollte hier – statt von Rechtsanwälten – eher von Unrechtsanwälten sprechen, das träfe den Sachverhalt sehr viel besser: »Noch nie hat ein Gericht einer weltweit arbeitenden Industrie, ihren Repräsentanten, ihren Anwälten und ihren Werbeunternehmen eine derartige von Geldgier getriebene Morallosigkeit bescheinigt.«[106]

Der Urteilsspruch der US-Bundesrichterin Gladys Kessler vom 17. August 2006 ist ein interessantes Signal auch für andere Branchen und Industriezweige. Sie könnten ihn als Aufforderung verstehen, die gleichen Praktiken anzuwenden. Strafe ist kaum zu befürchten, die Rendite auf Unehrlichkeit jedoch ist beträchtlich. Das erklärt auch für heute viele Industrie-Praktiken im Forschungsbereich, beispielsweise in der Pharmaindustrie, aber auch in vielen anderen Branchen. Wie wir noch näher aufzeigen werden, sind Unehrlichkeit und Manipulation in industrienaher Wissenschaftsforschung an der Tagesordnung – wenn auch ansonsten auf sehr viel subtilere und weniger drastische Art und Weise als bei der Tabakindustrie. Kein Wunder, unser Wirtschaftssystem drängt geradezu in diese Richtung. Unehrlichkeit wird finanziell belohnt.

Hier stellen wir uns die Grundsatzfrage: In welche Richtung erzieht oder beeinflusst ein solches Wirtschaftssystem, das Lügen, Betrug und Unehrlichkeit belohnt, seine Bürger? Welche langfristigen moralischen Auswirkungen sind durch so ein System für die darin lebenden Menschen zu erwarten? Wollen wir als Gesellschaft wirklich ein System mit solchen Anreizen?

Alexandre Mauron, Präsident der Untersuchungskommission der Medizinischen Fakultät an der Universität Genf, sagte nach Abschluss des Verfahrens zur Affäre Rylander im Februar 2008:

»Von nun an kann niemand mehr derlei Machenschaften ignorieren. [...] Diese Geschichte hat außerdem gezeigt, dass die Tabakindustrie ein Koloss auf tönernen Füßen ist, den schon eine
kleine Gruppe Entschlossener ins Wanken bringen kann. [...] Es
sieht nach einem Happy End aus.«[107]

Happy End? Nachdem es der Industrie 50 Jahre lang erfolgreich gelungen war, mithilfe gekaufter Wissenschaft Hunderte
Millionen von Rauchern und Nichtrauchern über die gesundheitsgefährdenden Auswirkungen von Zigarettenrauch zu belü-
gen? Wie viele Millionen von Todes- und Krankheitsopfern mag
diese kriminelle Verschleierungspolitik gefordert haben? Noch
heute gibt die Tabakindustrie weltweit Milliardenbeträge für
Werbung und Sponsoring aus.[108]

Koloss auf tönernen Füßen? Nachdem es der US-Tabakindustrie 2006 gelungen war, die Schadensersatzforderungen der
US-Regierung von ursprünglich 742 Milliarden Dollar auf
0 Dollar (!) zu reduzieren? Praktisch straffrei! Trotz erdrückender Beweislage und der gerichtlichen Feststellung, dass es sich
um eine »kriminelle Vereinigung« handle?

Prof. Dr. Alexandre Mauron von der Universität Genf fährt fort:
»Einflussnahme. Betrug. Lügen. Der Affäre Rylander liegen tiefer gehende Interessenkonflikte zugrunde. Jede akademische Institution muss sich heute als mögliches Ziel der Einflussnahme
durch die Tabakindustrie begreifen. Und muss sich, genau wie
die Universität Genf, wappnen und schützen. Das ergibt sich aus
ihrer Verantwortung. Und aus ihrer Daseinsberechtigung.«[109]

Es mutet etwas naiv an, die Einflussnahme der Industrie auf
die Wissenschaft nur auf die Tabakindustrie zu fokussieren, wie
es hier elegant geschieht. Rylander selbst weist in einem Interview 2004 darauf hin: »Viele Mitarbeiter der Universität haben
ähnliche Funktionen inne wie ich, allerdings in der Pharmaindustrie. [...] Ich könnte Ihnen mehrere Genfer Professoren nen-

nen, die ebenso enge Verbindungen zu dieser Industrie haben wie ich zu den Zigarettenherstellern.«[110] Mit Blick auf die Vorgehensweisen der Pharma-, der chemischen, der Zucker- und anderer Industrien mutet die Maßnahme der Universität Genf, allein Einflussnahmen seitens der Tabakindustrie zu unterbinden, weil man just mit dieser schlechte Erfahrungen gemacht hat, reichlich unprofessionell an. Muss man erst den nächsten Skandal mit einer anderen Branche abwarten, um dann den Kontakt zu dieser nächsten Branche zu unterbinden?

CHEMIEINDUSTRIE – FÄLSCHUNG VON STUDIEN

» Wie sichert man am besten eine Sondermülldeponie nach unten ab? Antwort: Mit einem Gutachten von einer Viertelmillion.«[111]
Mitarbeiter des Bundesumweltministeriums

Die Chemieindustrie ist eine Branche mit hohen Umsätzen und vielen Beschäftigten. Viele Chemieprodukte haben sich im Lauf der Zeit als gesundheitsschädlich herausgestellt. Wenn ein bestimmtes Chemieprodukt aus Gesundheitsgründen vom Markt genommen werden muss, so bedeutet das für die Hersteller im Normalfall Umsatz- und Gewinneinbußen. Von daher ist es aus betriebswirtschaftlichen Gründen häufig im Interesse der Chemiekonzerne, Produktionseinstellungen so lange wie möglich zu verzögern. Um das zu erreichen, werden zuweilen auch zweifelhafte Methoden angewandt, wie das folgende Kapitel anhand gut dokumentierter Fallbeispiele zeigen soll.

Monsanto

Die angesehene naturwissenschaftliche Fachzeitzeitschrift *Nature* wies 1985 in dem Artikel »Assessing the Risk of Dioxin Exposure« auf explizite Fehlaussagen in Studien zu Gesundheitsrisiken durch die Monsanto-Angestellte Judith Zack und den Medizinprofessor Dr. R. Suskind, Universität Cincinnati, hin. Diese Fehlaussagen sah *Nature* als so gravierend an, dass sie meinte, alle vorliegenden Daten müssten nachgeprüft und neu bewertet[112] werden, und dadurch die Offenlegung eines Fälschungsskandals auslöste.

In den betroffenen wissenschaftlichen Studien ging es um die Frage, ob Dioxin gesundheitsgefährdende Auswirkungen auf Menschen hat. Diese – und andere durch Monsanto nahestehende Wissenschaftler erstellte – Studien sollten die »einzigartige Resistenz des Menschen gegen Dioxine«[113] belegen. Sie zeigten auf, dass kein signifikanter Zusammenhang bei Menschen zwischen Dioxin-Kontakt und Krankheit bestehe. Diese wissenschaftlichen Studien hatten erhebliche Auswirkungen auf die Festsetzung von Grenzwerten, beispielsweise durch die US-amerikanische Umweltbehörde EPA. Sie stufte Dioxin als krebserregende Substanz anfangs lediglich in der Kategorie B2 ein.[114] Aufgrund dieser Studien wurde Dioxin auch in der öffentlichen Diskussion lange Zeit als nicht sehr gesundheitsgefährdend bewertet.

Doch die Studien stellten sich später als bewusste Fälschungen heraus. Der »Betrug wird von mehreren angesehenen wissenschaftlichen Organisationen bestätigt«,[115] darunter sind das National Institute for Occupational Safety and Health (NIOSH) und das National Research Council. »Letzteres stellt fest, dass die Monsanto-Studien ›Klassifikationsfehler hinsichtlich belasteter und nicht belasteter Testpersonen aufwiesen und infolgedessen zugunsten der Feststellung voreingenommen waren, dass keine Auswirkungen feststellbar seien‹.«[116] Durch die verharmlosenden gefälschten Studien wurde die Öffentlichkeit jahrzehntelang irregeführt, erhöhten Gesundheitsrisiken und vermehrt Krankheiten und Todesfällen aufgrund von Dioxinbelastungen ausgesetzt, und das zugunsten der Gewinne von Monsanto.

Einer der Autoren der gefälschten Studien, Raymond Suskind, wurde in einem Kreuzverhör vor Gericht »als ein solcher ›Betrüger‹ entlarvt, dass er sich weigerte, zur Beendigung der Anhörung in den Staat Illinois zurückzukehren«.[117] Suskind hatte bereits 1956 die Interessen von Monsanto vor der Virginia Workmen's Compensation Commission vertreten. Dabei hatte er relevante unternehmensbelastende Daten gelöscht, wie er 30 Jahre später vor Gericht zugab.[118]

Rückblickend auf diesen Wissenschaftsskandal stellte Otmar Wassermann 1994 fest: »Die Fälscher Zack, Suskind, Gaffey und Hertzberg blieben bis heute unbestraft und haben ihre Fälschungen bis heute nicht zurückgezogen.«[119]

Doch nicht nur von Monsanto bezahlte wissenschaftliche Studien zu Dioxin stellten sich später als Fälschungen heraus, sondern auch eine von BASF finanzierte, wie die französische Journalistin und Filmemacherin Robin feststellt:

»In einem BASF-Werk hatte sich 1953 ein ähnlicher Unfall wie im November 1953 in Nitro [Produktionsstandort eines US-Werks von Monsanto] zugetragen. 1982 veröffentlichten von dem deutschen Konzern bezahlte Wissenschaftler […] einen Aufsatz, der behauptet, dass die von dem Unfall betroffenen Arbeiter nicht an besonderen Krankheiten litten. Sieben Jahre später enthüllte ein Artikel im *New Scientist,* dass die Studie mit denselben groben Tricks verfälscht worden war wie die von Monsanto: Zwanzig Angestellte, die nicht mit 2,4,5-T kontaminiert waren, wurden der kontaminierten Gruppe zugerechnet, womit man deren erhöhte Lungen-, Luftröhren- und Magen-Darm-Krebsrate kaschiert hat.«[120]

Robin weist in diesem Zusammenhang auf die Affäre Richard Doll hin.[121] Der von der britischen Queen geadelte Doll galt lange als einer der profiliertesten Krebsforscher der Welt. Er hatte einen Zusammenhang zwischen Tabakkonsum und Lungenkrebs entdeckt und »die Lügen der Tabakindustrie«[122] bloßgestellt. Dadurch erwarb er sich den Ruf, unbestechlich gegen die Industrie vorzugehen.

Doll stand interessanterweise im Zuge der wissenschaftlichen Untersuchungen zur Schädlichkeit von Dioxin ganz aufseiten von Monsanto. So schrieb er 1985: »Es ist außerdem klar [...], dass es keinen Grund gibt anzunehmen, 2,4-D und 2,4,5-T seien im Tierversuch karzinogen, und dass selbst TCDD (Dioxin), das als gefährliche Kontamination der Herbizide beschrieben wurde, im Tierversuch höchstens schwach karzinogen ist.«[123]

Ein Jahr nach seinem Tod (2006) wurde aufgedeckt, dass Doll 20 Jahre lang im Geheimen für Monsanto gearbeitet hatte. In den Archivakten fand sich ein Brief vom April 1986 von Monsanto, aus dem hervorging, dass der Arbeitsvertrag mit Richard Doll in Höhe von 1500 Dollar pro Tag bestätigt wurde.[124]

Der Fall Yoshitaka Fujii[125]

Wie lange bewusst und vorsätzlich gefälschte Studien im wissenschaftlichen Umfeld ihre Wirkung entfalten können, zeigt der Fall des japanischen Anästhesisten Prof. Yoshitaka Fujii. Fujii hatte zwischen 1991 und 2011 eine äußerst große Zahl (168) wissenschaftlicher Artikel in verschiedenen Fachzeitschriften veröffentlicht.

Dem Würzburger Anästhesisten Peter Kranke war diese hohe Zahl suspekt, und so äußerte er zusammen mit Mitautoren aus der Würzburger Klinik und Poliklinik für Anästhesiologie in einem Aufsatz um das Jahr 2000 Zweifel an der Richtigkeit der Studien von Fujii. Die Veröffentlichung des Aufsatzes wurde von Gutachtern seinerzeit jedoch mit den Worten zurückgewiesen: »Stoppen Sie Ihren Kreuzzug gegen Prof. Fujii. Kehren Sie lieber zu einer produktiven Arbeit zurück.«[126]

2012 wurde der Betrugsfall von einem britischen Anästhesisten aufgedeckt. Es wurde nachgewiesen, dass Fujii bis zu 200 Arbeiten gefälscht hatte, indem er Zahlen veränderte und glättete. Das Journal *Nature* sprach von »einer der größten Säuberungsaktionen in der Geschichte der Wissenschaftsliteratur«,[127] die Rekordzahl zurückgezogener Arbeiten erschüttere die Wissenschaftsgemeinschaft.

Laut DocCheck, einem Zugriffssystem auf Webseiten mit medizinischen Fachinformationen, ist Fujii durchaus kein Einzelfall. 2009 wurden demnach 21 Publikationen eines Anästhesisten der Tufts Universitiy School of Medicine, Boston, wegen gefälschter Daten zurückgezogen. 2010 zogen elf Journale an die 90 Publikationen des Forschers Boldt zurück, der ebenfalls Daten gefälscht hatte.

Kranke, der Würzburger Anästhesist, der zuerst – wenn auch seinerzeit ohne Erfolg – auf den Fall Fujii aufmerksam gemacht hatte, sieht als eine der Hauptursachen für derartige Fälschungen »das gesamte wissenschaftliche System. Denn in einem System, in dem die wissenschaftliche Leistung mit Blick auf die Anzahl von Journalpublikationen in einem hohen Maße über Finanzen, Karrieren und Existenzen entscheiden kann, ist mitunter der Druck hoch. Da könnte ein Wissenschaftler schon in Versuchung geraten, der eigenen Karriere auf unredliche Art und Weise den richtigen Schub zu verleihen, zumal wenn in befristeten Beschäftigungsverhältnissen eine Anschlussanstellung auf dem Spiel steht.«[128]

Ein Medizininformatiker meinte zum Fall Fujii im Dezember 2012, dass der »normale« Mensch nun nicht mehr wisse, was man glauben kann, wenn das nicht einmal mehr die Fachleute wüssten. Man werde belogen und betrogen und notfalls um des Geldes willen auch krank gemacht und giftigen Substanzen ausgesetzt, welche sehr oft sogar den Tod zur Folge haben.[129]

In seinem Kommentar fragte ein Professor der Medizin zum Fall Fujii, ebenfalls im Dezember 2012, wie viel Honorar dabei wohl geflossen sei, und er meinte weiter, man solle Multicenterstudien für neuere Chemotherapien an den Stellen einmal kritisch unter die Lupe nehmen, wo besonders viel Umsatz zu erwarten sei.[130]

Ein Diplom-Biologe wies angesichts des Fujii-Skandals darauf hin, dass Fälschungen unter Wissenschaftlern verblüffend stark verbreitet seien:

>»Eine in *Nature* veröffentlichte Studie der Health Partners Research Foundation hatte 3247 US-Wissenschaftler befragt – darunter Biologen, Mediziner, Chemiker, Physiker, Ingenieure und Sozialwissenschaftler. Das erschreckende Ergebnis: Jeder dritte Forscher hat nach eigenen Angaben allein in den vergangenen drei Jahren mindestens ein potenziell strafwürdiges Vergehen begangen. Doch solange die Wirtschaft der Antriebsmotor der ›Wissen‹schaftlerei bleibt, müssen wir uns wohl damit abfinden, dass gemogelt wird, bis der Arzt kommt.«[131]

PHARMAINDUSTRIE – GEWINN GEHT VOR GESUNDHEIT

>»*Es gibt bereits Hunderte von wissenschaftlichen Studien und zahlreiche Bücher, die enthüllen, wie Pharmaunternehmen wissenschaftliche Methoden pervertieren und, mit enormen Finanzmitteln im Rücken, allzu oft gegen die Interessen der Patienten verstoßen, denen sie angeblich helfen wollen.*«[132]
>
> Dr. med. Rennie, ehemaliger stellvertretender Herausgeber des angesehenen *Journal of the American Medical Association*,
> Juni 2013

Mit ähnlichen Methoden wie die Tabakindustrie arbeitet die Pharmaindustrie,[133] die weltweit Umsätze von 460 Milliarden Dollar aufweist.[134] Ben Goldacre schildert in seinem 2013 auf Deutsch erschienenen Buch *Die Pharma-Lüge. Wie Arzneimittelkonzerne Ärzte irreführen und Patienten schädigen* anhand einer Fülle gut dokumentierter Fallbeispiele eindrucksvoll, wie die universitäre Pharmaforschung durch Geldzuwendungen seitens der Pharmaindustrie strukturell verfälscht wird, indem für bestimmte Medikamente ungünstig ausfallende Studien systematisch nicht veröffentlicht werden, indem Mitarbeiter von Pharmakonzernen als Ghost-Writer für Wissenschaftler schreiben, ohne dass dies offengelegt wird, oder der Forschungsrahmen so eingerichtet wird, dass ein günstiges Ergebnis zu erwarten ist. Das Ergebnis seiner jahrelangen gründlichen und detaillierten Recherchen ist, dass in dem Maße, in dem Geld die Forschung beeinflusst, verzerrte Ergebnisse entstehen. Eine durch Konzerngeld bezahlte Wissenschaft führt demnach zu interessengeleiteten Ergebnissen: »Das bedeutet, die Belege, auf denen unsere Entscheidungen in der Medizin basieren, werden systematisch verfälscht, um den Nutzen der verwendeten Medikamente aufzubauschen. [...] Das ist wissenschaftliches Fehlverhalten in großem Stil, auf internationaler Ebene.«[135]

Zu einem ähnlichen Ergebnis kommt Marcia Angell bereits in ihrem 2004 erschienenen Buch *The Truth About the Drug Companies. How They Deceive Us and What to Do About It.* Marcia Angell, die bis zum Jahr 2000 Chefredakteurin des *New England Journal of Medicine* war, einer der bedeutendsten medizinischen Fachzeitschriften der Welt, wo sie 20 Jahre arbeitete, schreibt:

»Ich wurde Zeuge, wie die Unternehmen im Laufe der Zeit über die Durchführung der Forschung eine Kontrolle gewannen, die am Anfang, als ich neu bei der Zeitschrift war, unerhört gewesen wäre. Immer bestand das Ziel eindeutig darin, die Karten so zu zinken, dass die Produkte des Unternehmens gut aussahen. […] Dies führte unter anderem zu einer immer industriefreundlicheren Ausrichtung in der medizinischen Forschung – also gerade da, wo eine solche Ausrichtung nichts zu suchen hat.«[136]

Ende 2014 erschien von dem renommierten, unabhängigen dänischen Forscher Peter Gøtzsche ein Buch mit dem Titel *Tödliche Medizin und organisierte Kriminalität. Wie die Pharmaindustrie das Gesundheitswesen korrumpiert.*[137] Peter Gøtzsche, Professor für Forschungsdesign und Forschungsfragen an der Universität Kopenhagen, studierte Biologie, Chemie und Medizin und ist Facharzt für Innere Medizin. Er arbeitete von 1975 bis 1983 für Pharmaunternehmen und war 1993 Mitbegründer der unabhängigen Cochrane Forschungszentren. Er veröffentlichte mehr als 50 wissenschaftliche Artikel in den »Big Five« weltweit führenden medizinischen Fachzeitschriften. Das 2013 auf Englisch erschienene Buch erhielt nicht nur einen Preis durch die British Medical Association, sondern zahlreiche Lobesworte von verschiedenen anerkannten, unabhängigen Wissenschaftlern.

Folgt man den Ausführungen dieses und anderer einschlägiger Bücher, so zeigt der heutige Zustand der wissenschaftlichen Pharmaforschung in gewisser Hinsicht das Endstadium von geldgeleiteter, an betriebswirtschaftlicher Gewinnmaximierung orientierter Forschung: eine systematische, strukturelle Verfälschung sogenannter wissenschaftlicher Untersuchungen – mit erheblichen positiven Auswirkungen auf die Gewinne der großen Pharmakonzerne und schlimmen Auswirkungen auf die Gesundheit der Bevölkerung.[138]

Derzeit spielt unabhängige Forschung auf dem Gebiet klinischer Studien eine sehr geringe Rolle. Laut Ben Goldacre sind nur etwa 10 Prozent der veröffentlichten klinischen Studien *nicht* von der Pharmaindustrie finanziert. Er kommt zu dem Schluss: »Die Konzerne beherrschen das Gebiet, geben den Ton an, setzen die Normen.«[139]

Die Celecoxib-Studie

»Deshalb werden klinische Prüfungen heute von der Pharmain-dustrie geplant und von Wissenschaftlern eigentlich nur noch als reine Auftragsarbeit ausgeführt. Dabei ist es gleichgültig, ob die Prüfungen an Lehrkrankenhäusern oder in Arztpraxen stattfin-den. Das finanzierende Unternehmen behält die Daten für sich, und bei Studien, an denen mehrere Einrichtungen beteiligt sind, bekommen unter Umständen nicht einmal die Wissenschaftler selbst alle Daten zu sehen.«[140]

Marcia Angell, ehemalige Chefredakteurin des *New England Journal of Medicine*

»Forschungskooperationen sind wünschenswert und stärken den Forschungs- und Wirtschaftsstandort Deutschland, weshalb eine enge Kooperation zwischen Wissenschaft und Industrie unerlässlich ist.«[141]

Drittmittel in der klinischen Forschung, 2009

Ein Beispiel für die Vorgehensweise der Pharmaindustrie bei wis-senschaftlichen Studien ist das Schmerzmittel Celecoxib (Cele-brex). Im Jahr 2000 veröffentlichte das Pharmaunternehmen Pharmacia, das im Juli 2002 von Pfizer übernommen wurde, im angesehenen *Journal of the American Medical Association (JAMA)* einen Artikel – die sogenannte große CLASS-Studie –, wonach das neue Schmerzmittel weniger Magengeschwüre ver-ursache als zwei Vergleichspräparate. Die Veröffentlichung der Studie, die von einem positiven Leitartikel des *JAMA* begleitet war, hatte deutliche Auswirkungen und war sehr lukrativ: Sie wurde in den ersten zwei Jahren durch andere Forscher häufig zitiert (169 Mal), und innerhalb eines Jahres stieg der Umsatz mit dem Medikament um knapp 20 Prozent von 2,6 Milliarden US-Dollar auf 3,1 Milliarden US-Dollar.[142] Auch der Verlag profitierte von der Veröffentlichung, er konnte etwa 30 000 Nachdrucke der Studie verkaufen, eine ungewöhnlich hohe Zahl, was sehr profitabel für das *JAMA* war.[143] Alle Autoren der Studie waren entweder Angestellte von Pharmacia oder bezahlte Berater des Unternehmens. Acht amerikanische medizinische Fakultäten hatten Autoren zur Verfügung gestellt.[144] Insofern handelte es sich um eine breit angelegte Kooperation von Pharmaindustrie und akademischer Wissenschaft.

Durch eine Gegenstudie von unabhängigen Wissenschaftlern sowie durch interne Unternehmensunterlagen stellten sich die Ergebnisse der Celecoxib-Studie jedoch als falsch heraus, da die Daten manipuliert worden waren. In einer internen E-Mail spricht ein medizinischer Direktor von Pharmacia von »Datenmassage«, damit die Studie besser aussehe. Ein medizinischer Leiter von Pfizer bezeichnete die Vorgehensweise als »Rosinenpickerei der Daten«.[145] Die Studie war ursprünglich für einen Zeitraum von einem Jahr ausgelegt worden. Über diesen Zeitraum kam sie jedoch zu keinem positiven Ergebnis für Celecoxib. Doch bei Verkürzung des Betrachtungszeitraums auf sechs Monate schnitt das Arzneimittel gut ab. Daher wurden entgegen der ursprünglichen Studienauslegung nur die Daten für die ersten sechs Monate veröffentlicht.[146] Dazu kam, dass es sich um zwei separate Studien handelte, die später unzulässigerweise gebündelt wurden, sodass sie wie eine einzige aussahen.[147] Die zuständigen Zulassungsbehörden schritten jedoch nicht ein und zogen die Zulassung des Medikaments nicht zurück.

Die Redaktion des *JAMA* erfuhr von dieser unzulässigen Verkürzung des Betrachtungszeitraums erst *nach* der Veröffentlichung der Studie. Der Autor des positiven Leitartikels, der das Erscheinen der Studie begleitet hatte, war entrüstet: »Ich bin wütend. [...] Ich habe den Leitartikel geschrieben. Jetzt stehe ich da wie ein Idiot. Aber [...] mir standen keine anderen Daten zur Verfügung als die des Artikels.«[148]

In Folgestudien von Pfizer (das im Juli 2002 Pharmacia übernommen hatte) hatte man unter anderem Daten über negative Nebenwirkungen – Thromboserisiken – weggelassen, und so »gelangten Studien, die angeblich kein Thromboserisiko festgestellt hatten, in kardiologische Fachzeitschriften«.[149] Gøtzsche schreibt dazu:

> »Noch im Jahr 2009 leugnete Pfizer Probleme mit seinem Medikament. [...] Im Informationsblatt für die Patienten hieß es, man wisse nicht genau, ob Celecoxib die Zahl der Herzkrankheiten und Schlaganfälle erhöhe. Diese *Lüge* hätte das Ethikkomitee veranlassen müssen, die Studie abzulehnen. Ich besitze eine Fachinformation von Celebrex [Celecoxib] vom Februar 2005, die Herz-Kreislauf-Probleme erwähnt, und einen Brief von Pfizer an Ärzte, der einräumt, dass das Mittel solche Probleme hervorruft, und davon abrät, Celecoxib bestimmten Patientengruppen zu verabreichen.«[150]

Als Merck 2004 das Konkurrenzmedikament Vioxx vom Markt nehmen musste, schrieb Pfizer an dänische Ärzte, um sie zum Verschreiben von Celecoxib zu animieren, man habe »keine Anzeichen dafür gefunden, dass Celecoxib das Risiko für kardiovaskuläre Nebenwirkungen erhöht. Die Strafe für diese skrupellose Fehlinformation betrug 2000 US-Dollar.«[151] Angesichts solch lächerlicher Strafzahlungen lohnen sich offensichtlich »skrupellose Fehlinformationen«, und die Rendite dürfte ziemlich hoch sein. Ökonomisch stellen derart niedrige Strafen einen großen Anreiz dar, Fehlinformationen auszugeben, da diese Strategie ganz offenbar sehr lukrativ ist.

Das Medikament ist laut Angaben von Peter Gøtzsche heute noch auf dem Markt. Angesichts der erhöhten Gesundheitsrisiken widerrief zumindest die dänische Arzneimittelbehörde 2004 die Kostenübernahme für Celecoxib und ähnliche Schmerzmittel. Daraufhin fiel die Zahl der Verschreibungen in Dänemark 2005 gegenüber 2003 um 90 Prozent, 2007 gegenüber 2003 um 96 Prozent. Das heißt, dass diese Art von Medikamenten in Dänemark fast gar nicht mehr verschrieben wird.[152]

Gøtzsche berichtet, dass Pfizer damit fortfuhr, sein Produkt und damit seine Gewinne zu schützen »anstatt das Leben der Patienten«.[153] Vier Tage nach der Aufhebung der Kostenübernahme durch die dänische Arzneimittelbehörde 2004 schrieb Pfizer an alle dänischen Ärzte, diese Maßnahme sei »für die Patienten ein Schritt zurück, weil man ihnen Zugang zu neuen Arzneimitteln verwehrt«, gab Tipps, wie man für einzelne Patienten dennoch eine Kostenerstattung erlangen könne, und legte zu diesem Zweck ein spezielles Formular bei.[154]

Da Pfizer mehr als 3000 Mal verklagt worden war, weil das Unternehmen behauptet hatte, Celecoxib und Valdecoxib hätten nicht die Nebenwirkungen der alten Vergleichspräparate (namens NSAR), setzte der Pharmariese durch seine Anwälte das *Journal of the American Medical Association (JAMA)* und andere bekannte Fachzeitschriften unter Druck: »Pfizer beantragte vor Gericht die Herausgabe aller Begutachtungen von Artikeln, abgelehnten Manuskripten und Redaktionsbeschlüssen zu Artikeln über die beiden Medikamente, die beim *JAMA* eingereicht worden waren.«[155] Gøtzsche fragt sich, ob dieser Antrag dem Ziel diente, möglicherweise Gutachter oder deren Vorgesetzte unter Druck zu setzen, »obwohl fachkundigen Gutachtern Anonymität zugesichert wird«. Dieser Antrag der Firma Pfizer wurde von einem Richter jedoch abgelehnt.[156]

Damit war die Angelegenheit aber immer noch nicht abgeschlossen:

»Das gewohnheitsmäßige Lügen nahm 2012 eine neue Wendung, als Anwälte von Investoren Pfizer beschuldigten, böswillig Dokumente über die Entwicklung von Celecoxib und Valdecoxib vernichtet und obendrein falsche Angaben über die Existenz einer zentralen Datenbank gemacht zu haben. Pfizer bestritt die Existenz einer zentralen Datenbank und Millionen von Dateien über die Medikamente und erklärte, dies sei ein ›Hirngespinst der Kläger‹. Später räumten Mitarbeiter von Pfizer jedoch ein, dass diese Datenbanken existierten, und rückten Dokumente heraus, die elektronisch gespeichert waren. [...] In seiner Erwiderung machte Pfizers Anwalt eine neue Lüge aktenkundig, indem er behauptete, ›Pfizer hat zu keinem Zeitpunkt Kläger irregeführt, was die Existenz von Datenbanken anbelangt‹.«[157]

Paroxetin von GSK

»Es darf nicht vergessen werden, dass Kooperationen [zwischen Pharmaindustrie und Wissenschaft] zum Wohle des Patienten wichtig und richtig sind. Arzneimittel sind hochkomplexe Güter – Pharmaunternehmen müssen daher die Möglichkeit haben, Ärzten neue Therapieformen, Anwendungsmöglichkeiten sowie Grenzen und Risiken von Arzneimitteln vorzustellen.«[158]
Michael Grusa, Geschäftsführer Freiwillige Selbstkontrolle
für die Arzneimittelindustrie e.V.

Um die Vorgehensweise der Pharmaindustrie zu illustrieren, wollen wir uns den Fall Paroxetin – ein Antidepressivum für Kinder – näher ansehen.

Glaxo Smith Kline (GSK) wusste durch interne Studien, dass Paroxetin keinen Nutzen bei der Behandlung von Depressionen bei Kindern erbringt. In einem internen Dokument von GSK heißt es: »Es wäre wirtschaftlich inakzeptabel, einen Vermerk über die Unwirksamkeit aufzunehmen, denn das würde das Profil von Paroxetin unterminieren.«[159] Umgangssprachlich ausgedrückt: Ein Hinweis auf die Wirkungslosigkeit des Medikaments würde die Umsätze – zu Recht – einbrechen lassen. Denn wer gibt seinem Kind schon ein Medikament, von dem der Hersteller selbst sagt, dass es wirkungslos ist? Dennoch wurde Paroxetin allein in Großbritannien ein Jahr nach diesem internen Memo 32 000 Mal an Kinder verschrieben. Auch in insgesamt *neun* (!) weiteren Studien in den Folgejahren konnte durch GSK keine Wirksamkeit des Medikaments bei Kindern festgestellt werden.[160]

Doch nicht nur, dass Paroxetin keine Wirkung bei der Behandlung von Depressionen hatte, es hatte *besorgniserregende Nebenwirkungen,* insbesondere eine Erhöhung der Suizidgefahr, was GSK durch interne Studien wusste, jedoch nicht nach außen mitteilte: »Bei GSK wusste man, dass das Medikament Kindern verschrieben wurde, und man kannte das Risiko, hatte sich jedoch entschieden, diese Information nicht weiterzugeben.«[161] So konnte jahrelang ein wirkungsloses Medikament an Zigtausende Kinder weltweit verschrieben werden, das keine Wirkung, dafür aber signifikante negative Nebenwirkungen hatte. Goldacre fragt sich, wie es komme, dass Pharmaunternehmen lebenswichtige Daten zurückhalten könnten, die zeigten, dass ein Medikament nicht nur unwirksam, sondern wirklich gefährlich ist. Seine Antwort lautet, dass es in den gesetzlichen Regelungen lächerliche Schlupflöcher gebe und diese von GSK fröhlich ausgenutzt würden.[162] Trotz dieser zutage getretenen Sachverhalte in der längsten Untersuchung in der Geschichte der britischen Arzneimittelzulassung konnte GSK keine strafbare Handlung nachgewiesen werden.[163]

Interessant in diesem Zusammenhang ist die Aussage von Michael Grusa, der 2009 als Geschäftsführer des Pharmaverbandes »Freiwillige Selbstkontrolle für die Arzneimittelindustrie e.V.« schrieb, dass Pharmaindustrie und Ärzte einander zunehmend positiv beeinflussten, dass die eingegangenen Kooperationen ethisch einwandfrei aufgebaut seien und er der Meinung sei, die Selbstkontrolle funktioniere.[164] Die drei angesehenen Fachleute Marcia Angell, Ben Goldacre und Peter Gøtzsche sowie Hunderte von wissenschaftlichen Studien kommen zum gegenteiligen Ergebnis. Peter Gøtzsche meint dazu: »Wenn Journalisten mich fragen, was ich von den ethischen Standards der Pharmaindustrie halte, antworte ich oft mit einem Scherz, oder ich sage, ich hätte keine Antwort, weil ich nicht beurteilen könne, was nicht existiert. Der einzige Standard der Branche ist das Geld, und der Wert eines Menschen hängt davon ab, wie viel Geld er einbringt.«[165] Wahre Worte! LaoTse sagte vor etwa 2500 Jahren: »Wahre Worte sind nicht schön, schöne Worte sind nicht wahr.«[166] Wie zutreffend diese Sätze sind, zeigen die beiden folgenden Fallbeispiele.

Nicht-Veröffentlichungsklauseln – die Fälle Betty Dong und Nancy Olivieri

»Über die klinischen Studien bestimmen nicht mehr die Wissenschaftler, sondern die Geldgeber.«[167]
Marcia Angell, ehemalige Chefredakteurin des
New England Journal of Medicine

In der angelsächsischen Literatur werden häufig die Skandale um Betty Dong und Nancy Olivieri angeführt, um die Vorgehensweise der Pharmaindustrie beim Zurückhalten unliebsamer Ergebnisse zu illustrieren.

Der Fall Betty Dong
Dr. Betty Dong, heute Professorin für Pharmazie an der University of California, San Francisco (UCSF), bekam Ende der 1980er-Jahre 250 000 US-Dollar Forschungsmittel (Drittmittel)

von dem damals britischen Pharmaunternehmen Boots Company zur Erforschung des Schilddrüsenmedikaments Synthroid (bei Fehlfunktion der Schilddrüse) an der UCSF. Zweck der Untersuchung war, zu zeigen, dass das Originalmedikament Synthroid Konkurrenzprodukten, insbesondere drei billigeren Nachahmerpräparaten (Generika), überlegen sei. Betty Dong schien aus Sicht von Boots ideal geeignet für diese Art von Untersuchung, da sie in vorherigen Studien auf Risiken beim Wechsel von Original- zu Nachfolgepräparaten hingewiesen hatte.[168]

Zu dieser Zeit war Synthroid das am dritthäufigsten verschriebene Medikament in den USA und wurde von etwa acht Millionen US-Amerikanern täglich eingenommen. Damals belief sich das Marktvolumen bei Schilddrüsenmedikamenten auf etwa 600 Millionen Dollar pro Jahr, und Boots hatte dank Synthroid daran den höchsten Marktanteil.[169]

Entgegen allen Erwartungen, auch der eigenen,[170] stellte sich gegen Ende der Untersuchungen im Dezember 1990 heraus, dass Synthroid gegenüber den drei deutlich preiswerteren Konkurrenzprodukten *nicht* vorteilhaft war.[171]

Daraufhin versuchte Boots Company Betty Dong zu überzeugen, die Ergebnisse zu verwässern. Als dies nicht gelang, versuchte Boots, die Studienergebnisse zu diskreditieren und ihre Veröffentlichung zu verhindern. Boots schrieb Briefe an die Vorgesetzten von Betty Dong sowie an Kanzler und Vizekanzler der Universität, in denen es unter anderem hieß, dass diese Studie wegen der vielen wissenschaftlichen Mängel beendet werden sollte.[172] Boots warf Betty Dong eine Reihe von methodischen, moralischen und Vorgehensfehlern vor. Die Vorwürfe konnten jedoch durch sachverständige Dritte entkräftet werden. Außerdem heuerte das Pharmaunternehmen einen Privatdetektiv an, um mögliche Interessenkonflikte von Frau Dong herauszubekommen, was jedoch ebenfalls nicht gelang.[173]

Im April 2004 wurde der Artikel von Betty Dong und ihren

Forscherkollegen beim renommierten *Journal of the American Medical Association* eingereicht. Der Artikel wurde durch fünf außenstehende Experten positiv votiert (peer-reviewed) und zur Veröffentlichung am 25. Januar 1995 vorgesehen. Daraufhin drohte Boots mit einer Klage bei Veröffentlichung der Studie, denn bei Erhalt der Drittmittelzusage über 250 000 Dollar durch Boots hatte Betty Dong unterschrieben, die Ergebnisse nicht ohne Einwilligung durch den Sponsor zu veröffentlichen. Möglicherweise hatte sie geglaubt, dass diese Vertragspassage nicht zum Tragen kommen würde.[174]

Durch die Klageandrohung verlor Betty Dong den Rückhalt ihrer Universität, die ihr und ihren Koautoren mitteilte, dass sie im Prozess keinerlei Unterstützung durch die Universität erhalten würden und die unter Umständen prohibitiv hohen Kosten allein zu tragen hätten. Daraufhin zog Betty Dong die Veröffentlichung wenige Wochen vor dem geplanten Erscheinen des Artikels im *JAMA* zurück.[175]

Erst durch einen Artikel zu diesem Tatbestand im *Wall Street Journal* gut ein Jahr später – im April 1996 – wurde die amerikanische Öffentlichkeit und insbesondere die US-Regulierungsbehörde FDA auf den Sachverhalt aufmerksam. Die FDA übte Druck auf Boots aus, und im April 1997 konnte der Artikel schließlich im *JAMA* erscheinen – gut zwei Jahre nach der ursprünglich zugesagten Veröffentlichung und über sechs Jahre nach Fertigstellung der Studie.

Durch die Verzögerung der Veröffentlichung mussten Millionen US-Patienten jahrelang deutlich höhere Medikamentenkosten tragen. Nach Schätzungen hätten bei früherer Veröffentlichung des Artikels 356 Millionen Dollar Medikamentenkosten pro Jahr eingespart werden können.[176] Anders ausgedrückt: Jedes Jahr Verzögerung des Bekanntwerdens der Ergebnisse trug Boots jährliche Mehreinnahmen von über 350 Millionen Dollar ein. Da die Produktionskosten bei Boots ähnlich wie die der Konkurrenten gewesen sein dürften, bedeutet dies nicht nur um 356 Millionen Dollar höhere Umsätze, sondern auch um 356 Millionen Dollar höhere Gewinne. Jeder Monat Verzögerung heißt aus Unternehmenssicht an die 30 Millionen Dollar Extra-Profit.

Im April 1997 wurden Klagen von Geschädigten und einigen Bundesstaaten gegen das Pharmaunternehmen, das 1995 von BASF übernommen worden war, eingereicht mit der Begründung, dass Hunderte Millionen Dollar an überhöhten Preisen in Rechnung gestellt worden waren. Das Unternehmen einigte sich mit den Klägern 1999 und 2000 auf Zahlungen von insgesamt 179 Millionen Dollar.[177]

Aus Sicht des Unternehmens dürfte die Strategie dennoch sehr lohnend gewesen sein. Unterstellt man, dass ohne die massive Kampagne gegen Dong durch den Sponsor Boots der Aufsatz bereits 2002 statt 2007 erschienen wäre, bedeutet dies 356 Millionen Dollar pro Jahr Zusatzgewinne für den Zeitraum von fünf Jahren (2002 bis 2007), das entspricht einer Gesamtsumme von mehr als 1,5 Milliarden Dollar. Vergleicht man hiermit die Strafzahlung von 179 Millionen Dollar, klingt das nach einem sehr guten Geschäft.

Fazit: Einschüchtern, drohen, verleumden, klagen lohnte sich für das Pharmaunternehmen. Die Renditen auf das eingesetzte Kapital wurden dadurch erhöht. Daran dürfte sich bis heute nichts geändert haben.

Das Beispiel Betty Dong zeigt, dass jeder einzelne Tag Verzögerung der Rücknahme eines Medikaments Millionengewinne bedeuten kann. Wie bereits erwähnt, wurde am 5. Dezember 2014 ein Pharmaskandal um das indische Forschungsinstitut GVK Biosciences bekannt, das im Auftrag Dutzender weltweit agierender Pharmakonzerne wissenschaftliche Medikamententests durchführt. Möglicherweise wurden Tausende von Studien systematisch zugunsten der Pharmakonzerne verfälscht. Allein in Deutschland wurden vier Tage später 80 Medikamente aus dem Verkehr gezogen – genau genommen wurde nur ein Ruhen der Zulassung angeordnet. Am 23. Dezember 2014 waren laut Bundesinstitut für Arzneimittel und Medizinprodukte (BfArM) noch 53 Medikamente auf der »Liste der von der Anordnung des Ruhens der Zulassungen betroffenen Arzneimittel«.[178] Allerdings befindet sich am rechten Rand dieser Liste in rot hervorgehobener Schrift der Hinweis: »Ruhen der Zulassung derzeit nicht vollziehbar, da pharmazeutischer Unternehmer Rechtsmittel eingelegt hat (aufschiebende Wirkung, Paragraf 80 Absatz 1 VwGO)«.[179]

Ist es möglich, dass trotz Rücknahme der Zulassung wegen mangelhafter Studien diese Medikamente weiter verkauft werden dürfen? Steht in Deutschland das Recht des Unternehmers *vor* dem Recht der Patienten auf Gesundheit?

Der Fall Nancy Olivieri

Noch schlimmer ist der Fall Nancy Olivieri, weil es hier nicht nur um finanzielle Übervorteilung von Patienten ging, sondern um aktive Gesundheitsschädigung.

Die Ärztin und Hämatologin[180] Professor Dr. Nancy Olivieri unterzeichnete als Forscherin am Hospital for Sick Children der Universität von Toronto in den 1990er-Jahren einen Vertrag mit dem größten kanadischen Pharmaunternehmen Apotex, klinische Untersuchungen über das Medikament Deferiprone zur Behandlung von Thalässemie[181] durchzuführen. Der Vertrag beinhaltete eine Nichtveröffentlichungsklausel: Die Ergebnisse der Untersuchungen durften demnach ohne Einwilligung von Apotex für den Zeitraum von einem Jahr nach Beendigung der Untersuchungen nicht veröffentlicht werden.[182] Im Nachhinein bezeichnete Frau Olivieri ihr Verhalten, die Nichtveröffentlichungsklausel zu unterschreiben, als naiv.[183]

Anfang 1996, nach sechs Jahren klinischer Untersuchungen, stellten sich bei ihr Zweifel an der Wirksamkeit des Medikaments ein. Im Februar 1997 kam sie zu dem Ergebnis, dass das Medikament sogar *schädlich* sei und bei manchen Patienten Leberschäden verursache.[184] Sie unterrichtete den finanziellen Sponsor Apotex von ihren Ergebnissen. Apotex bestritt die Ergebnisse und die Notwendigkeit, an den Untersuchungen teilnehmende Patienten über das »Risiko« zu informieren. Nancy Olivieri unterrichtete die Forschungsethik-Kommission des Krankenhauses über ihre Ergebnisse. Die Kommission kam zu dem Ergebnis, dass nicht nur den an der Untersuchung teilnehmenden Patienten die Risiken, sondern auch den kanadischen Ärzten diese Ergebnisse mitgeteilt werden müssten.[185] Darüber hinaus plante Nancy Olivieri eine Veröffentlichung der Ergebnisse im renommierten *New England Journal of Medicine*.[186]

Apotex stoppte daraufhin die finanzielle Unterstützung der Untersuchung und bestand darauf, dass die Ergebnisse nicht veröffentlicht werden durften. Widrigenfalls sei mit einer Klage zu rechnen.[187] Währenddessen versuchte ein Fakultätskollege, Nancy Olivieri zu diskreditieren, indem er herabsetzende Briefe an Kollegen und an die Medien versandte und gegenteilige Studienergebnisse veröffentlichte, ohne anzugeben, dass die Studien großzügig von Apotex finanziert worden waren.[188] Zusätzlich wurde Nancy Olivieri durch ihr Krankenhaus *fälschlich* beschuldigt, Richtlinien nicht eingehalten zu haben. Am 6. Januar 1999 wurde sie ihres Amtes als Studienleiterin enthoben und angewiesen, ihre Probleme nicht öffentlich zu diskutieren.[189]

Während all der Auseinandersetzungen verweigerten sowohl die Universität von Toronto als auch das Universitätskrankenhaus mit Verweis auf die Geheimhaltungsklausel Frau Olivieri jegliche rechtliche Unterstützung. Der Fall drang jedoch an die Öffentlichkeit, und die Universität von Toronto wurde überflutet mit Briefen von angesehenen Wissenschaftlern, die die Verwaltung aufforderten, zu intervenieren.[190] Im Oktober 1998 wurde durch das *Canadian Medical Association Journal* bekannt, dass sowohl die Universität als auch das Krankenhaus bei Apotex seit Jahren um hohe Geldzuwendungen warben: 20 Millionen Dollar für die Universität und weitere zehn Millionen Dollar für das Krankenhaus. Der Vorstandvorsitzende von Apotex sagte später, diese Spenden seien »Teil einer sogar noch deutlich großzügigeren philanthropischen Diskussion« über eine Gesamtsumme von 55 Millionen Dollar.[191]

Erst nach einem weiteren Aufschrei der Öffentlichkeit und der Intervention namhafter britischer und US-amerikanischer Wissenschaftler änderte die Universität ihren Kurs, und Nancy Olivieri wurde wieder in ihre Position eingesetzt.[192]

Die Fälle Nancy Olivieri und Betty Dong schlugen in der angelsächsischen Fachliteratur hohe Wellen, da man davon ausgeht, dass es eine Vielzahl solcher Fälle von Interessenkonflikten gibt. Laut einer US-Erhebung aus dem Jahr 2003 sagten 28 Prozent der hierfür an Hochschulen zuständigen Verwaltungsfachleute, dass es an ihrer Hochschule keine klaren Regeln gebe, die Geldgebern aus der Industrie verbiete, die Veröffentlichung von Forschungsergebnissen eines Professors zu unterdrücken oder zu zensieren. Mindestens die Hälfte aller Hochschulen erlaubten Unternehmen, die Ergebnisse der unterstützten Studien vor ihrer Publikation durchzusehen.[193] »Niemand weiß, wie verbreitet dieses Problem ist, da man nicht sicher sein kann, wie viele Wissenschaftler im Stillen dem Druck nachgegeben und ihre Ergebnisse unterdrückt haben, statt sich den Schikanen und Verzögerungen auszusetzen, wie es Dong und Olivieri geschah«, sagt der ehemalige Präsident von Harvard, Derek Bok.[194]

Interessenkonflikte

Dies führt uns zu wichtigen Fragen und zu dem eigentlich Beunruhigenden an den beiden Fällen Dong und Olivieri, die deshalb auch so hohe Wellen schlugen: Wie viele solcher Konflikte laufen im Stillen ab? Wie verbreitet sind solche Interessenkonflikte, die sich in den Seelen der Forscher abspielen: Wie soll man umgehen mit den Daten? Ehrlich sein und den Geldgeber verprellen? Oder sie »flexibel« interpretieren?[195] Es gibt »viele subtile Wege, wie eine Studie verfasst werden kann, um das Produkt des Unternehmens in einem vorteilhafteren Licht erscheinen zu lassen«, schreibt Derek Bok.[196] Bei der Entscheidung darüber, wie stark man eine Schlussfolgerung formuliert, wie stark man mögliche gegenteilige Interpretationen betont oder mögliche, aber unbewiesene Risiken erwähnt, gibt es sehr viel Interpretationsspielraum.[197]

Schon bei der Festlegung des Forschungsdesigns stellen sich die Fragen: Was und wie wird gemessen?[198] Frances Bowen zeigt dies beispielsweise anhand der kontrovers diskutierten Fragen um Kohlendioxidbeschränkungen auf. Die Messung von Kohlendioxidemissionen wird, je nach Interessenlage, vollkommen verschieden angegangen und sehr unterschiedlich weit gefasst. Dabei ist jede Messungsweise grundsätzlich akzeptabel. Hinter der Fragestellung, *wie* gemessen wird, laufen laut Frances Bowen starke Machtkämpfe ab.[199]

Eine Studie aus dem Jahr 2003 zeigte, dass 23 bis 28 Prozent aller akademischen Medikamentenforscher weltweit Industriegelder erhielten. Zusätzlich bekamen über 40 Prozent Geschenke von Pharmaunternehmen, und etwa ein Drittel hatte Finanzbeziehungen, wie beispielsweise Aktienbesitz, zu ihren Geldgebern. Die Autoren der Studie kamen zu dem Schluss, dass »industriegesponserte Forschung dazu neigt, industriefreundliche Ergebnisse zu zeitigen«.[200]

Die Wochenzeitschrift *Die Zeit* meint hierzu: »Es ist schwierig, die Grauzone zwischen berechtigtem Forschungsinteresse und Manipulation auszuleuchten. Wann genau ist die Grenze überschritten – wenn die Wissenschaft nicht mehr frei ist in ihren Ergebnissen? Wenn sie sich eines bestimmten Vokabulars bedient? Wenn sie ihren Blick beschränkt?«[201] Oft reicht bereits das implizite Versprechen künftiger Forschungsgelder oder die Sorge um deren Verlust, um einen Forscher dazu zu drängen, Ergebnisse herauszufinden, die vom Geldgeber bevorzugt werden.[202] Zwar streiten Forscher, die Geld von der Industrie erhalten, ab, dass ihre Finanzinteressen irgendeinen Effekt auf die Ergebnisse ihrer wissenschaftlichen Arbeit haben. Verschiedene unabhängige Studien zeigen jedoch das Gegenteil.[203]

So fand eine Untersuchung aus dem Jahr 2005 heraus, dass über 15 Prozent der antwortenden Forscher »Design, Methode oder Ergebnisse ihrer Studie als Reaktion auf Druck der Geldgeber geändert haben«.[204] Die Angabe (15 Prozent) bezieht sich nicht auf die Forscher, die mit der Pharmaindustrie zusammenarbeiten, sondern auf die gesamte Hochschulforschung.

Zwar gibt es für die meisten Universitäten und Medizinzeitschriften Vorgaben, wonach Forscher Interessenkonflikte offenlegen müssen. Allerdings legen nur wenige Universitäten und Zeitschriften Strafen fest, wenn dagegen verstoßen wird, und unternehmen kaum Anstrengungen, die Offenlegungspflichten umzusetzen. Daher befürchten viele Fachleute, dass sie weitgehend unterlaufen werden.[205]

Unabhängig von den Offenlegungspflichten kommt es vermutlich ohnehin nur bei einem kleinen Teil der Forscher überhaupt zu einem innerlich empfundenen Interessenkonflikt. In vielen Fällen werden nämlich für die industriefinanzierten Forschungsvorhaben im Vorfeld bereits wohlwollende Forscher ausgesucht, wie die obigen Falldarstellungen zur Tabak-, Pharma- und Chemieindustrie zeigen.[206] Auch Betty Dong hatte in früheren Studien gerade die von dem Pharmaunternehmen gewünschten Ergebnisse geliefert und war *deshalb* ausgewählt worden. Zu aller – auch ihrer eigenen – Überraschung kam dummerweise bei der letzten Studie ein gegenteiliges Ergebnis heraus, und Frau Dong war ebenso wie Nancy Olivieri nicht bereit, diese Ergebnisse »zu verwässern« oder anderweitig umzuinterpretieren. Eine solche Uminterpretation der Daten hätte beiden wohl einige Probleme erspart.

Die Selektion wohlwollender industrienaher Persönlichkeiten im Vorfeld ist der Schlüssel, um eines der Kardinalprobleme von gekaufter Forschung zu verstehen: wie auf subtile Weise, ohne dass es nennenswerte Konflikte gäbe, Forschung in die gewünschte Richtung gelenkt beziehungsweise in unerwünschte Richtungen *nicht* gelenkt wird. Das werden wir uns später noch näher ansehen.

Ghostwriting

Ein anderes in der Pharmaforschung verbreitetes Phänomen ist das Ghostwriting. Derek Bok erwähnt eine unabhängige Studie, wonach 11 Prozent aller veröffentlichten Berichte über Medikamente und Gesundheitsprodukte, die nach außen von akademischen Wissenschaftlern, in Wirklichkeit aber gar nicht von ihnen verfasst wurden, sondern von Mitarbeitern des Pharmaunternehmens (Ghostwritern), das die Studie finanzierte.[207] Mit anderen Worten: Etwa jede neunte Studie zu Medikamenten stammt derzeit von Ghostwritern, obwohl sie offiziell als von unabhängigen Wissenschaftlern verfasst ausgegeben wird. Das Ziel beim Ghostwriting ist, den Eindruck von Objektivität zu erwecken.[208] Ein Beispiel: Das Neuroleptikum Zyprexa des Herstellers Lilly sollte in der Beilage einer wissenschaftlichen Zeitschrift in ein positives Licht gerückt werden, was auch tatsächlich geschah. In firmeninternen E-Mails dazu heißt es: »Wir haben diese Arbeit über Ghostwriter schreiben lassen und dann vom Autor Dr. Haddad die Endfassung fertigstellen lassen.« Dr. Haddad ist Chefarzt der Psychiatrie von Manchester.[209]

Im Rahmen des Gerichtsprozesses um das Schmerzmittel Vioxx von Merck mussten interne Unternehmensdokumente veröffentlicht werden; der Pharmakonzern hatte die Veröffentlichung gefährlicher Nebenwirkungen lange Zeit erfolgreich unterdrückt. Im Zuge dieser Offenlegung trat Folgendes zutage:

>Bei 24 frühen von Merck & Co. gesponserten klinischen Studien hatte die Firma einen eigenen Mitarbeiter als Hauptautor verpflichtet. Die Studienergebnisse wurden in 20 Veröffentlichungen publiziert. Bei 14 der Veröffentlichungen tauchte der hauptverantwortliche Firmenmitarbeiter im veröffentlichten Artikel nur an nachgeordneter Stelle auf, in zwei Fällen gar nicht. 77 % der ersten drei Autorenplätze in den veröffentlichten Artikeln wurden von externen akademischen Autoren eingenommen, die erst einbezogen wurden, als die Manuskripte fertig waren, und die mithin zu dem Artikel wenig beigetragen hatten. Interne Firmenunterlagen belegen diese Praxis im Detail.<[210]

Die Motive der Wissenschaftler, die dazu bereit sind, ihren Namen über einen nicht von ihnen geschriebenen Artikel zu setzen, sind relativ einfach: Man erhält Geld dafür; oft reicht aber auch schon die Aussicht darauf, seinem wissenschaftlichen Lebenslauf einen zusätzlichen Artikel hinzuzufügen und damit sein Ansehen und/oder seine Aufstiegschancen zu vergrößern, bereits aus.[211] Eine Studie zu Ghostwriter-Artikeln von 2003 im britischen *Journal of Psychology* fand heraus, dass >signifikante Abweichungen< bestanden zwischen den veröffentlichten Ergebnissen und den Rohdaten der Untersuchungen – mit anderen Worten, die Ergebnisse wurden verfälscht.[212]

Der britische Arzt und Medizinjournalist Goldacre schreibt zum Phänomen Ghostwriting:

>Doch meines Wissens wurde noch nirgends auf der Welt ein Wissenschaftler dafür bestraft, dass er seinen Namen

über eine von einem Ghostwriter verfasste wissenschaftliche Arbeit gesetzt hat. Und das, obwohl dieses unmoralische Verhalten so verbreitet ist und zahllose Skandale um namhafte Professoren und Dozenten in aller Welt sauber juristisch dokumentiert sind. Das lässt sich durchaus mit dem einfachen Plagiat eines Studenten vergleichen. Von diesen Damen und Herren wurde keiner je gemaßregelt, sondern sie alle haben eine gehobene Position an der Universität inne.«[213]

Während Plagiat bei Doktorarbeiten mit der Aberkennung des Doktortitels und bei Studierenden mit dem Durchfallen geahndet wird, trifft es bei Medikamentenstudien, bei denen es um die Gesundheit von Patienten geht, auf eine breite Toleranz. Ein Überblick über die 50 besten medizinischen Fakultäten der USA aus dem Jahr 2010 zeigt, dass nur 13 davon ihren Wissenschaftlern untersagen, ihren Namen über fremdverfasste Arbeiten zu setzen.[214]

Lehren aus der Kooperation von Wissenschaft und Pharmaindustrie

»*Die Aktivitäten des Verbandes forschender Arzneimittelhersteller (VfA) und des Bundesverbandes der Medizinprodukte-Hersteller (BVMed) verdeutlichen dieses obligate Interesse an einer sauberen Forschungspraxis.*«[215]
Deutsches Institut für Interne Revision e.V., 2009

Nicht nur explizit pharmakritische wissenschaftliche Fachautoren, sondern auch andere unabhängige Beobachter der Hochschulszene kommen zu kritischen Ergebnissen, was die Kooperation von Wissenschaft und Pharmaindustrie anbelangt. Derek Bok schreibt in seinem 2013 erschienenen Buch *Higher Education in America,* dass 52 Prozent aller akademischen Medizinforscher angeben, Industriebeziehungen zu haben, und dass klinische Studien, die durch die Pharmaindustrie finanziert werden, eine 3,6-mal so hohe Wahrscheinlichkeit haben, ein pharmafreundliches Ergebnis zu liefern, wie unabhängige Studien. Derek Bok erwähnt eine Studie aus den Jahren 2007/2008, die aufzeigt, dass bei 70 Prozent aller akademischen Medizineinrichtungen in den USA keinerlei Verhaltenskodizes vorlagen, die den Einfluss von Pharmaunternehmen auf die Ergebnisse der Untersuchungen ihrer Produkte verboten hätten.[216]

Ben Goldacre fasst seine Ergebnisse so zusammen: »Wir haben festgestellt, dass Ethikkommissionen, Universitäten und Berufsverbände der Wissenschaftler in der medizinischen Forschung versagen, wenn es darum geht, Patienten vor Publikations-Bias zu schützen. [...] Wir wissen nun, dass auf diese Weise jede Entscheidung, die Forscher, Ärzte, und Patienten treffen, verfälscht und unterlaufen wird und dass dadurch Patienten vermeidbarem Leiden oder sogar dem Tod ausgesetzt werden.«[217]

Auch wenn Vertreter der Pharmaindustrie oder industrienahe Forscher häufig Mantra-artig das Gegenteil beteuern: Die Lehren aus den obigen Ausführungen sind so einfach wie offenkundig: Geldinteressen in der Medizinforschung verfälschen die Wissenschaft. Gekaufte Medizinforschung schadet dem allergrößten Teil der Menschen und nutzt dem Gewinnstreben der Pharmakonzerne sowie einzelnen Wissenschaftlern, die durch diese Art von »Kooperation« zu geldlichen oder Statusvorteilen kommen. Gekaufte (Pharma-)Forschung schadet massiv dem Allgemeininteresse und muss eingestellt werden.

GENTECHNIKINDUSTRIE - DISKREDITIERUNG UNABHÄNGIGER FORSCHUNG

»*Die Zusammensetzung Glyphosat-toleranter Sojabohnen entspricht der konventioneller Sojabohnen*«[218]
Titel einer von Monsanto im *Journal of Nutrition*
veröffentlichten Studie, April 1996

Die Gentechnikindustrie ist eine rasant wachsende Branche. Ähnlich wie in der Pharmaindustrie können hier mit neuen Produkten oft sehr große Umsatz- und Gewinnsteigerungen erzielt werden. Schlüsselfaktor dabei ist der wissenschaftliche Nachweis, dass die gentechnisch veränderten Lebensmittel gesundheitlich unbedenklich sind, da sie sonst von staatlichen Behörden nicht zugelassen werden. Die Gentechnikindustrie hat also größtes Interesse an wissenschaftlichen Studien, die diese Unbedenklichkeit nachweisen. Dafür werden bisweilen auch zweifelhafte Methoden angewandt, wie das folgende Kapitel zeigen soll.

Der Fall Arpad Pusztai – »*Play the man, not the ball*«

Der aus Ungarn stammende Wissenschaftler und Biochemiker Arpad Pusztai ist einer der führenden Spezialisten auf dem Gebiet gentechnisch veränderter Lebensmittel; er arbeitete jahrzehntelang am renommierten schottischen Rowett Research Institute in Aberdeen.[219] Dort begann er in der zweiten Hälfte der 1990er-Jahre, nach eigener Aussage »als eifriger Befürworter der Biotechnologie«[220] und Leiter eines Teams von 30 Wissenschaftlern, eine sehr umfangreiche wissenschaftliche Studie mit einem Forschungsbudget von 1,6 Millionen Pfund, die die Auswirkungen gentechnisch veränderter Kartoffeln auf Ratten untersuchte. Den Kartoffeln wurde »in Absprache mit dem Ministerium«[221] künstlich ein Gen eingeschleust, das Lektin erzeugt. Dieses Lektin wiederum wehrt erfolgreich Blattläuse ab, sodass die

Aussicht bestand, dass diese gentechnisch veränderte Kartoffel resistent gegenüber bestimmten Schädlingen sein würde. Nun sollte noch belegt werden, dass der Verzehr dieser Kartoffeln keine nachteiligen gesundheitlichen Auswirkungen auf Lebewesen, insbesondere den Menschen, hat, daher fanden umfangreiche Fütterungsstudien an Ratten statt.

Das Ergebnis der Studie war, dass die gentechnisch veränderten Kartoffeln deutliche Auswirkungen auf die Ratten hatten, die damit gefüttert wurden, im Vergleich zu Ratten, die mit nicht gentechnisch veränderten Kartoffeln gefüttert worden waren. So waren die Gehirne und Lebern der Ratten weniger weit entwickelt, und die Tiere zeigten verkümmertes Gewebe an der Bauchspeicheldrüse und im Darm. Außerdem wies das Immunsystem bei der Fütterung eine überstarke Aktivität auf, »was darauf hindeutete, dass der Organismus der Ratte diese Kartoffeln wie einen Fremdkörper behandelte«.[222]

Die Ergebnisse kommentierte Arpad Pusztai folgendermaßen:

»Wir waren überzeugt, dass es die Genmanipulation war, die all diese Dysfunktionen auslöste, und nicht das Lektin-Gen selbst, dessen Unschädlichkeit im Naturzustand wir ja belegt hatten. Offenbar war die Insertionstechnik entgegen der Versicherungen der FDA [die Zulassungsstelle der US-Regierung für Medikamente und genveränderte Lebensmittel] keine neutrale Technologie, weil sie selbst unerklärte Wirkungen hervorbrachte.«[223]

Laut der *Zeit* vom 9. März 2011, also etwa 13 Jahre nach der Erstveröffentlichung, wurden Arpad Pusztais Ergebnisse bis dahin durch 23 internationale Wissenschaftler bestätigt. Er habe recht gehabt.[224]

Am 10. August 1998 berichtet Arpad Pusztai im britischen Fernsehsender BBC über Konsequenzen seiner Ergebnisse. Auf die Frage der Journalistin: »Würden Sie selbst transgene Kartoffeln essen?«, antwortet er: »Nein. Und als Wissenschaftler, der aktiv auf diesem Gebiet tätig ist, halte ich es für unverantwortlich, die Bürger Großbritanniens zu Versuchskaninchen zu machen.«[225]

Die Kameraaufnahmen waren einige Wochen vor der Ausstrahlung in Anwesenheit des Leiters für Öffentlichkeitsarbeit des Rowett Institute und unter Autorisierung durch den Institutsleiter, Prof. Philip James, gemacht worden. Philip James gratulierte nach der Ausstrahlung der Sendung am 10. August 1998 abends persönlich am Telefon. »Er war ganz begeistert«, erinnert sich Arpad Pusztai.[226] Am folgenden Tag sagte das Rowett Institute in einer Presseerklärung, dass den Aussagen von Dr. Pusztai ein »Spektrum sorgfältig kontrollierter Studien zugrunde« läge.[227]

Was daraufhin geschah, berichtete ein »ehemaliges Mitglied der Rowett-Institutsleitung, Prof. Robert Orskov, 2003 der *Daily Mail* wie folgt: »Monsanto [das seinerzeit 90 Prozent des weltweit hergestellten Gen-Foods produzierte] rief bei Clinton an, Clinton bei Blair und Blair bei James.«[228]

Am 12. August 1998, zwei Tage nach der Sendung und der persönlichen Gratulation durch Philip James, den Leiter des Rowett Institute, wurde Arpad Pusztai zu Philip James gerufen. »Dieser eröffnet ihm in Anwesenheit eines Anwalts, dass er ab sofort suspendiert sei, bis er in Pension gehe. Das Forschungsteam wird aufgelöst. Sämtliche Rechner und Forschungsergebnisse werden konfisziert und die Telefone abgeschaltet. Arpad Pusztai erhält eine *gagorder* [Maulkorberlass]: Es ist ihm bei Strafe verboten, mit der Presse zu sprechen.«[229]

Philip James sagte in mehreren darauf folgenden Interviews aus, sein Mitarbeiter habe sich »geirrt«, und Dr. Collin Merrit, Sprecher von Monsanto in Großbritannien, unterstützte ihn laut Robin darin.[230] Es folgte eine Fülle von weiteren, die Ergebnisse von Arpad Pusztai bestreitenden Aussagen, die in der Presse breit aufgegriffen wurden, sich jedoch im Laufe der Zeit als haltlos herausstellten.[231] Ein Jahr später gab es einen Einbruch in die Privatwohnung von Arpad Pusztai, bei dem außer ein paar Flaschen Whisky und ein wenig Auslandswährung alle Taschen mit den Untersuchungsergebnissen entwendet wurden, sowie einen Einbruch in das Rowett Institute, bei dem lediglich Dr. Pusztais alter Computer aufgebrochen wurde.[232] Besonders scharf wurden Arpad Pusztai und seine gentechnikfeindlichen Aussagen von der Royal Society angegriffen, der renommierten britischen Gelehrtengesellschaft (aus der Arpad Pusztai nach jahrzehntelanger Mitgliedschaft ausgeschlossen wurde), insbesondere von Prof. Sir Peter Lachmann, dem ehemaligen Vizepräsidenten und Sekretär für Biologie der Royal Society und Präsident der Akademie der medizinischen Wissenschaften, der versuchte, eine Veröffentlichung der Ergebnisse von Arpad Pusztai im britischen *Lancet,* einer der renommiertesten medizinischen Fachzeitschriften der Welt, zu verhindern.[233]

Wer finanziert wen im Bereich Gentechnik?

Interessant in diesem Zusammenhang ist, dass viele Mitglieder der Royal Society, »darunter auch Prof. Lachmann, als Berater für Biotechnologiefirmen«, arbeiteten.[234] Auf der Website www.gekauftewahrheit.de ist dazu zu lesen: »Aussagen von Wissenschaftlern selbst belegen, dass 95% der Forscher im Bereich Gentechnik von der Industrie bezahlt werden. Nur 5% der Forscher sind unabhängig. Die große Gefahr für Meinungsfreiheit und Demokratie ist offensichtlich. Kann die Öffentlichkeit – können wir alle – den Wissenschaftlern noch trauen?«[235] Die Angabe 95 Prozent ist lediglich eine Schätzung.[236]

Die kleine Zahl unabhängiger Wissenschaftler auf dem Gebiet der Gentechnikforschung ist darüber hinaus nicht in der Lage, über bestimmte Fragestellungen zu forschen, da die Hersteller genveränderter Pflanzen sich häufig weigern, ihr Saatgut für unabhängige, missliebige Forschungszwecke zur Verfügung zu stellen. So scheiterte ein Forschungsprogramm im Rahmen einer staatlichen Schweizer Forschungsförderung »Chancen und Risiken der Freisetzung gentechnisch veränderter Organismen« daran, dass Syngenta kein Saatgut zur Verfügung stellte, denn die beteiligten Forscher waren nicht bereit, ein sogenanntes Material-Transferabkommen mit dem Saatguthersteller zu unterschreiben. Solche Abkommen regeln detailliert, »was mit dem verwendeten Material, aber auch mit den erzielten Resultaten geschehen darf und was nicht«.[237] Einschränkungen der Forschungsfreiheit durch solche Material-Transferabkommen spielen laut Philip Mirowski in den USA eine immer größere Rolle.[238]

Blockieren unabhängiger Gentechnikforschung

Hier zeigt sich ein gravierendes, grundlegendes Problem der Gentechnikforschung: Unabhängige Studien können häufig nicht durchgeführt werden, da die Hersteller die Herausgabe von Material an missliebige, unabhängige Forscher verweigern.[239] Daher stammt der größte Teil der Forschungsergebnisse von den Herstellern selbst. Basierend auf diesen industrieinternen Forschungsergebnissen finden dann häufig die Zulassungen der staatlichen Behörden statt.[240] Der Zustand ist hier ganz ähnlich dem oben geschilderten gesamtgesellschaftlich betrachtet absurden und gesundheitsgefährdenden Vorgehen der Pharmaindustrie (siehe Kapitel »Pharmaindustrie«, S. 44). Für die Gentechnik- und Pharmaindustrie selbst ist diese Vorgehensweise jedoch nicht absurd, sondern höchst rational und vernünftig im Sinne der Gewinnmaximierung.

Die schweizerische unabhängige Gentechnikforscherin Angelika Hilbeck spricht in diesem Zusammenhang von »eingebetteter Forschung«, analog dem Begriff »Embedded Journalists« bezüglich Journalisten, die 2003 über den US-Feldzug im Irak berichten durften, dafür vom US-Militär Material bekamen, aber einer Zensur unterworfen waren.[241] Der größte Teil der Gentechnikforschung sei in diesem Sinne, laut Angelika Hilbeck, einer Zensur unterworfen.

Zurück zur Affäre Arpad Pusztai. Der an den Forschungen von Pusztai beteiligte Dr. Ewen schildert mit tiefer Erschütterung etwa zehn Jahre später diese Vorkommnisse, durch die er »ein für alle Mal seinen Glauben an die Unabhängigkeit der Wissenschaft verloren« hat, so als habe der Boden unter seinen Füßen nachgegeben. An einem Tag hochgelobt, am nächsten Tag diffamiert, sei seine Reputation als seriöser und objektiver Forscher niedergetreten worden.[242]

Es sei an dieser Stelle nochmals daran erinnert, dass bis 2011 laut der *Zeit* die Richtigkeit der Ergebnisse von Arpad Pusztai und seinem Team durch 23 wissenschaftliche Studien bestätigt worden war.[243]

In einem Gespräch mit einem Leiter des Rowett Institute 1999 erfuhr Ewen: »Ja, aber wussten Sie denn nicht, dass Downing Street [Sitz der Britischen Regierung] zweimal den Direktor angerufen hat? Tony Blair hat sich dem Druck der Amerikaner gebeugt, die fanden, dass unsere Studie nachteilig für ihre biotechnologische Industrie sei, besonders für Monsanto.«[244]

Die Zeit meinte zu den Vorkommnissen um Arpad Pusztai 13 Jahre später, Gentechnik stoppe weder den Hunger in der Welt, noch erleichtere sie die Arbeit auf dem Feld, noch spare sie Spritzmittel ein, und außerdem gebe es keine nennenswerten Risikountersuchungen zu den Auswirkungen des Verzehrs von genveränderten Nahrungsmitteln. Darüber hinaus bringe sie nicht nur Bauern, sondern auch die Wissenschaft in Abhängigkeit. Sie fragt in diesem Zusammenhang, ob man überhaupt noch von Unabhängigkeit der Wissenschaft sprechen könne.[245]

Die Frage der *Zeit* ist hier nur allzu berechtigt: Können wir noch von Unabhängigkeit der Wissenschaft sprechen?

Ein ähnliches Schicksal wie Arpad Pusztai erlitt der unabhängige Gentechnikforscher Ignacio Chapela, was offenbar für einen großen Teil der unabhängigen Gentechnikforscher gilt, die zu gentechnikkritischen Forschungsergebnissen kommen.[246] Solche Forscher sind häufig starken Anfeindungen ausgesetzt, denn es geht um viel Geld.[247] Play the man, not the ball! Wer nicht kooperiert, hat schlechte Aufstiegschancen. Ein gentechnikindustrienaher Professor der ETH Zürich, Wilhelm Gruissem, antwortete auf die Frage, ob man den gentechnikkritischen Ignacio Chapela hätte nach Berkeley berufen sollen: »Schauen Sie sich seine Publikationsliste an und dann entscheiden Sie selbst, ob Sie ihm die Tenure [lebenslange Professur] an einer Top-Universität wie Berkeley gegeben hätten oder nicht!«[248]

Das Prinzip lautet: Wer auf bestimmten Forschungsgebieten *nicht* mit der Industrie kooperiert oder ihre Ergebnisse gar infrage stellt, bekommt weniger Forschungsmittel und/oder weniger Forschungsmaterial, hat weniger Publikationen in weniger renommierten Journalen und damit weniger gute Chancen auf akademischen Aufstieg.[249]

Auch so werden Weichen gestellt, worüber geforscht wird und worüber nicht. Nicht im Sinne des Wohles der Allgemeinheit, vor allem nicht in Ländern, in denen Armut weit verbreitet ist, wo viele genveränderte Pflanzen angebaut werden,[250] sondern im Sinne des Wohles der Aktionäre von Großunternehmen – zum Schaden eines Großteils der Menschheit. So wurde etwa der Anbau von genmanipuliertem Soja und Mais 1996 in Argentinien durch den damaligen Präsidenten Carlos Menem genehmigt.

Das Gutachten, auf dem die Genehmigung basierte, »umfasste 136 Seiten, von denen der Hersteller Monsanto offenbar zahlreiche praktischerweise gleich selbst verfasst hatte. Der US-Konzern aus St. Louis hat Sorten kreiert, die das Breitbandherbizid Glyphosat überstehen. Samen und Insektenvernichtung als Kombination aus einem Haus, ein brillanter Deal. Der Markenname des Sprühmittels: Roundup.«[251] Daraufhin stieg der Einsatz von Pestiziden in Argentinien stark an: von 34 Millionen Litern 1990 auf 317 Millionen Liter 2013. In den Gebieten Argentiniens mit besonders hoher Ausbringung von Pestiziden liegen Krebsraten, Fehlgeburten, neurologische Defekte und Atemweginfektionen um ein Vielfaches über dem Landesdurchschnitt. Gestützt auf eine Studie mit Blutwerten von 114 Kindern, wurden einmal ein Sojabauer und ein Giftpilot zu drei Jahren Gefängnis auf Bewährung verurteilt. Die Hersteller der Pestizide streiten jedoch jeden Zusammenhang mit der Ausbringung der Gifte ab.[252] Ein Werbeslogan von Monsanto lautete:

Glyphosat ist weniger giftig für Ratten als in großen Mengen eingenommenes Tafelsalz.[253]

Der Molekularbiologe Andrés Carrasco von der Universität Buenos Aires veröffentlichte 2009 in der renommierten US-Zeitschrift *Chemical Research in Toxicology* eine wissenschaftliche Studie, wonach Glyphosat das Erbgut von Amphibien verändert. Die Föten der Tiere waren belastet bis entstellt. Carrasco wurde daraufhin von industrienahen Kreisen abgekanzelt und sogar bedroht.[254]

ZUCKERINDUSTRIE – DIE WORLD SUGAR RESEARCH ORGANISATION

Auf einer bedeutenden wissenschaftlichen Konferenz im Jahr 2000 präsentierte Dr. med. Carl Keen, seinerzeit Professor für Innere Medizin an der Universität von Kalifornien, Forschungsergebnisse, die zeigen sollten, dass der Konsum von Schokolade gut für das Herz sei. »Die Ergebnisse sind sehr vielversprechend«, berichtete Keen, »und weisen darauf hin, dass bei Mäßigung und ausgewogener Ernährung Schokolade zu einer gesunden Diät beitragen kann.« Die Studie war finanziert durch Mars Inc.[255] Carl Keen ist seit 2005 Inhaber des »Mars-Lehrstuhl für frühkindliche Ernährung« (Mars Chair in Developmental Nutrition) an der University of California.[256]

Das Grundprinzip von interessengeleiteter, durch finanzstarke Sponsoren bezahlter Forschung wird sehr deutlich, wenn man einen Blick auf die World Sugar Research Organisation (WSRO) wirft, die Welt-Zucker-Forschungsorganisation. Hier herrscht in gewissem Sinne Drittmittelforschung, durch wohlhabende Sponsoren gelenkte Forschung in Reinform, denn die Finanzierung der WSRO erfolgt durch Coca-Cola und Zuckerhersteller aus etwa 30 Staaten,[257] die ganz offen Finanzinteressen am Verkauf von Zucker und zuckerhaltigen Produkten haben.

Die WSRO ist eingetragen als Non-Profit-Making Limited Company in England (Number 1355487).[258] Das ist ein geschickter Schachzug, denn dadurch kann sie als Non-Profit-NGO,[259] als nicht gewinnorientierte Nichtregierungsorganisation, auftreten und so den Anschein erwecken, es ginge ihr nicht um Gewinne aus dem Zuckergeschäft. Dadurch wird der Schein der Objektivität erweckt. Außerdem könnte so der Einlass in bestimmte beratende Gremien erleichtert werden, da ja der Form nach keine Gewinninteressen verfolgt werden. Die beträchtlichen Gewinne im Zuckergeschäft müssen in der Tat nicht in dieser Forschungsgesellschaft vereinnahmt werden, sondern fallen bei ihren kapitalkräftigen Sponsoren an.

Der Internetauftritt der Welt-Zucker-Forschungsorganisation vermittelt das Bild einer stark wissenschaftlich geprägten Forschungsgesellschaft. Die abgebildeten Forscher treten in den typischen weißen Bekleidungen mit den typischen Forschergeräten auf. Sie hat nach eigenen Aussagen das Ziel, die wissenschaftliche Debatte zu beeinflussen:

»Die Welt-Zucker-Forschungsorganisation (WSRO) ist eine internationale wissenschaftliche Forschungsorganisation, die von der weltweiten Zuckerindustrie unterstützt wird. Die WSRO verpflichtet sich, die fundamentalen wissenschaftlichen Prinzipien einzuhalten und ausschließlich auf objektive Wissenschaft in ihren Programmen zu bauen.[260] Die Mission: Die WSRO ist dem Ziel verschrieben, eine höhere Wertschätzung des direkten und indirekten Beitrags von Zucker für die Ernährung, Gesundheit und das Wohlbefinden der gesamten Weltbevölkerung zu fördern.«[261]

Wie die Welt-Zucker-Forschungsorganisation und andere Verbände der Zuckerindustrie agieren, werden wir uns nun näher ansehen.

Die Diskreditierung von John Yudkin

Das Buch mit dem interessanten Titel *Pure, White and Deadly. How Sugar Is Killing Us and What we Can Do to Stop it*[262] von John Yudkin erschien 1972. Yudkin war ein britischer Ernährungswissenschaftler und Professor für Physiologie an der University of London. In seinem in viele Fremdsprachen übersetzten Buch warnte Yudkin davor, dass unser Zuckerkonsum viel zu hoch sei, was nicht nur zu Übergewicht, sondern auch zu Leberschäden, Herzkrankheiten, Diabetes und Krebs führen könne. Neuere Erkenntnisse führender Lebensmittelwissenschaftler bestätigen heute die Kernaussagen von Yudkin.[263]

Die World Sugar Research Organisation bezeichnete dieses Buch 1979 als »Science Fiction« und verwies die darin gemachten wissenschaftlichen Aussagen in das Reich der Fabel. Die britische Zuckerindustrie diskreditierte die Aussagen von Yudkin als »emotionale Behauptungen«. Er wurde nach Erscheinen seines Buches auf praktisch keine weiteren internationalen Konferenzen mehr eingeladen, und solche, die er selbst organisierte, wurden auf Druck von Sponsoren – in einem Fall durch Coca-Cola – abgesagt. Selbst die Nutzung seiner Untersuchungslabore wurde ihm nach seiner Emeritierung trotz zuvor erfolgter Zusage verwehrt. Er selbst führte dazu aus:

>»Kann es einen überraschen, dass man manchmal daran verzweifelt, ob es Wert hat, wissenschaftliche Forschung in Gesundheitsangelegenheiten durchzuführen? [...] Die Ergebnisse mögen von größter Bedeutung dafür sein, Menschen zu helfen, Krankheit zu vermeiden. Aber dann stellt sich heraus, dass sie durch Propaganda in die Irre geführt werden, um gewerblichen Interessen zu dienen, von denen man meinte, sie existierten nur in schlechten zweitklassigen Filmen.«[264]

Ende der 1970er-Jahre war Yudkin so diskreditiert, dass durch sein warnendes Beispiel kaum mehr ein Wissenschaftler wagte, etwas Negatives über Zucker zu veröffentlichen.

Die Auseinandersetzung mit der WHO

In seinem 2004 erschienenen Buch *China Study. Die wissenschaftliche Begründung für eine vegane Ernährungsweise*[265] schildert Colin Campbell eindrucksvoll die Vorgehensweise der Weltzuckerorganisation, wenn es darum geht, dass wissenschaftliche Ernährungsempfehlungen ausgesprochen werden sollen, die ihren Finanzinteressen zuwiderlaufen. Campbell ist ein renommierter, unabhängiger US-Ernährungswissenschaftler und Verfechter einer gesunden Ernährung, insbesondere Anhänger des Veganismus.[266] Im Jahr 2003 hatte ein Expertenausschuss, der von der World Health Organisation (WHO, Weltgesundheitsorganisation) zusammengestellt worden war, einen neuen Bericht über Ernährung und die Vorbeugung von chronischen

Krankheiten beendet. Es sickerte durch, dass die WHO die Empfehlung für den unbedenklichen Konsum von zugesetztem Zucker vergleichsweise niedrig ansetzen wollte. Die Obergrenze von zugesetztem Zucker sollte auf maximal 10 Prozent an der Gesamternährung festgelegt werden – was in den Augen von Campbell immer noch viel zu hoch und gesundheitsgefährdend war. In den USA lag die Unbedenklichkeitsempfehlung seinerzeit bei 25 Prozent, was nach Campbells Dafürhalten skandalös hoch war.[267] Dieser Einschätzung kann ich mich nur anschließen.

Als die Weltzuckergesellschaft davon erfuhr, setzte sie zusammen mit anderen Vertretern der Zuckerindustrie alle Hebel in Bewegung, um das Publikmachen dieser niedrigeren Zuckerempfehlung zu verhindern. Man startete eine Kampagne, um den WHO-Bericht zu diskreditieren und seine Veröffentlichung zu verhindern. So versuchte laut *Guardian* die Zuckerindustrie, die WHO »in die Knie zu zwingen«, und drohte, dass die 406 Millionen Dollar Finanzierung durch die USA infrage gestellt würden. Die Drohung wurde von WHO-Mitarbeitern als »Erpressung und schlimmer als aller Druck seitens der Tabaklobby« bezeichnet.[268] Die Zuckerindustrie wandte sich an diverse politische Instanzen. Der Hauptvorwurf der Zuckerlobby lautete interessanterweise, die Untersuchungen der WHO seien »unwissenschaftlich und einseitig«. In einem Brief der Zuckerindustrie an die Vorsitzende der WHO, Gro Halem Brundtland, hieß es: »Falls nötig, werden wir neue Gesetze vorschlagen und vorantreiben, die die künftige Finanzierung der WHO nur dann gewährleistet, wenn diese Organisation akzeptiert, dass alle Berichte durch das Überwiegen von Wissenschaft gestützt sind.«[269]

Der WHO-Bericht wurde von 30 unabhängigen wissenschaftlichen Experten erarbeitet, die sich auf Studien aus 23 Ländern bezogen – er war also hochgradig wissenschaftlich erarbeitet. Die von der Zuckerindustrie angeführte Gegenstudie des Institute of Medicine, die angeblich zu einer deutlich höheren Zuckerkonsum-Empfehlung gekommen sein sollte, hatte jedoch laut deren Vorsitzenden gar keine Angaben über den Zuckerkonsum gemacht.[270] Hier wurde also eine wissenschaftliche Studie angeführt, die überhaupt keine Aussagen in diese Richtung getätigt hatte.

Interessant an diesem Beispiel ist, wie stark die Zuckerindustrie die Wissenschaft bemüht und die Gegenseite als unwissenschaftlich und einseitig darstellt. Die den Zuckerkonsum infrage stellenden Forschungsergebnisse seien nicht wissenschaftlich begründet (»non-science-based«) und wissenschaftlich fehlerhaft (»scientifically flawed«).[271] An diesem Beispiel erkennt man sehr gut, welch hoher Stellenwert der Wissenschaft hier beigemessen wird, um Glaubwürdigkeit zu erreichen. Man sieht zugleich, in welchem Ausmaß versucht wird, unabhängige Wissenschaftler, die zu missliebigen Ergebnissen kommen, zu erpressen und zu diskreditieren, und wie man falsche wissenschaftliche Studien ins Feld führt.

Der *Guardian* berichtet weiter, diese Machtpolitik durch die Zuckerindustrie sei nichts Neues. 1990 wurde ein WHO-Bericht mit Ernährungsempfehlungen verfasst, der ebenfalls zu der Empfehlung einer 10-Prozent-Zuckerobergrenze kam. Er wurde unter der Leitung des britischen Professors Philip James erstellt, der damals Vorsitzender der International Obesity Taskforce (Organisation gegen Fettleibigkeit) war. Philip James sagte: »Einen Tag nachdem die Expertenkommission der WHO sich für die 10-Prozent-Grenze entschieden hatte, ging die Weltzuckerorganisation in ›overdrive‹. [...] 40 Botschafter verschiedener Nationen schrieben an die WHO und bestanden darauf, dass der Bericht entfernt werden müsse, da er Entwicklungsländern irreparable Schäden zufüge.«[272] James wurde in die US-Botschaft in Genf einbestellt, um zu erklären, weshalb man dort plötzlich derartigen Druck vom Außenministerium bekäme.

Dieses Beispiel zeigt eindrucksvoll auf, wie stark der politische Einfluss der Zuckerlobby international, aber insbesondere in den USA ist. Die dort angesiedelten großen, international tätigen Softdrink-, Süßwaren- und andere Lebensmittelkonzerne üben laut Campbell massiven Druck auf die US-Regierung aus. In den USA gilt eine Unbedenklichkeitsobergrenze für zugefügten Zucker von 25 Prozent.[273] Nicht zuletzt Schulspeisungen für etwa 28 Millionen US-Kinder orientieren sich laut Campbell an diesen (und anderen) Ernährungsempfehlungen, die die Gesundheit der Kinder unterminieren, dafür aber die Gewinne der Zucker-, Softdrink- und anderer Lebensmittelkonzerne erhöhen.[274]

Angesichts dessen ist es interessant, wie die WSRO sich selbst darstellt. Die Welt-Zucker-Forschungsgesellschaft ist nach eigenen Aussagen »den fundamentalen Prinzipien der Wissenschaft, die ausschließlich auf objektiver Wissenschaft basieren«, verpflichtet. Wie kann jedoch Objektivität vorliegen, wenn das Ziel, das erreicht werden soll, gleich mit definiert wird? Das einseitige, alles andere als ergebnisoffene objektive Ziel, eine höhere Wertschätzung von Zucker für die Ernährung, die Gesundheit und das Wohlbefinden der gesamten Weltbevölkerung zu fördern? Hier handelt es sich ganz offen darum, eine rein zweckgerichtete Forschung mit einem klar definierten, vorgegebenen Ziel zu verfolgen. Wissenschaft wird zum reinen Instrument degradiert, wird vollkommen für vorgegebene Ziele instrumentalisiert. Wie kann man da noch von Objektivität sprechen? Oder gar von objektiver Wissenschaft? Welche Ergebnisse sind von dieser Art Drittmittelforschung zu erwarten? Was hat das mit Wissenschaft zu tun? Werden hier nicht die fundamentalen Grundlagen einer objektiven Wissenschaft mit Füßen getreten?

Dieses Beispiel der World Sugar Research Organisation veranschaulicht, wohin eine durch kapitalstarke und gewinnorientierte Sponsoren bewusst gelenkte Wissenschaft führen kann: in einseitige, lediglich Gewinninteressen dienende Aussagen, die die Öffentlichkeit und häufig auch politische Entscheidungsträger gezielt in die Irre führen. Von der Zuckerlobby werden ehrliche und unabhängige, am Gemeinwohl orientierte wissenschaftliche Studien genau dessen bezichtigt, was sie selbst tut: der Unwissenschaftlichkeit und Einseitigkeit.

ZWISCHENFAZIT

Die Hauptfragestellung bis hierher lautete: Was ist eigentlich schlecht an Industriegeldern für Hochschulen und Hochschullehrer? Die aufgeführten skrupellosen Beispiele haben deutlich aufgezeigt, dass diese Art der – durch Industriegelder finanzierten – Hochschulforschung, die konsequent Gewinninteressen verfolgt, zu massiven gesellschaftlichen Schäden führen kann:

Die Finanzierung von Hochschulforschern durch die Tabakindustrie führte zu jahrzehntelangen bewussten Fehlinformationen für Raucher und Passivraucher, die Krankheiten und Tod von Millionen von Menschen zur Folge hatten. Dafür stiegen die Gewinne der Tabakkonzerne.

Die Finanzierung von Hochschulforschern durch die Chemieindustrie führte zu gezielten Fehlinformationen der Öffentlichkeit über giftige Stoffe, was einer großen Zahl von Menschen Krankheit, wenn nicht sogar den Tod brachte und die Gewinne der Chemiekonzerne erhöhte.

Die Finanzierung klinischer Studien und die Einflussnahme der Pharmaindustrie auf die Darstellung der jeweiligen Ergebnisse führt bis heute zu breiter Fehlinformation über Medikamente, was laut unabhängigen Sachverständigen derzeit jährlich Hunderttausenden(!) von Menschen das Leben kostet und bei sehr vielen Menschen unnötiges Leiden hervorruft, dafür jedoch die Gewinne der Pharmakonzerne erhöht.

Gut für die Industrie – gut für das Land?

Die häufig gehörte Aussage »Was gut ist für die Industrie, ist auch gut für das Land« ist, angewendet auf die bis hierher angeführten Fälle industriefinanzierter Hochschulforschung, schlichtweg falsch. Hat man anhand dieser gewissenlos und mit brillanter Konsequenz hochintelligent umgesetzten Fälle von Wissenschaftsinstrumentalisierung und Wissenschaftsmissbrauch das Prinzip erkannt, dass industriefinanzierte Hochschulforschung für die Allgemeinheit sehr schädlich sein kann, so kann man mit dieser Erkenntnis auch subtilere Formen der Einflussnahme von Industriegeldern auf Hochschulforschung untersuchen. Dies soll nun geschehen.

2
SUBTILE FORMEN DER EINFLUSSNAHME

» Wie Sie bald sehen werden, wird vieles von der Goldenen Regel regiert: Derjenige, der das Gold [Geld] hat, macht die Regeln.«[275]

Colin Campbell

Im Gegensatz zu skandalträchtigen Affären wie die Prozesse um die Tabak-, Chemie- oder Pharmaindustrie findet ein großer Teil manipulativen Einflusses durch die Industrie auf Hochschulforschung von der Öffentlichkeit weitgehend unbemerkt statt. Häufig unter der Wahrnehmungsschwelle bleibend, findet man im Alltag der Hochschulforschung auf vielen Ebenen gesellschaftlich fragwürdige Einflussnahme durch Industriegelder auf wissenschaftliche Forschung. Anhand einzelner Beispiele soll diese schädliche Einflussnahme stärker in den Fokus der Öffentlichkeit gerückt werden, was Gegenstand des folgenden Kapitels ist.

STIFTUNGSPROFESSUREN

In Deutschland gab es 2011 laut Statistischem Bundesamt 1591 Stiftungsprofessuren, etwa drei Viertel davon an Universitäten und etwa ein Viertel an Fachhochschulen.[276] Die Zahl der

Stiftungsprofessuren hat sich in den letzten Jahrzehnten dramatisch erhöht. Bis in die 1960er-Jahre gab es in Deutschland so gut wie keine Stiftungsprofessuren, in den 1970er-Jahren erst gut ein Dutzend.[277] Allein in den letzten zehn Jahren hat sich die Zahl der durch Drittmittel finanzierten Stiftungsprofessuren etwa verdoppelt.[278] 41 Prozent der Stiftungsprofessuren waren 2009 durch Unternehmen finanziert, 27 Prozent durch Stiftungen, die restlichen 32 Prozent verteilen sich auf Forschungsverbünde, Verbände, Vereine, Einzelpersonen und andere.[279] Verglichen mit den insgesamt etwa 42 000 Professuren, die es in Deutschland 2011 gab, entspricht das 3,8 Prozent aller Professorenstellen, also immer noch recht wenig.

Stiftungsprofessuren werden häufig sehr positiv wahrgenommen. So heißt es in dem vom Bundesverband Deutscher Stiftungen herausgegebenen Überblicksband *Private Stiftungen als Partner der Wissenschaft:* »Stiftungsprofessuren bauen Brücken. Sie verbinden Förderer, Hochschulen und Professoren. Stiftungsprofessuren geben den Hochschulen den nötigen Spielraum, sich neue Forschungsgebiete zu erschließen, auf aktuelle Trends zu reagieren und Innovationen in Studium und Lehre zu etablieren.«[280]

Persönliche Erfahrungen

Ich selbst hatte zum Sommersemester 2004 den Ruf auf eine Stiftungsprofessur »Corporate Finance« mit Schwerpunkt Investmentbanking an die Hochschule München, gestiftet von einem bekannten und erfolgreichen Unternehmensberater. Die Stiftungsprofessur war zunächst auf fünf Jahre ausgelegt und sollte danach entweder durch den Stiftungsgeber verlängert oder mithilfe von Staatsmitteln weitergeführt werden.

In den Vorgesprächen mit dem – sehr sympathischen – Unternehmensberater wurden keinerlei inhaltliche Vorgaben gemacht. Die Inhalte der Vorlesungen an der Hochschule München sollte ich vollkommen frei selbst bestimmen können, wie jeder andere nicht durch eine Stiftung finanzierte Professor auch. Es stand die Bitte im Raum, mindestens zehn Tage pro Jahr als Berater auf dem Gebiet Investmentbanking zur Verfügung zu stehen, gegen Bezahlung zu normalen Berater-Tagessätzen, wozu ich gerne bereit war.

Die Vorteile einer solchen Stiftungsprofessur für mich lagen auf der Hand: Der Unternehmensberater hatte ganz ausgezeichnete Kontakte in die Führungsetagen sehr vieler großer und angesehener Unternehmen. Diese Kontakte sollten bereitwillig auch mir eröffnet werden: eine großartige Chance, einflussreiche Manager kennenzulernen und mit ihnen nebenberuflich zusammenzuarbeiten! Die Ergebnisse dieser Zusammenarbeit hätten natürlich auch den Unterricht bereichern können durch aktuelle Praxisbeispiele. Überhaupt: Dadurch, dass man mit der realen Wirtschaft in Kontakt bleibt, würde man nicht so leicht Gefahr laufen, dass die Lehre in Richtung eines akademischen Elfenbeinturms abdriftet. Wo wäre also das Problem? Wo wäre die Freiheit von Lehre und Forschung beeinträchtigt?

Nach mehreren Nächten schlechten Schlafes entschied ich mich drei Wochen vor Amtsantritt aus dem Bauch heraus, diese Stelle doch nicht anzunehmen, sondern zu unveränderten Konditionen an der Hochschule Aalen zu bleiben. Warum?

Ich vertrat zu dieser Zeit keinerlei irgendwie maßgeblich von der Mainstream-Meinung abweichende Positionen, im Gegenteil: Ich war geprägt durch meine langjährige Tätigkeit als Investmentbanker und bereitete 2004 eine klassische Mainstream-Vorlesung zum Thema Investmentbanking für die University of Maine, USA, vor, die ich auch 2004 und 2006 mit großer Freude hielt. Wo also lag mein Problem?

Ich fühlte mich nicht wohl bei dem Gedanken, nun mindestens fünf Jahre lang aufpassen zu müssen, was ich sage. Denn für den Fall, dass ich irgendwie »aneckte«, sei es bei Kollegen, sei es bei dem Stiftungsgeber, wäre nach den fünf Jahren möglicherweise eine Verlängerung infrage gestellt gewesen. Diese Befürchtungen raubten mir den Schlaf. Hochschullehrer wollte ich unbedingt bleiben. Was dann? Es war wohl dieses »vorauseilenden Gehorsam« ausüben zu müssen. Obwohl in keiner Weise anoder ausgesprochen, so war doch wie selbstverständlich im Raum gestanden, dass man gegenüber dem großzügigen – und sympathischen – Stiftungsgeber natürlich keine nennenswerte Kritik übt, jedenfalls keine irgendwie tiefer gehende Kritik.

Und hier liegt das Kernproblem, es zeigt sich auf zweifache Weise:

1. Selektions- und Rekrutierungskriterien

Für Stiftungsprofessuren werden solche Kandidaten ausgewählt, die nichts gegen die geistigen Inhalte der Stiftungsgeber einzuwenden haben. Es findet im Vorfeld eine einseitige Selektion zugunsten der Inhalte des Stiftungsgebers statt. So würde auf die soeben besprochene Münchener Stiftungsprofessur natürlich niemals ein dezidierter Kritiker von Investmentbanking berufen werden. Das wäre ja vollkommen gegen die Absicht, die mit der Stiftungsprofessur verfolgt wird. So würde beispielsweise auf eine Veolia-Professur für Wasserwirtschaft vermutlich kein dezidierter Gegner von Privatisierung der Wasserversorgung berufen. Oder ein Professor, der der positiven Wirkung von Schokolade kritisch gegenübersteht, auf eine Mars-Professur (University of California). Oder ein impfkritischer Professor auf eine Professur, die von der Pharmaindustrie finanziert wird. Kritische Bewerber werden im Vorfeld aussortiert. Im Normalfall bewerben sie sich gar nicht, wäre ja auch nicht sinnvoll, nur Zeitverschwendung.

Inhaltliche Diskussionen oder Vorgaben sind dann gar nicht mehr nötig. Die implizit *erwarteten Inhalte* sind von vornherein klar. Sie sind einfach selbstverständlich, denn man ist geistig ja ohnehin einer Meinung mit dem Stiftungsgeber. Sonst hätte man sich ja gar nicht auf die Stelle beworben, sie bekommen und angenommen.

Auf dieser Ebene findet also der erste »Bias« statt, die erste »Schräge«, Einseitigkeit,[281] die eine wirkliche Freiheit von Wissenschaft und Forschung in dem Sinne einschränkt, dass Personen mit einer abweichenden Meinung einfach *nicht* berufen werden, nicht zum Zuge kommen, weil sie sich im Normalfall gar nicht bewerben. So wird Wissenschaft durch Geldgeber in eine bestimmte Richtung gelenkt, indem andere Richtungen ausgeschlossen werden. Bildlich gesprochen: Dort, wo mit Industriegeld gegossen und gedüngt wird, entstehen »blühende wissenschaftliche Landschaften«, dort, wo nicht gegossen und gedüngt wird, »verdorrt« die wissenschaftliche Landschaft. Zum Beispiel auf dem Gebiet der Impfschäden-Untersuchungen oder der Mainstream-kritischen ökonomischen Theorien.

2. Abhängigkeit
Die zweite Schräge findet sich, wenn man berufen ist. Es ist eigentlich eher eine Zementierung der Schräge, ein Festschreiben der Einseitigkeit. Ist man einmal berufen, so ist es ungünstig, seine Meinung zu ändern und kritisch zu den Inhalten des Stiftungsgebers zu stehen. Dann riskiert man nämlich seinen Job. Kritisches Denken ist einer Vertragsverlängerung nicht zuträglich. Wenn später, meist nach fünf Jahren, die Professur durch reguläre öffentliche Haushaltsmittel weiterfinanziert wird, bleiben das Mind-Set und häufig eine grundsätzlich positive und dankbare Haltung gegenüber dem ursprünglichen Sponsor erhalten.

Stiftungsprofessuren und die Einschränkung unabhängiger Wissenschaft

Im Ergebnis stellen wir fest: Ohne dass es irgendwelcher expliziter Anweisungen oder Absprachen durch den Stiftungsgeber bedarf, findet durch Stiftungsprofessuren eine bestimmte Richtungslenkung, eine Vereinseitigung der Wissenschaft statt. Mittels Selektion von Stiftungsgeber- (in der Regel Industrie-) geneigten Persönlichkeiten *im Vorfeld* werden die Inhalte implizit eingegrenzt. Man braucht gar keine expliziten Vorgaben oder Einschränkungen mehr. Man braucht kein Brainwashing, denn es bewerben sich ohnehin nur Menschen, die weitgehend einer Meinung mit dem Stiftungsgeber sind oder zumindest nichts Nennenswertes gegen ihn haben oder im vorauseilenden Gehorsam nicht widersprechen würden. Ist man einmal berufen, so ist es ungünstig, seine Meinung zu ändern. Dadurch wird die bei der Ausschreibung der Stiftungsprofessur vorgenommene einseitige, da häufig industrienahe Selektion von Themengebieten zementiert und festgeschrieben.

Die Freiheit von Wissenschaft und Forschung durch Stiftungsprofessuren in ihrer heutigen Form wird eingeschränkt, im Sinne von kanalisiert, und in ein bestimmtes Korsett gezwängt. Auf einem Stiftungslehrstuhl ist man nicht wirklich frei, dem Stiftungsgeber ernsthaft zu widersprechen. Auf einem »normalen« Finanzierungslehrstuhl kann man Investmentbanking loben oder kritisieren. Auf einem Stiftungslehrstuhl »Investmentbanking« ist man in der Kritik nicht wirklich frei.

Deshalb stehe ich dieser Form von Geldfluss in die Wissenschaft grundsätzlich kritisch gegenüber, denn nicht Verfügungsgewalt über Geld sollte bestimmen, worüber in unserem Land geforscht, wichtiger noch, *nicht* geforscht wird, was kritisiert wird und was nicht.[282] Die Entscheidung, worüber geforscht und nicht geforscht wird, darf nicht durch Geld- und Kapitalmacht getroffen werden.

In zahlreichen Büchern und Veröffentlichungen[283] werden Argumente angeführt, weshalb eine einseitige Beeinflussung seitens der Geldgeber bei Stiftungsprofessuren nicht stattfände, sondern Kooperationen zwischen Industrie und Hochschulen eine Win-win-Situation für beide Seiten darstellten.[284] Immer und immer wieder wird die Unabhängigkeit der Forschung beteuert.[285] Vom industrienahen Stifterverband für die Deutsche Wissenschaft liegt ein »Code of Conduct« vor, »Empfehlungen für die Einrichtung von Stiftungsprofessuren durch private Förderer […], die den Partnern den optimalen Gebrauch des Förderinstruments Stiftungsprofessur zum beiderseitigen Vorteil erleichtern«. Der Code of Conduct empfiehlt 1. Unabhängigkeit, 2. Freiheit von Forschung und Lehre, 3. Transparenz, 4. Schriftform und 5. Verzicht auf Beeinflussung.[286] Bei Einhaltung dieser Bedingungen befürwortet der industrienahe Stifterverband für die deutsche Wirtschaft Stiftungsprofessuren explizit. So plausibel diese Empfehlungen auch klingen, es ändert nichts an obiger Argumentation.

Um auf meine Berufung auf die Stiftungsprofessur Corporate Finance mit Schwerpunkt Investmentbanking an der Hochschule München zum Sommersemester 2004 zurückzukommen: Wer hat die Auswahl getroffen, welcher Bewerber berufen werden soll? Die Teilnehmer in der Berufungskommission. Diese waren, soweit ich mich erinnere, wie bei normalen Berufungskommissionen üblich, zum größeren Teil Professoren der Hochschule München, mindestens ein Studentenvertreter, eine Frauenbeauftragte und mindestens zwei externe Fachpersonen, normalerweise von anderen Hochschulen, um »Mauscheleien« zu verhindern – eine gute und sinnvolle Regelung. Dazu kam der Stiftungsgeber, der bei den Probevorlesungen im Zuge der Berufungsauswahl anwesend war. Die Berufungskommission war also vollkommen transparent und weitestgehend neutral zusammengesetzt. Der Stiftungsgeber hatte vermutlich eine Stimme, möglicherweise aber war er auch nicht stimmberechtigt. Es lag also *formal* gesehen keinerlei Bias oder »Schräge« oder Voreingenommenheit zugunsten irgendeiner bestimmten Auswahl vor.[287]

Obwohl also alle Kriterien der Objektivität und Neutralität, wie sie in Veröffentlichungen, die Drittmittel befürworten, gefordert werden, insbesondere, wie sie der »Code of Conduct« des industrienahen Stifterverbands für die Deutsche Wissenschaft fordert, erfüllt waren,[288] liegen dennoch weder Neutralität und Objektivität vor, sondern einseitige Voreingenommenheit zugunsten des Geldgebers. Die einseitige Einflussnahme durch Geldinteressen findet bereits im Vorfeld statt und läuft implizit ab. Diese Einseitigkeit kann durch Vorgaben von Kriterien, wie sie heute beispielsweise durch den industrienahen Stifterverband der Deutschen Wissenschaft vorliegen, obwohl sie bestens durchdacht sind, nicht verhindert werden. Das ist unmöglich.

Die Konsequenz: Diese Vorgaben der Objektivität und Neutralität helfen nicht. Auch nicht wenn sie erfüllt sind! Man müsste einen Schritt früher beziehungsweise eine Schicht tiefer ansetzen: Der direkte Geldfluss eines Sponsors müsste verhindert werden und beispielsweise durch einen indirekten Geldfluss ersetzt werden (siehe Kapitel »Lösungsvorschläge«, S. 176).

Bei Weitem nicht alle Berufungen von Stiftungsprofessoren laufen so neutral ab wie gerade geschildert. Einzelne Landesrechnungshöfe untersuchen Unternehmenskooperationen mit Hochschulen und kommen darin zu teilweise sehr ungünstigen Ergebnissen:

»›Bei der Besetzung der Stiftungsprofessuren sowie bei deren inhaltlicher Ausrichtung waren teilweise erhebliche Einflussnahmen der Stifter festzustellen‹,[289] urteilte etwa der Landesrechnungshof Nordrhein-Westfalen im Jahr 2011. Die Prüfer hatten sich alle Verträge der damals 74 Stiftungsprofessuren der Landeshochschulen schicken lassen. Fast immer hatten die Stifter die Vereinbarungen entworfen. In fünf Fällen, so die nordrhein-westfälischen Rechnungsprüfer, hätten sich die Hochschulen gar dazu verpflichtet, dass nur ein Kandidat berufen werden darf, ›mit dem der Stifter vertrauensvoll zusammenarbeiten kann‹. An einer Universität habe der Stifter bereits in den Vertragsverhandlungen eine Person als Lehrstuhlinhaber benannt und der Hochschule wissenschaftliche Geräte in Aussicht gestellt, wenn der Wunschkandidat den Posten erhält. So geschah es denn auch.«[290]

Und noch ein Beispiel, wie auf die Besetzung von Stiftungsprofessuren vom Geldgeber Einfluss genommen werden kann, wollen wir uns ansehen: Laut *Spiegel* wurde an der Tierärztlichen Hochschule Hannover 2008 eine Stiftungsprofessur durch Bayer Health Care, eine weitere 2009 durch eine Spende von Lohmann Animal Health Care, einem Hersteller von Futtermittelzusatzstoffen, eingerichtet. Für die Berufungen hatten die beiden Geldgeber ein Vetorecht für den Fall, dass keine Einigung auf einen geeigneten Kandidaten zustande käme. Die Hochschule hatte dieses Entgegenkommen offenbar einseitig konzediert, ohne dass die Geldgeber dies gefordert hatten.[291]

Dr. Volker Meyer-Guckel, stellvertretender Generalsekretär und Mitglied der Geschäftsleitung des industrienahen Stifterverbandes für die Deutsche Wissenschaft,[292] hält solche Verträge für nicht gut verhandelt, strengere Regeln seien jedoch nicht nötig.[293]

Nichtregulierung oder Liberalisierung sind beliebte neoliberale politische Forderungen. Im Sinne von Lobbyismus für die Geldgeber ist diese Argumentation rational: Je schwächer die Regeln, desto *de*regulierter die Mechanismen und desto stärker können sich Geldinteressen durchsetzen.

Die Rolle des Stifterverbands für die deutsche Forschungslandschaft

Im Handbuch *Drittmittelförderung 2013/14,* dem ein Geleit-wort des Generalsekretärs des Stifterverbandes, Prof. Dr. Andreas Schlüter, vorangestellt ist, heißt es:

»Der Stifterverband für die Deutsche Wissenschaft ist eine Gemeinschaftsaktion der deutschen Wirtschaft für die Wissenschaft, dem rund 3000 Mitglieder (Unternehmen, Verbände, Einzelpersonen) angehören. Ziel ist es, die Wissenschaft in Forschung und Lehre zu fördern, die Öffentlichkeit zur Unterstützung der Wissenschaft zu gewinnen und neue Stiftungen anzuregen.«[294] Er verwaltet etwa 560 Stiftungen mit einem Gesamtvermögen von 2,5 Milliarden Euro. Das jährliche Fördervolumen für seine nach eigener Aussage »gemeinnützigen Aktivitäten« beträgt derzeit etwa 150 Millionen Euro pro Jahr. In seinen Gremien engagieren sich unter anderen »fast alle großen Konzerne«.[295]

Der Stifterverband sieht sich selbst als »Ideen- und Impulsgeber« für Hochschulen und Wissenschaft, als »Vordenker und Initiator für Reformen: Die von ihm geförderten Modellprojekte entwickeln sich regelmäßig zu Blaupausen tief greifender Veränderungen des Bildungs-, Wissenschafts- und Innovationssystems«. Dabei sorge seine Struktur dafür, »dass Gelder effektiv und mit großer Schlagkraft eingesetzt werden«.[296]

Ein wahres Wort. Nicht freier Ideenwettbewerb entscheidet, welche Ideen sich durchsetzen, sondern »Gelder«, die »mit großer Schlagkraft eingesetzt werden«, beeinflussen leider nur allzu oft die geistige Richtung, in die wir uns bewegen. Je weniger Regulierungen und Einschränkungen, desto besser können sich die Schlagkraft des Geldes und seine Interessen durchsetzen. Der

Stifterverband vertritt klassisch die Lobbyinteressen seiner Klienten, der Industrie. Vielleicht wäre es treffender, ihn Stifterverband für die deutsche Wirtschaft zu nennen, statt für die deutsche Wissenschaft.

Zeitlich befristete Finanzierung von Stiftungsprofessuren

Die Finanzierung sehr vieler Stiftungsprofessuren wird durch den Stifter zeitlich limitiert, meist auf fünf Jahre. In der Regel werden die berufenen Professoren dann durch die öffentliche Hand weiterfinanziert,[297] und die Professur wird zu einer regulären Hochschulstelle, der man dann häufig nicht mehr ansehen kann, ob sie ursprünglich eine Stiftungsprofessur war oder nicht.

So könnte man annehmen, dass der Einfluss der Geldgeber ab diesem Zeitpunkt erlischt. Das ist formal auch der Fall. Allerdings bleiben die ursprünglich im Einvernehmen mit dem Stiftungsgeber berufenen Persönlichkeiten danach meist lebenslang auf dieser Stelle. Selbstverständlich können Menschen im Laufe ihres Lebens ihre Ansichten ändern. Die Erfahrung lehrt jedoch, dass gewisse weltanschauliche Grundansichten, vor allem ab einem bestimmten Alter, ein recht starkes Verharrungsvermögen aufweisen.

Dazu kommt, dass einige Professoren oft recht lukrative Nebentätigkeiten ausüben. Vielen Stiftungsprofessoren wird die Möglichkeit geboten, für ihre Stifter nebenamtlich gegen Honorarzahlungen tätig zu sein, wie es auch bei mir der Fall war. Dann bleibt man dem Stiftungsgeber wohlwollend verbunden. Außerdem fühlt man sich normalerweise dankbar gegenüber seinem ursprünglichen Mäzen.[298] Kurz: Die meisten Inhaber von Stiftungsprofessuren – sicher nicht alle – bleiben dem Stiftungsgeber auch nach Beendigung der Finanzierung weltanschaulich-geistig verbunden.

Stiftungsprofessoren werden normalerweise von Anfang an in ganz reguläre Funktionen der Hochschulen eingebunden –

ebenso wie alle anderen Kollegen –, beispielsweise werden sie Mitglied von Kommissionen zur Berufung neuer Professoren. In unserem Hochschulsystem wählen im Wesentlichen in Ämtern befindliche Professoren neu zu berufende Kollegen. Das heißt für Stiftungsgeber: Hat man einen dem Stifter wohlwollend gesinnten Professor an der Hochschule installiert, so kann dieser nun seinerseits den Einfluss nutzen, um geistig-weltanschaulich ähnlich denkende Personen an die Hochschule zu berufen. Ich selbst habe solche spannenden Entwicklungen als Teilnehmer von Berufungskommissionen erlebt.

Aus Sicht eines Stiftungsgebers hat die Begrenzung der Finanzierung auf fünf Jahre daher gleich mehrere Vorteile:

➤ *Erstens:* Die Zahlungen des Unternehmens begrenzen sich auf fünf Jahre.
➤ *Zweitens:* Der einmal gewonnene Einfluss auf die Hochschule bleibt in den meisten Fällen jahrzehntelang bestehen, da die ursprünglich berufenen Professoren normalerweise lebenslang übernommen werden.
➤ *Drittens:* Der einmal gewonnene Einfluss verstärkt sich, indem er nicht nur bei der Auswahl auf die einmal berufene Individualität wirkt, sondern darüber hinaus Einfluss auf zukünftig zu berufende Professoren entfaltet.

Es ist für den Stiftungsgeber also sehr viel effizienter, alle fünf Jahre eine Stiftungsprofessur zu »verschenken«, als eine lebenslängliche Stiftungsprofessur zu schaffen.

Zu glauben, der Einfluss des Geldgebers nach der Umwidmung von einer Stiftungsprofessur in eine reguläre Stelle wäre verpufft, erscheint doch recht naiv. Der Hauptgrund dafür liegt in der oben geschilderten Selektion bestimmter Persönlichkeiten im Vorfeld der Berufung. Selbstverständlich gibt es auch Gegenbeispiele, Persönlichkeiten, die im Laufe ihres Lebens tief gehende, innere geistig-seelische und weltanschauliche Umschwünge durchmachen.

Wenn man also den Einfluss von Industriegeldern auf Hochschulen in Form von Stiftungsprofessuren abschätzen will, reicht es nicht, nur aktuell finanzierte Stiftungsprofessuren zu betrachten – beispielsweise auf www.hochschulwatch.de –, sondern man muss auch die früher finanzierten einbeziehen. Das ist nicht einfach, da diese häufig nicht offen als solche ausgewiesen werden.

AKTIVITÄTEN VON PHARMAKONZERNEN, BANKEN UND FINANZDIENSTLEISTERN

Häufig werden bei der Kooperation von Industrieunternehmen mit Hochschulen nicht nur einzelne Stiftungsprofessuren finanziert, sondern ganze Institute mit mehreren Professuren samt Infrastruktur nach dem Motto, klotzen statt kleckern. Solche Institute können meist sehr viel wirksamer und systematischer im Sinn ihrer Sponsoren forschen und veröffentlichen, wie durch die folgenden Beispiele gezeigt werden soll.

Kooperation Deutsche Bank – Humboldt-Universität und TU Berlin 2007 bis 2011

Im Jahr 2006 schlossen die Deutsche Bank, die Humboldt-Universität und die Technische Universität Berlin einen »Sponsor- und Kooperationsvertrag« ab, der vorsah, ein Forschungsinstitut aufzubauen: das »Quantitative Products Laboratory«, um vor allem Risiken der Finanzmärkte und ihre Produkte zu erforschen. Die Deutsche Bank finanzierte von 2007 bis 2011 als alleiniger Geldgeber das Institut, zu dem unter anderem zwei Stiftungsprofessuren im Bereich Finanzmathematik gehörten, mit drei Millionen Euro pro Jahr. Der Vertrag, der ursprünglich auf

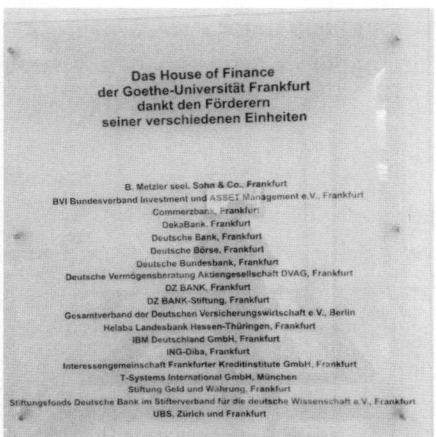

Das House of Finance
der Goethe-Universität Frankfurt
dankt den Förderern
seiner verschiedenen Einheiten

B. Metzler seel. Sohn & Co., Frankfurt
BVI Bundesverband Investment und ASSET Management e.V., Frankfurt
Commerzbank, Frankfurt
DekaBank, Frankfurt
Deutsche Bank, Frankfurt
Deutsche Börse, Frankfurt
Deutsche Bundesbank, Frankfurt
Deutsche Vermögensberatung Aktiengesellschaft DVAG, Frankfurt
DZ BANK, Frankfurt
DZ BANK-Stiftung, Frankfurt
Gesamtverband der Deutschen Versicherungswirtschaft e.V., Berlin
Helaba Landesbank Hessen-Thüringen, Frankfurt
IBM Deutschland GmbH, Frankfurt
ING-Diba, Frankfurt
Interessengemeinschaft Frankfurter Kreditinstitute GmbH, Frankfurt
T-Systems International GmbH, München
Stiftung Geld und Währung, Frankfurt
Stiftungsfonds Deutsche Bank im Stifterverband für die deutsche Wissenschaft e.V., Frankfurt
UBS, Zürich und Frankfurt

Abbildung 2 und 3:
House of Finance,
Goethe-Universität,
Frankfurt am Main

zweimal vier Jahre ausgelegt war, blieb lange Zeit geheim. Erst im Frühjahr 2011 machte ein empörter Professor den Vertrag öffentlich. Dadurch kamen einige interessante Details ans Tageslicht.[299]

So hatte das Institut »in räumlicher Nähe zur Deutschen Bank« zu liegen. Das geschah auch, denn es wurde in der Alexanderstraße 5 angesiedelt, wo sich auch das Investment & Finanz Center der Bank befand, da dort »gemeinsame wissenschaftliche Arbeiten partnerschaftlich durchgeführt werden«[300] sollten beziehungsweise eine »enge inhaltliche Zusammenarbeit« angestrebt war.[301] Außerdem bestimmte der Vertrag, dass die zu berufenden Professoren »im Einvernehmen mit der Deutschen Bank« auszuwählen seien und die Bank in der Berufungskommission vertreten sei.[302]

Darüber hinaus durfte die Deutsche Bank darüber entscheiden, welche Ergebnisse veröffentlicht werden und welche nicht, damit die »Interessen der Deutschen Bank nicht berührt« würden.[303] Ein Lenkungsausschuss sollte die Forschungsinitiative inhaltlich leiten. Er sollte unter anderem über die Forschungsstrategie, die Verwendung der personellen Mittel und über »alle anderen Fragen, die die interne Abstimmung zwischen den Vertragspartnern betreffen«, entscheiden.[304] Dieser Ausschuss war paritätisch mit je zwei Vertretern der Deutschen Bank und der Unis besetzt. Bei Stimmengleichheit gab die Stimme des Managing Director den Ausschlag, der von der Deutschen Bank kam. Die Unis waren außerdem angehalten, »im Rahmen ihrer rechtlichen Möglichkeiten« qualifizierten Mitarbeitern der Deutschen Bank Lehraufträge zu ermöglichen und sie auch mit Prüfungen von Studenten zu betrauen.[305] Und die Deutsche Bank bekam spezielle Werberechte an den beiden beteiligten Universitäten.[306] *Die Zeit* kommentierte diesen Vertrag: »Nun kann man die Frage stellen: Ist ein Professor, der an einem solchen Institut arbeitet, ein Wissenschaftler oder ein Bankangestellter?«[307]

Laut *Spiegel* ist es ein »offenes Geheimnis, dass bei Stiftungs-professuren gekungelt wird. Wenn Firmen Universitäten Millionen spenden, wollen sie gern vorher wissen, welcher Wissenschaftler auf den von ihnen bezahlten Posten berufen wird. Sie wollen darauf Einfluss ausüben, in welche Richtung geforscht wird und wie sich die Ergebnisse nutzen lassen. Besonders anfällig sind Fächer, in denen die Forschung teuer ist, Medizin etwa oder Pharmazie. Aber meist sind solche Absprachen informell; es wird kein Vertrag darüber abgeschlossen, der beide Seiten nicht gut aussehen lässt.«[308]

Abbildung 4: »EasyCredit«-Hörsaal[309]

Kooperation der Universität Köln mit dem Pharma-konzern Bayer HealthCare AG seit 2008

Im März 2008 wurde bekannt, dass die Universitätsklinik Köln und die Bayer HealthCare AG einen Kooperationsvertrag abgeschlossen haben, um gemeinsam klinische Studien auf mehreren medizinischen Forschungsgebieten durchzuführen, etwa zu Krebs- und Herzkrankheiten.[310] Bayer überweist seither jährlich einen nicht näher genannten sechsstelligen Betrag an die Universität.[311] Der damalige nordrhein-westfälische Wissenschaftsminister Andreas Pinkwart (FDP) lobte das Vorgehen seinerzeit als »weitest reichende Kooperation, die eine nordrhein-westfälische Universitätsklinik bislang eingegangen ist«,[312] und sprach von einer Partnerschaft, die »beide Seiten stärkt«.[313]

Inwieweit Bayer Einfluss auf die Forschung und auf die Veröffentlichung der Ergebnisse hat, ist bis heute nicht bekannt. Philipp Mimkes, Physiker und ehrenamtliches Vorstandsmitglied der 1983 gegründeten NGO »Coordination gegen BAYER-Gefahren e.V.« (CBG), wollte die Offenlegung der Verträge zwischen Bayer und der Universität bewirken. Insbesondere stellte sich die Frage, ob Bayer die Möglichkeit hat, die Veröffentlichung unliebsamer Forschungsergebnisse zu unterdrücken, und durch dieses »Weglassen das öffentliche Wissen über die Wirkungen eines Medikaments verfälschen«[314] kann, eine Methode, die in der klinischen Pharmaforschung laut Goldacre und anderen unabhängigen Fachleuten der Normalfall ist.[315]

Doch weder die Universität noch Bayer waren zur Veröffentlichung des Vertrages bereit, selbst nachdem der Deutsche Hochschulverband die Universität Köln aufgefordert hatte, Einblick in den Vertrag zu geben, und der nordrhein-westfälische Landesbeauftragte für Datenschutz und Informationsfreiheit empfohlen hatte, die Vereinbarung offenzulegen. Daraufhin klagte Mimkes vor dem Verwaltungsgericht Köln, um Einsicht in die Verträge zu erhalten. Begründung: Eine aus Steuergeldern finanzierte Einrichtung müsse öffentlicher Kontrolle unterliegen, insbesondere in einem so sensiblen Bereich wie dem der Gesundheitsforschung.

Im Dezember 2012 wies das Gericht jedoch die Klage mit der Begründung ab, die Wissenschaft sei frei, also auch in der Frage, mit wem sie kooperiere.[316] *Die Zeit* kommentierte das Gerichtsurteil folgendermaßen: »Folgt man der Argumentation des Kölner Gerichts, genießt die Wissenschaft also die Freiheit, sich selbst ihrer Unabhängigkeit zu berauben. Die Frage ist nur: Wer schützt dann noch die Gesellschaft vor den Ergebnissen dieser neuen Art von Wissenschaft?«[317] Gegen das Urteil wurde von Mimkes Berufung eingelegt, das Verfahren ist derzeit in zweiter Instanz beim Oberverwaltungsgericht in Münster anhängig.[318] Die unselig enge Kooperation zwischen der Universität Köln und Bayer zeigt sich auch an einer Personalie: Das langjährige Vorstandsmitglied der Bayer AG, Richard Pott, ist Leiter des Hochschulrates der Universität.[319]

Der Ausspruch des damaligen nordrhein-westfälischen Wissenschaftsministers Andreas Pinkwart (FDP), dies sei eine Partnerschaft, die »beide Seiten stärkt«, dürfte zutreffen. Allerdings handelt es sich hier, wie in den meisten anderen Fällen solcher Kooperationen von Pharmafirmen mit Kliniken, um eine Partnerschaft zulasten Dritter, nämlich der Patienten beziehungsweise der Allgemeinheit. Die Zeit kommentiert: »Kooperation, das ist eines dieser Wörter aus Sonntagsreden. Es klingt nach Gemeinsamkeit und Anstrengung, nach Partnerschaft. Es verdeckt die Tatsache, dass der eine Partner mächtiger ist als der andere. Nämlich derjenige, der das Geld hat.«[320]

Das im September 2014 für Nordrhein-Westfalen verabschiedete »Hochschulzukunftsgesetz« lässt das Geheimhalten der Inhalte dieser Art von Kooperationsverträgen zwischen Industrie und Universitäten gemäß Paragraf 71a Absatz 3 auch in Zukunft explizit zu. Laut Coordination gegen Bayer-Gefahren e.V. bedeutet dies ein »Einknicken der NRW-Landesregierung vor den Drohungen der Wirtschaftsverbände«.[321] Dem ist wenig hinzuzufügen. Fachleute wie Peter Gøtzsche sind der Ansicht: »Grundsätzlich darf es im Gesundheitswesen keine geheimen Kooperationen geben.«[322] Allerdings scheinen die sehr gut recherchierten Aussagen unabhängiger Fachleute wie Peter Gøtzsche oder Ben Goldacre in der nordrhein-westfälischen Landesregierung leider auf taube Ohren zu stoßen, zur Freude der Aktionäre von Großunternehmen.[323]

Studie für Union Investment am Forschungszentrum
Generationenverträge der Albert-Ludwigs-Universität
Freiburg

In den letzten Jahren kommt zunehmend Kritik an Versicherungsabschlüssen im Rahmen der Riester-Rente auf.[324] Der Vorwurf lautet, dass ein großer Teil der erwirtschafteten Erträge den abschließenden Finanzunternehmen zufließe, nicht den Sparern. »Ein Großteil der Verträge ist schlecht«, zitiert *finanzen.de* zwei Experten. Auch habe sich in einer Untersuchung von Stiftung Warentest herausgestellt, dass viele Riester-Verträge für Sparer unattraktiv seien.[325]

In diesem Zusammenhang interessant ist eine Studie zur Vorsorgeunsicherheit der gesetzlichen Rentenversicherung, die Union Investment, der Marktführer bei der privaten Riester-Rente,[326] die laut der *Zeit* vom »Forschungszentrum Generationenverträge der Albert-Ludwigs-Universität Freiburg« erhielt. Union Investment bezahlte dafür an das Forschungszentrum offenbar eine »Summe, die etwa 10 Prozent der gesamten Mittel« des Forschungszentrums ausmachte – »genaue Zahlen will das Zentrum nicht nennen«, berichtete *Die Zeit* am 8. August 2013.[327] Im Vorwort belegt die Studie, so *Die Zeit,* »die Wirksamkeit einer zusätzlichen Vorsorge wie der Riester-Rente«.[328]

Nach eigenen Angaben ist das »Forschungszentrum Generationenverträge« unter ihrem Direktor, Prof. Dr. Raffelhüschen (Institut für Finanzwissenschaft an der Universität Freiburg),[329] ein »unabhängiges wissenschaftliches Forschungsinstitut [...]. Vor allem während der Gründungsphase hat das Forschungszentrum wertvolle finanzielle und ideelle Unterstützung seitens der Wirtschaft [...] erfahren.«[330]

Zu dem Institut gibt es auch einen interessanten Interneteintrag auf der Website »Lobbypedia«. Dort ist zu lesen:

»Das Forschungszentrum Generationenverträge (FZG) ist ein der Versicherungswirtschaft nahestehendes Institut, das in seinen Studien und Stellungnahmen regelmäßig eine Förderung der privaten Altersvorsorge propagiert. Das FZG wird von Versicherungsunternehmen und der Initiative Neue Soziale Marktwirtschaft (INSM) gesponsert. Die beiden Vorstandsmitglieder haben enge Beziehungen zur Versicherungswirtschaft: Bernd Raffelhüschen ist Aufsichtsrat der ERGO-Versicherungsgruppe und [...] Referent von Finanzdienstleistern. Günther Knortz ist ein ehemaliges Vorstandsmitglied der Ergo-Versicherungsgruppe. Raffelhüschen ist außerdem Botschafter der INSM.«[331]

Wie objektiv und verlässlich sind wissenschaftliche Studien eines solchen Instituts?

Abbildung 5: Aula der RWTH Aachen

INTERNETKONZERNE – DAS BEISPIEL GOOGLE

»Die wissenschaftliche Studie ist längst zu einem Produkt geworden. Sie kann bei Bedarf gekauft und verkauft werden wie auf einem Markt.«[332]

Kerstin Kohlenberg und Yassin Musharbash:
»Die gekaufte Wissenschaft«, *Die Zeit*, August 2013

Der Umgang mit Urheberrechten und der Schutz der Privatsphäre sind zwei für Internetkonzerne sehr wichtige und sensible Gebiete. Sie haben größtes Interesse daran, dass diese Fragen durch die Gesetzgeber zugunsten der Internetunternehmen behandelt werden. Daher überrascht es nicht, dass Versuche unternommen werden, »unabhängige« wissenschaftliche Studienergebnisse zu produzieren, die zu günstigen Ergebnissen für die Internetunternehmen kommen, wie im Folgenden gezeigt werden soll.

Ein Google-Gutachten[333]

Google begann in den 1990er-Jahren in den USA damit, Bücher einzuscannen und kostenlos online zu stellen. Daraufhin gab es mit den Autoren umfangreiche und langwierige juristische Auseinandersetzungen um die Urheberrechte. Auch Werke deutscher Autoren waren beziehungsweise sind davon betroffen. Daher suchte Google auch die Unterstützung durch deutsche Rechtsexperten. Als besonders hilfreich schätzte Google dabei ein Gutachten durch ein unabhängiges, zum großen Teil mit staatlichen Geldern finanziertes deutsches Institut ein. So wurde im Juni 2009 ein Wissenschaftler dieses Instituts per E-Mail um ein Gutachten zu einem Vergleichsvorschlag zu dem Urheberrechtsstreit gebeten. Für den Fall, dass das Institut keine Gutachten für Privatunternehmen übernehme, wurde seitens Google angefragt, ob einzelne Mitglieder des Instituts ein solches Gutachten privat als gut bezahlte Nebentätigkeit übernähmen. Dabei wurden das

»exakte Ergebnis«, zu dem das Gutachten kommen sollte – »die Rechte werden den Autoren zu keinem Zeitpunkt genommen« – ebenso vorgegeben wie die »sechs Argumente«, durch die das Ergebnis begründet werden sollte.[334]

Der Wissenschaftler, der diesen Fall anonym gegenüber der Wochenzeitung *Die Zeit* offenlegte, kooperierte aus Gewissensgründen nicht. Allerdings nahm ein anderes Institutsmitglied den Auftrag an und kam in dem Gutachten zu dem von Google vorgegebenen Ergebnis, »dass der Vergleichsvorschlag des Konzerns nicht gegen internationale Urheberrechte verstößt«.[335]

Dieses Fallbeispiel zeigt anschaulich auf, wie über gezielte Geldzuwendungen an einzelne Wissenschaftler der gute Ruf unabhängiger Institute für Gewinninteressen von Konzernen genutzt werden kann. Besonders interessant dabei ist, dass nicht nur das Ergebnis, sondern auch die Hauptargumentation detailliert vorgegeben wurde. In der öffentlichen Diskussion hat das Gutachten eines unabhängigen Instituts ein anderes Gewicht als ein Gutachten, das von hausinternen Google-Anwälten erstellt wird. De facto handelte es sich hier jedoch um ein hausinternes Google-Gutachten, das über Geldzuwendungen in ein scheinbar unabhängiges Gutachten weißgewaschen wurde.

Selbstverständlich könnte man an dieser Stelle einwenden: Möglicherweise haben die von Google vorgegebenen sechs Argumente und das Ergebnis den Wissenschaftler einfach überzeugt, vielleicht waren die Argumente in seinen Augen einfach schlagend gut, und der Wissenschaftler war zuletzt von dem Ergebnis felsenfest überzeugt, unabhängig von der Geldzahlung durch Google. Doch diese Argumentation führt am wesentlichen Punkt vorbei. Treffliche Argumente können auf beiden Seiten der in diese juristischen Auseinandersetzungen verwickelten Parteien vorliegen. Das scheint bei diesem Beispiel auch der Fall zu sein, da sich der Rechtsstreit offenbar bereits über Jahrzehnte hinzieht.

Der eigentliche Punkt ist: Kann eine Seite ihren Argumenten über Geld- und Kapitalmacht eine größere Aufmerksamkeit verschaffen und dadurch den Sieg erringen? Besteht ein Machtungleichgewicht der betroffenen Parteien? Gewinnt eine der Argumentationslinien aufgrund von Kapitalübermacht? Anders ausgedrückt: Siegen nicht die besseren Argumente, sondern die bessere Kapitalausstattung? Gewinnt dort, wo sich unabhängig und neutral die Argumente gegenüberstehen sollten, die Seite mit der besseren Kapitalausstattung? Dadurch würden gerade Unabhängigkeit und Objektivität von Wissenschaft verfälscht. Diese Argumentation führt ins Zentrum des Problems korrumpierter Wissenschaft, die wir später noch aufgreifen werden.

Ähnlich ging Google im Jahr 2009 in Frankreich vor, wo der Konzern hartnäckig bei einem Jura-Professor anfragte, ob er ein Gutachten zur Urheberproblematik verfassen könne. Nach langem Zögern willigte der französische Professor ein und erstellte für 50 000 Euro gemeinsam mit drei Studenten eine entsprechende Studie zu dem Buchprojekt von Google, jedoch unter der Bedingung, dass Google keine inhaltliche Richtung vorgebe und dass die Finanzierung durch Google offengelegt werde. Drei Jahre nach Erstellen war die Studie nach Einschätzung des Professors noch immer nicht veröffentlicht und wurde durch den Konzern nicht kommentiert.[336] Offenbar waren die Ergebnisse der Studie für Google nicht wie erhofft.

Des Weiteren gab das Deutsche Institut für Wirtschaftsforschung (DIW) am 12. Oktober 2011 bekannt, dass eine führende Mitarbeiterin im Bereich Internet und Privatsphäre[337] von Google 47 923 US-Dollar für das Forschungsprojekt »Incentive-compatible Mechanism Design for Privacy« gewann.[338] Die Studie beschäftigt sich damit, »ab wann Menschen ihre Privatsphäre zu schützen beginnen und welche Anreize sie dazu bewegen, dies zu unterlassen. Je weniger die Menschen ihre privaten Daten im Internet schützen, desto besser kann Google personalisierte

Werbung auf seinen Seiten platzieren.«[339] Google hat sehr großes Interesse an solchen Studien, da das Schutzverhalten der Internetnutzer starken Einfluss auf die Einnahmen des Konzerns hat. Dies zeigt die erwähnte Studie des DIW von 2012 bereits durch ihren Titel *Privacy. Study on Monetizing Privacy. An Economic Model for Pricing Personal Information.*

Google und das Alexander von Humboldt Institut für Internet und Gesellschaft

Auf der Homepage des Instituts ist zu lesen:

»Das Alexander von Humboldt Institut für Internet und Gesellschaft wurde im März 2012 mit dem Ziel gegründet, innovative und impulsgebende wissenschaftliche Forschung im Bereich Internet und Gesellschaft zu leisten und die Entwicklung des Internets in seinem Zusammenspiel mit gesellschaftlichen Transformationsprozessen zu begleiten. Das Institut für Internet und Gesellschaft versteht sich als Plattform für Wissenschaftler, um die kooperative Entwicklung von Projekten, Anwendungen und Forschungsnetzwerken zu fördern. Mittels verschiedener Veranstaltungsformate macht das Institut die wissenschaftliche Arbeit und die Forschungsergebnisse für Fragen von politischen Akteuren, Zivilgesellschaft und Unternehmen zugänglich. Die Gründungsgesellschafter – die Humboldt-Universität zu Berlin, die Universität der Künste Berlin und das Wissenschaftszentrum Berlin für Sozialforschung, ergänzt durch den integrierten Kooperationspartner Hans-Bredow-Institut für Medienforschung in Hamburg – garantieren vielschichtige Perspektiven, die es ermöglichen, sowohl technologische und juristische als auch soziologische, ökonomische und gestalterische Aspekte des Internets zu beleuchten.«[340]

Was sich nur auf den zweiten Blick auf der Homepage erschließt, ist die Finanzierung. Google war zunächst der einzige Geldgeber und stellte für die ersten drei Jahre 4,5 Millionen Euro bereit. Für die Jahre 2014 bis 2016 gibt es mittlerweile eine verlängerte finanzielle Unterstützung mit erneut 4,5 Millionen Euro und einer zugesagten Anschlussfinanzierung bis 2019. Zudem unterstützt das Bundesforschungsministerium ein Institutsprojekt zur Sicherheit von Netzen und Daten mit 450 000 Euro. Mittlerweile gibt es auch weitere kleine Sponsoren, die beispielsweise Doktorandenstellen finanzieren. In dem Institut, das keine Lehre betreibt, waren Ende 2013 knapp 40 Mitarbeiter beschäftigt, davon zwölf Doktoranden.[341]

Die zentrale Aufgabenstellung des Instituts ist es, zu erforschen, wie das Internet das Leben der Menschen beeinflusst. Dazu sind auf seiner Homepage Ziele und Aufgaben formuliert, die zunächst einen sehr neutralen und für die Allgemeinheit bedeutsamen Eindruck machen. Die Neutralität auf die zu erforschenden Bereiche ist allerdings zweifelhaft. So drängt sich der Eindruck auf, dass durch das Institut das Google-Geschäftsmodell gerechtfertigt und etwaiger Kritik daran entgegengewirkt werden soll. Die bisherigen Ergebnisse der Forschungen beleuchten hauptsächlich die positiven Seiten des Internets. So geht es um Themen wie Open Data, Open Government, Partizipation und Innovationsleistungen des Internets. Kritische Studien zum Thema Internet oder den Interessen von Google entgegenlaufende Untersuchungen sind nicht oder kaum zu finden. Lediglich eine Studie setzt sich kritisch mit Twitter auseinander, einem Konkurrenten von Google im Bereich der sozialen Netzwerke.[342]

Obwohl das Institut von drei unterschiedlichen Institutionen gegründet wurde und eine interdisziplinäre Forschung betreiben soll, sind die meisten Forschungsfelder juristisch oder wirtschaftlich geprägt. Geisteswissenschaftliche oder kommunikationsphilosophische Ansätze sind kaum zu finden. Die Grundproblematik des Instituts ist, dass offenbar bestimmte kritische Themen, die aus Gesellschaftssicht wichtig wären, nicht oder nicht ausreichend beleuchtet werden.[343]

Die konservative *Frankfurter Allgemeine Zeitung* kommentierte am 12. November 2013 das Alexander von Humboldt Institut für Internet und Gesellschaft mit folgenden Worten:

»Umso abstoßender erscheinen die Schulterschlüsse von Bildungseinrichtungen mit einem Unternehmen wie Google, das systematisch geltendes deutsches und internationales Recht gebrochen hat und hochpersonalisierte Daten von Benutzern amerikanischen und britischen Regierungsstellen preisgibt. Die Kooperation einer Institution wie der Humboldt-Universität mit dieser Firma wird, wenn unsere Gehirne in zwanzig Jahren nicht vollständig gewaschen sind, als herausragendes Beispiel peinlicher Anbiederung in die Annalen eingehen. Google erhält Metadaten frei Haus. Jeder weiß, dass es bei der Gründung des der HU [Humboldt-Universität] angegliederten Google-Instituts primär um Lobbyarbeit von Google im Umkreis des Berliner Parlaments ging und nicht um ein Carepaket der Onkels von der Westküste für die notleidende Studentenschaft. Und trotzdem hat man das abgenickt (und Gesine Schwan sitzt am Ende im Kontrollausschuss). Und selbstredend regnet es bei der Katalogrecherche dieser Universitätsbibliothek Cookies von Google, sozialen Netzwerken et cetera.«[344]

Die Zeit resümiert zum Fall Google – Alexander von Humboldt Institut:

»Die für ein Unternehmen vielleicht reizvollste Möglichkeit der Einflussnahme aber besteht darin, gleich ein gan-

107

zes Institut zu gründen: ein sogenanntes An-Institut – eine Forschungsstätte, die an eine Universität angegliedert ist, ihren Namen verwendet, aber rechtlich und finanziell eigenständig ist.«[345]

ENERGIEKONZERNE

»Ich kriege immer den richtigen Wissenschaftler mit den ›richtigen‹ Ergebnissen, wenn ich dafür bezahle.«[346]
Betriebsarzt des Kernkraftwerkes Neckarwestheim
bei einer öffentlichen Veranstaltung im schwäbischen
Kirchheim zum Thema Schilddrüsenkrebs
durch Strahlenbelastung

Die großen Energiekonzerne sind recht aktiv, wenn es um Einflussnahme auf die Wissenschaft geht. Sie nutzen großzügig das Instrument der Stiftungsprofessuren,[347] die finanzielle Unterstützung von wissenschaftlichen (An-)Instituten, die Vergabe von Studien zu verschiedenen Energiethemen und vergeben Stipendien oder andere Unterstützungen für Studierende oder Doktoranden. Dadurch wird versucht, die öffentliche Meinung und die politischen Entscheidungen in eine bestimmte Richtung zu bringen beziehungsweise von einer anderen Richtung abzubringen. Besonders bei der Diskussion über den Ausstieg aus der Atomenergie haben die Energiekonzerne große Energien freigesetzt, um zu versuchen, ihn zu verhindern.

Zunächst eine Kurzübersicht über einige Aktivitäten von Energiekonzernen auf dem Gebiet der Wissenschaft (statt auf dem Gebiet der Stromerzeugung).

E.ON

➤ Unterstützung des Forschungsinstituts für Energie der Rheinisch-Westfälischen Technischen Hochschule (RWTH) Aachen mit 40 Millionen Euro, unter anderem für fünf Stiftungsprofessuren,[348] oder das »E.ON Energy Research Center«[349]

➤ Mitfinanzierung des Energiewirtschaftlichen Instituts (EWI) an der Universität Köln (zusammen mit RWE circa 50 Prozent der Finanzierung)[350] und der halbstaatlichen Deutschen Energieagentur Dena

RWE

➤ Finanzierung der Stiftungsprofessur »Energieeffizienz« an der Technischen Universität Dortmund im Jahr 2008 mit einer halben Million Euro.[351] Sie wurde später zusammen mit einem anderen Lehrstuhl mit Schwerpunkt Energiesysteme und Energiewirtschaft, der durch eine frühere ABB-Führungskraft besetzt wurde,[352] zum »Institut für Energiesysteme, Energieeffizienz und Energiewirtschaft« zusammengelegt und gehört heute zu den führenden Hochschulinstituten in diesem Bereich.

➤ 2004 Einrichtung des Lehrstuhls für »Energiehandel für Finanzdienstleistungen« mit rund zwei Millionen Euro an der Universität Duisburg-Essen

➤ Mitfinanzierung des Energiewirtschaftlichen Instituts (EWI) an der Uni Köln

EnBW

➤ Verweist auf der Internetseite auf zehn Kooperationen mit Hochschulen (RWTH Aachen, HS Biberach, TU Darmstadt, TU Dresden, HS Esslingen, HS Karlsruhe, KIT, HS Offenburg, Uni Stuttgart, HS Ulm)[353]

AREVA
(französischer Konzern zur Herstellung von Energieerzeugungs-
anlagen mit Schwerpunkt in der Atomenergie)

➤ Betreiben der »AREVA Nuclear Professional School« am renommierten Karlsruher Institut für Technologie (KIT) im Institut für Kern- und Energietechnik. Dies beinhaltet Kurse
zum Thema »Kerntechnik«, Stiftungsprofessuren, Finanzierung von Doktoranden- und Projektstellen und die Bereitstel-
lung von AREVA-Mitarbeitern als Dozenten.[354]

➤ Stiftungsprofessur am Helmholtz-Zentrum Dresden Rossen-
dorf,[355] Technische Universität Dresden. Stefan vom Scheidt,
Sprecher der Geschäftsführung der AREVA in Deutschland,
sagt:

>»Für uns sind Kooperationen wie diese Gold wert. For-
>schung auf höchstem Niveau und Know-how-Transfer auf
>die nächste Generation junger Energietechniker gehen auf
>diese Weise Hand in Hand. Wir sind Weltmarktführer im
>Bereich Kerntechnologie [...] Die Studenten können bei
>AREVA Praktika machen oder Diplomarbeiten schreiben
>und ihr Wissen direkt in die Praxis übertragen.«[356]

GNS
(Unternehmen für die Entsorgung und Stilllegung kerntechni-
scher Anlagen, eine 100-prozentige Tochterfirma von E.ON,
RWE, EnBW und Vattenfall)

➤ Stiftungsprofessur zum Thema Endlager-Systeme an der TU
Clausthal, die zum Institut Endlagerforschung gehört[357]

Allein im Jahr 2013 finanzierten die Unternehmen der Energiewirtschaft 31 Stiftungsprofessuren an 19 Hochschulen.[358]

Das Energiewirtschaftliche Institut an der Universität zu Köln (EWI)

Das EWI[359] ist ein sogenanntes An-Institut, ein Institut *an* einer Universität; es beschäftigt sich mit »der energieökonomischen Forschung und Lehre sowie der Erstellung wissenschaftlich basierter Studien für die energiewirtschaftliche und energiepolitische Praxis«.[360] Neben der Forschung gehören zu den Aufgabenfeldern die Erstellung von Auftragsforschungen und Auftragsstudien für Politik und Wirtschaft. Die wissenschaftlichen Ergebnisse dienten dabei in der Vergangenheit als Hilfe für energiepolitische Richtungsentscheidungen und Gesetze.

Finanziert wird das EWI fast zur Hälfte durch E.ON und RWE.[361] Daher steht dieses An-Institut unter Verdacht, sich kaufen zu lassen. »Das EWI sieht nach einem getarnten Subunternehmen von E.ON und RWE aus«, sagte etwa die frühere Vizefraktionschefin der Grünen im Bundestag, Bärbel Höhn. »Es ist gezielte Strategie, durch finanzierte Wissenschaft und scheinbar unabhängige Personen und Institutionen Stimmung zu machen.«[362]

Auf der Website des EWI wird dagegen die Unabhängigkeit der Studienergebnisse betont.[363] Der Vorstand der Gesellschaft ist derzeit aus folgenden Personen zusammengesetzt: Dr. Dieter Steinkamp, RheinEnergie AG (Präsident), Dr. Guido Knott, E.ON AG (Vizepräsident), Ewald Woste, Thüga AG und BDEW (Vizepräsident), Prof. Dr. Marc Oliver Bettzüge (Geschäftsführender Institutsdirektor), Prof. Dr. Felix Höffler (Institutsdirektor).[364]

Die Zusammensetzung des Vorstands spricht nicht gerade für Industrieunabhängigkeit, zumal die Person Marc Oliver Bettzüge eine durch die Energiekonzerne finanzierte Stiftungsprofessur innehat[365] und bis 2007 bei der Boston Consulting Group tätig war. Er zeichnete dort vornehmlich für das Spitzenmanagement europäischer Energiekonzerne verantwortlich und wurde wegen zu großer Industrienähe von Atomkraftgegnern kritisiert.[366]

2010 wurde das EWI (sowie zwei weitere Institute) von der Bundesregierung beauftragt, ein Gutachten zu verschiedenen Energieszenarien zu erstellen, um über eine Laufzeitverlängerung für deutsche Kernkraftwerke zu entscheiden.[367] Das am 27. August 2010 fertiggestellte Gutachten[368] rief jedoch unverzüglich starke Kritik hervor. Verschiedene Verbände und Wissenschaftler bemängelten, dass die von den Forschungsinstituten zugrunde gelegten Annahmen nicht plausibel seien. Die unabhängige Organisation Germanwatch beispielsweise kritisierte, dass im Szenario mit längeren Reaktorlaufzeiten jährliche Energieeffizienzsteigerungsraten von 2,3 bis 2,5 Prozent angenommen würden, bei kürzeren Laufzeiten jedoch nur 1,7 bis 1,9 Prozent pro Jahr.[369] Durch solche und andere Verzerrungen kam das Gutachten zum Ergebnis, längere Atomkraftlaufzeiten seien günstiger.

Dieses Ergebnis war sehr im Sinne der Atomkraftwerksbetreiber, die auch das EWI kräftig finanzieren. *Die Zeit* rechnete vor, um wie viel Geld es ging. Jeder zusätzliche Tag Laufzeit bringe zusätzlichen Gewinn: Da die Atommeiler bereits abgeschrieben seien, lag der Preis für eine Kilowattstunde laut Berechnungen der Landesbank Baden-Württemberg lediglich bei 2,2 Cent. Man könne den Strom an der Börse aber zu etwa 5 Cent pro Kilowattstunde verkaufen. Die Differenz sei der Gewinn der Atomstromproduzenten. Pro Jahr betrage dieser Gewinn beinahe vier Milliarden Euro.[370]

Die Zeit kommt zu dem Schluss, die Regierung habe von Anfang an versucht, das Ergebnis in ihrem Sinne zu beeinflussen. Die Gutachter sollten lediglich den Koalitionsvertrag legitimieren, und sie hätten längere Laufzeiten der Reaktoren quasi wissenschaftlich schöngerechnet.[371]

Auch Mitarbeiter des damaligen Umweltministers Norbert Röttgen (CDU) kritisierten das Gutachten scharf, das Umweltministerium sprach von »haarsträubenden Fehlern« in diesem

Gutachten, und man warf den Verfassern des Gutachtens nun sogar Manipulation vor.[372]

Auch in Nachfolgestudien kam das EWI zu industrie-, besser: geld(geber-)freundlichen Ergebnissen.[373]

Ähnlich wie oben im Fall Google – Alexander von Humboldt Institut für Internet und Gesellschaft an der Humboldt-Universität zu Berlin, könnte man auch hier resümieren, dass die für Unternehmen »vielleicht reizvollste Möglichkeit der Einflussnahme« darin besteht, gleich ein ganzes Institut zu vereinnahmen, ein An-Institut.[374] Felix Höffler, der Institutsleiter des EWI, vertrat im August 2013 gegenüber der *Zeit* die Position, das EWI verfolge einen marktwirtschaftlichen Ansatz und sei klar positioniert, Atomkraft nicht abzulehnen.[375] Er empfinde den Vorwurf als ungerecht, das EWI lasse sich für Studien kaufen, die Arbeit sei fachlich einwandfrei.[376]

Dem ist wenig hinzuzufügen. Fachlich oder handwerklich sind auch andere durch Geldinteressen geleitete wissenschaftliche Untersuchungen, wie wir bereits gesehen haben, meist einwandfrei. Die Frage ist: Reicht es aus, Wissenschaft rein handwerklich zu definieren? Rein als Instrument? Sollte eine kritische Wissenschaft sich nicht vom rein Handwerklichen, Instrumentellen abheben, sollte sie nicht über sich selbst reflektieren? Wie legitim ist es, zuerst interessengeleitete, einseitige Grundannahmen festzulegen und dann darauf ein wissenschaftlich-handwerklich perfektes Modell aufzubauen? Wenn die Ergebnisse bereits durch die zuvor getroffenen Annahmen vorgezeichnet sind? Das führt zu der Frage: Wie einseitig sind diese fachlich-handwerklich einwandfreien Studien? Und: Ist das noch wissenschaftlich integer? Diesen Fragen werden wir noch auf den Grund gehen.

**Falsche Annahmen liefern falsche Ergebnisse –
ein Beispiel:**[377]

Der führende wirtschaftswissenschaftliche Artikel zum
Thema »Geplante Obsoleszenz-Produkte«, die so konst-
ruiert sind, dass sie vorzeitig ihren Geist aufgeben – »An
Economic Theory of Planned Obsolescence« –, stammt
von dem renommierten US-Ökonomen Jeremy Bulow und
ist 1986 in dem angesehenen Oxforder *Quarterly Journal
of Economics* erschienen. Bulow kommt in diesem Aufsatz zu dem Ergebnis, dass geplante Obsoleszenz nur ein
Problem bei Vorliegen von monopolistischen Märkten
oder Kartellen sei. Man müsse wirtschaftspolitisch lediglich darauf achten, dass auf den Märkten Wettbewerb
herrsche, dann sei geplanter Verschleiß kein Problem.[378]

Bulows Ergebnisse basieren auf vier Grundannahmen:[379]

Erstens: Kunden handeln rational und sind bereit, nur einen Preis in Höhe von maximal den diskontierten Ge-
genwartswerten aus künftigen Nutzungen des Produkts zu zahlen.

Kommentar: Da nur wenige Menschen mit der Methode des Auf- und Abzinsens vertraut sind, wirkt diese
Annahme recht realitätsfern. Wer kauft seinen Staub-
sauger im Media-Markt oder bei Saturn Hansa nach
diesen Erwägungen?

Zweitens: Es liegt vollkommene Information bei allen Beteiligten vor, insbesondere kennen Kunden bei jedem
Kauf die genaue Lebensdauer der Produkte.

Kommentar: Diese Annahme widerspricht stark der
Empirie. Die Lebensdauer fast aller langlebigeren Pro-

dukte ist dem Käufer zum Zeitpunkt des Kaufs nicht bekannt.

Drittens: Unternehmen haben von der Kostenseite her keinen Anreiz, Schundprodukte herzustellen.

Kommentar: Wie zahlreiche empirische Beispiele zeigen, trifft diese Annahme in der Realität nicht zu.

Viertens: Kunden nehmen an, dass Unternehmen keine Produkte mit niedriger Lebensdauer herstellen.

Kommentar: Zahlreiche empirische Erhebungen zeigen, dass diese Annahme nicht haltbar ist.

Die Aussagen des wissenschaftlichen Referenzartikels zum Thema »Geplante Obsoleszenz« basieren mithin auf vier wirklichkeitsfremden, empirisch nicht haltbaren Annahmen. Wenn jedoch die Annahmen, die einem Modell oder einer Untersuchung zugrunde liegen, realitätsfern sind, werden auch die Ergebnisse realitätsfern sein. Falsche Grundannahmen oder Axiome von Modellen führen zu entsprechend falschen Ergebnissen. Und genau dies ist hier der Fall. (Ebenso wie in zahlreichen pharmazeutischen Untersuchungen, wo Methode, Auswahl einer selektiven Grundgesamtheit und dergleichen, wie oben gezeigt, häufig angewendet wird und zu bestimmten gewünschten Ergebnissen führt.)[380]

Die wirklichkeitsfremden wissenschaftlichen Aussagen von Bulow führen bis heute zu einer Fehlwahrnehmung des Tatbestands »geplante Obsoleszenz«, die trotz einer Fülle von Beispielen immer wieder zum Mythos erklärt wird.[381] Die realitätsfernen Aussagen von Bulow erschweren darüber hinaus bis heute gesetzliche Gegenmaßnahmen.

Dieses Beispiel zeigt auch erneut, wie zäh sich falsche Theorien halten können. Bulows Erklärungen sind nun beinahe 30 Jahre alt, sind falsch und beeinflussen trotzdem noch immer fröhlich Politik und gesellschaftliche Wahrnehmung. Manchmal kann es sehr lange dauern, bis sich die Wahrheit Bahn bricht. Bekanntermaßen dauerte es mehrere Jahrhunderte, bis die katholische Kirche ihren Mitgliedern nicht mehr verbot, die Erklärungsansätze von Kopernikus zu lesen.

Wissenschaftler als Testimonials für Energiekonzerne

Zurück zu den Aktivitäten der Energiebranche und ihren Bestrebungen, Wissenschaft in ihrem Sinne zu instrumentalisieren. Seit Dezember 2008 ist Dr. Bruno Thomauske Lehrstuhlinhaber an der RWTH Aachen und Leiter des Instituts für Nuklearen Brennstoffkreislauf.[382] Dieser Lehrstuhl wird von RWE gesponsert.[383] Außerdem ist Thomauske Präsidiumsmitglied des Deutschen Atomforums.[384] Davor war er Leiter des Atombereichs im Energiekonzern Vattenfall.[385] In seiner Funktion als Professor für Nuklearen Brennstoffkreislauf[386] sollte Thomauske ab 2010 an einem wissenschaftlichen Gutachten (einer Sicherheitsanalyse im Wert von etwa neun Millionen Euro) über die Eignung des Salzstocks von Gorleben als mögliches geplantes Atommüll-Endlager mitarbeiten, das das Bundesumweltministerium in Auftrag gab.[387] RWE und die anderen deutschen Atomkraftwerksbetreiber hatten ein sehr großes Interesse an einem positiven Gutachten-Votum, da sie bis 2010 bereits etwa 1,5 Milliarden Euro in das Bergwerk Gorleben investiert hatten.[388]

In den Augen von Gegnern eines Gorleben-Endlagers war die Bestellung von Bruno Thomauske zum Gorleben-Gutachter

»scham- und skrupellos«. Er sei »nicht nur voreingenommen, er ist ein Atomlobbyist« zitiert die Onlineausgabe des *Focus* einen Sprecher der Bürgerinitiative Lüchow-Dannenberg.[389] Die Grünen-Atompolitikerin Sylvia Kotting-Uhl kommentierte die Berufung von Bruno Thomauske in das Expertengremium so: »Mit Thomauske ist die Analyse so ergebnisoffen wie die Lottozahlen von gestern.«[390]

Unter der Rubrik *taz enthüllt* erschien Ende Oktober 2011 in der *taz* der Artikel: »Die Geheimpapiere der Atomlobby«.[391] Der *taz* waren 79 Seiten interne Papiere zugespielt worden, welche die Hintergründe einer Pro-Atomkraft-PR-Kampagne aufzeigten, die offenbar mehr als eine Million Euro gekostet hatte.[392]

Im Oktober 2010 wurde vom Bundestag die Verlängerung der Laufzeiten für Atomkraftwerke beschlossen. Auf diesen Beschluss war von den Atomkraftwerksbetreibern im Vorfeld durch eine PR-Aktion aktiv hingearbeitet worden. Im Frühjahr 2008 wurde vom Deutschen Atomforum[393] – einem Zusammenschluss der vier Betreiber deutscher Kernkraftwerke – eine PR- und Lobby-Agentur damit beauftragt, »bis zur Bundestagswahl im Herbst 2009 einen Meinungsumschwung für die Atomkraft in Deutschland zu erreichen«.[394] In den internen Papieren dazu heißt es unter anderem:

»Die Lobbyagentur analysiert, dass es die Glaubwürdigkeit der Botschaften erhöht, wenn sie aus dem Munde von unabhängigen Personen kommen. In den internen Unterlagen heißt es, man solle ›hochrangige Wissenschaftler‹ verschiedener Disziplinen sowie anerkannte ›moralische Instanzen‹ einbinden.«[395] Auch ein Gefälligkeitsgutachten eines Professors war geplant, kam jedoch nicht zustande.[396]

Das Interessante an dieser legalen PR-Kampagne im Kontext dieses Buches ist: Hier wird offen ausgesprochen, dass Botschaften von »unabhängigen Personen« glaubwürdiger sind und dass man daher »hochrangige Wissenschaftler« für seine Zwecke einbinden sollte. Dieses Instrument wird also vollkommen bewusst eingesetzt – Instrument Wissenschaft, instrumentalisierte Wissenschaft, instrumentalisierte Wissenschaftler.

WASSERWIRTSCHAFT

Spätestens seit dem französisch-deutschen Film *Water makes money* von 2010, der für den deutsch-französischen Journalistenpreis 2012 nominiert und mit dem Kant-Weltbürgerpreis 2014 ausgezeichnet wurde,[397] ist die Frage der Wasserprivatisierung auch in der Öffentlichkeit umstritten. Der Film spricht von undurchsichtigen Verträgen im Zusammenhang mit öffentlich-privaten Partnerschaften in der Wasserwirtschaft, von ungerechtfertigten Wasserpreissteigerungen und von Korruption. In diesem Zusammenhang[398] ist es interessant, dass große Versorgungskonzerne Stiftungslehrstühle an Universitäten sponsern. Beispielsweise finanziert Veolia, der Weltmarktführer im Wassersektor, seit 2006 die Stiftungsprofessur »Siedlungswasserwirtschaft« an der TU Berlin,[399] der Remondis-Konzern richtete über seine Tochter Eurawasser Nord GmbH im Juni 2013 an der Universität Rostock eine Stiftungsprofessur »Wasserwirtschaft« ein.[400] »Bisherige Erfahrungen zeigen, dass auf solchen Lehrstühlen keine Kritik an den Sponsoren aufkommt«,[401] meint der Bürgerrechtsaktivist Werner Rügemer sicherlich nicht zu Unrecht. Hier dürfte mehr oder weniger subtiler Einfluss auf Wissenschaft und die öffentliche Meinung genommen werden, nicht zuletzt um bei diesem lukrativen Geschäft in der heiklen Frage der Privatisierung öffentlicher Wasserversorgungsnetze die Stimmung zugunsten der großen privaten Versorgungskonzerne zu beeinflussen. Ähnliches dürfte für das »Kompetenzzentrum Wasser Berlin« gelten, das 2013 zu mehr als 56 Prozent durch Veolia finanziert wurde.[402] Interessant in diesem Zusammenhang ist auch hier – wie so oft –, dass diese Zentren als Non-Profit-Organisationen betrieben werden. Die dahinterstehenden For-Profit-Unternehmen ernten dann später häufig die Ergebnisse.

ARBEITGEBERVERBÄNDE

»Es kann doch nicht sein, dass wir einfach sagen, gut, wir bezahlen ein paar Millionen, und nachher macht ihr damit, was ihr wollt.«[403]

Aussage des Stiftungsratspräsidenten Joseph Deiss,
der Stiftungsmittel des Industriellen Adolphe Merkle
für die Universität Freiburg verwaltet

Nicht nur einzelne Unternehmen sind aktiv, wenn es um die Einflussnahme auf Hochschulen und Hochschulforscher geht, sondern auch Industrieverbände. Insbesondere auf dem Gebiet des Arbeitsmarktes werden häufig starke Interessenkämpfe ausgetragen, nicht nur politisch, sondern auch auf wissenschaftlicher Ebene. So überrascht es nicht, dass Arbeitgeberverbände, die über reichliche finanzielle Mittel verfügen, durch Sponsoring versuchen, ihnen nahestehende Wissenschaftler in diesem Meinungskampf zu unterstützen. Davon handelt das nächste Kapitel.

Das Zentrum für Arbeitsbeziehungen und Arbeitsrecht an der Ludwig-Maximilians-Universität München (ZAAR)

Das Zentrum für Arbeitsbeziehungen und Arbeitsrecht an der Ludwig-Maximilians-Universität München (ZAAR) ist ein klassisches An-Institut, ein Institut *an* einer Universität, das 2004 seine Arbeit aufnahm. Das ZAAR wird getragen von der arbeitgeberfinanzierten Stiftung für Arbeitsbeziehungen und Arbeitsrecht (StAR) und ist eine staatlich anerkannte wissenschaftliche Einrichtung an der Ludwig-Maximilians-Universität München. Es finanziert sich durch die Erträge von 55 Millionen Euro Stiftungskapital, das durch drei Stifter, die Arbeitgeberverbände der bayerischen und baden-württembergischen Metallindustrie sowie den Bundesarbeitgeberverband Chemie, eingebracht wurden. Das Zentrum beschäftigt derzeit knapp 50 Mitarbeiter. Organisatorisch gliedert es sich in drei Abteilungen, die sich mit deutschem, europäischem und internationalem Arbeitsrecht sowie mit Sozialversicherungsrecht beschäftigen und von den drei Professoren Rieble, Junker und Giesen geleitet werden.[404]

Ein Ziel des ZAAR ist auch die Zusammenarbeit mit der LMU München. Die Professoren des Forschungszentrums sind zugleich ordentliche Professoren an der Juristischen Fakultät der Ludwig-Maximilians-Universität, lehren dort, fördern deren wissenschaftlichen Nachwuchs und führen dort wissenschaftliche Veranstaltungen durch.[405]

Das ZAAR sagt von sich selbst, dass es ein unabhängiges wissenschaftliches Institut sei. So heißt es in einem eigenen Unterpunkt »Unabhängigkeit« auf der Homepage, dass die wissenschaftliche Unabhängigkeit sichergestellt sei durch:

> ➤ *Erstens:* individuelle Unabhängigkeit der beteiligten Professoren,
> ➤ *Zweitens:* organisatorische Unabhängigkeit, indem die Stif-

tung als Rechtsträger »der Wissenschaft und nicht den Stiftern verpflichtet« sei und

➤ *Drittens:* finanzielle Unabhängigkeit, da das Institut sich allein aus den Zinserträgen des Stiftungsvermögens finanzieren kann und daher die »ZAAR-Professoren nicht unter dem Druck stünden, Drittmittel einwerben zu müssen«.

Laut Paragraf 2 der Stiftungssatzung verfolgt das Institut »ausschließlich und unmittelbar gemeinnützige Zwecke« und ist »*selbstlos tätig.*«[406] Das Postulat der Unabhängigkeit wird sowohl auf der Website wie auch bei der Gründungsveranstaltung 2003 erstaunlich oft betont, als ob man etwas beteuern müsse, woran leicht Zweifel aufkommen könnten.

Und diese Zweifel sind mehr als berechtigt. Zwei Journalisten der *Zeit* schildern ihre Eindrücke von einer Veranstaltung, zu der das ZAAR (Richard Giesen, Leiter Abteilung III, Sozialversicherungsrecht) im September 2011 eingeladen hatte.[407] Demnach ging es auf der Tagung mit dem Titel »Freie Industriedienstleistungen als Alternative zur regulierten Zeitarbeit« darum, dass eine Methode »ausgetüftelt und juristisch festgezurrt« werden sollte, »mit der Unternehmen ihre ohnehin schon billigen Leiharbeitnehmer durch noch billigere Beschäftigte ersetzen« könnten. »Die Arbeitgeber auf der Tagung glaubten«, so die *Zeit,* »kein Blatt vor den Mund nehmen zu müssen, weil sie glaubten, unter sich zu sein.« Volker Rieble (Leiter Abteilung I des ZAAR) sprach auf der Tagung von der »kollektiven Bräsigkeit« des DGB. Es ging unter anderem darum, wie man die die Löhne verteuernden gesetzlichen Neuregelungen, die die Bundesregierung im Frühjahr 2011 erlassen hatte, umgehen könne – zugunsten der Arbeitgeber und zulasten der Entgelte der Arbeitnehmer.

Der Jurist Volker Rieble verglich gegen Ende der Tagung das Ringen um die Lohnhöhe und die Arbeitnehmerrechte mit einem Schachspiel. Die auf der Tagung vorgestellten Werkverträge seien der neueste Zug der Arbeitgeber. »Aber auch der Gegner wird ziehen«, gibt Rieble zu bedenken. Mit den Gegnern sind die Gewerkschaften, Betriebsräte und der Gesetzgeber gemeint.[408] Diese Ausführungen der *Zeit* zeigen mit erfrischender Offenheit, wo die »Freunde« und wo die »Gegner« des ZAAR stehen, wie einseitig arbeitgebernah offenbar das ZAAR ist – trotz aller Beteuerungen des Gegenteils, trotz aller Hinweise auf seine Unabhängigkeit.

Auf der Homepage der IG Metall ist zum ZAAR beziehungsweise zu dessen langjährigem Direktor Volker Rieble zu lesen:

> »Rieble zählt zum Kreis der Hochschullehrer, die scheinbar unabhängig und im Dienst von Forschung und Lehre auftreten, sich aber tatsächlich von Arbeitgebern finanzieren lassen. Mit ZAAR steht den Unternehmen ein Arbeitsrechtsprofessor einer renommierten Hochschule zur Seite, der sie in Sachen Lohndumping schult und zum Streikbrechereinsatz durch Leiharbeiter ermuntert. Ähnlich wie die INSM (Initiative Neue Soziale Marktwirtschaft) handelt es sich bei ZAAR um eine verdeckt arbeitgeberfinanzierte Einrichtung. Mit Randolf Rodenstock gibt es personelle Überschneidungen zwischen INSM und dem Stiftungskuratorium.«[409]

Die *taz* betont in einem Artikel vom 2. Juli 2011, dass Volker Rieble vom ZAAR sich »auffällig oft für die Sache der Arbeitgeber« einsetze.[410] So habe er im Falle einer Kassiererin, die Pfandbons im Wert von 1,30 Euro – die vermutlich ein Kunde verloren hatte – für private Einkäufe verwendet hatte, diese Kassiererin als »notorische Lügnerin« bezeichnet und »zusätzlich zur fristlosen Kündigung auch die Einleitung eines Strafverfahrens« gefordert. Mitte 2011 setzte er sich demnach auch »für ein Unternehmen ein, das Detektive als verdeckte Ermittler angeheuert hatte, die dann Mitarbeiter und Betriebsratsmitglieder bespitzelten«.[411]

Die *taz* sieht den Grund für diese einseitige industrienahe und arbeitgebernahe Argumentation in der Finanzierung durch die Arbeitgeberverbände und bezeichnet das ZAAR »als eine Art verlängerte Rechtsabteilung der Arbeitgeber mit dem Siegel einer staatlichen Universität«.[412] Das dürfte, wenn auch etwas pointiert, so doch den Nagel auf den Kopf treffen.

Zur Untermauerung dieser Ansicht zitiert die *taz* den emeritierten Konstanzer Arbeitsrechtsprofessor Bernd Rüthers: »Die Arbeitgeber werden nicht einfach 55 Millionen Euro zu karitativen Zwecken geben. [...] Ich kann nicht verstehen, wie eine renommierte Universität es hinnehmen kann, dass sich Interessenverbände Einfluss auf die universitäre Forschung verschaffen.«[413]

Wahre Worte. Rufen wir uns noch einmal in Erinnerung, was das ZAAR selbst über sich sagt: Es sei in jeder Beziehung unabhängig, »der Wissenschaft und nicht den Stiftern verpflichtet«, verfolge »ausschließlich und unmittelbar gemeinnützige Zwecke« und sei »selbstlos tätig«.[414] Welche Diskrepanz zur Wirklichkeit!

Der damalige Bayerische Staatsminister für Wissenschaft, Forschung und Kunst, Dr. h. c. Hans Zehetmair, sagte beim Festakt anlässlich der Errichtung des ZAAR (genauer: dem StAR, deren Träger) am 4. September 2003: »Eine Einrichtung, die sich in den Verdacht bringt, Sprachrohr oder verlängerter Arm einseitiger Interessen zu sein, wird nicht die gewünschte Akzeptanz und kein Gehör finden – sie verdiente dann auch nicht den Namen eines wissenschaftlichen Exzellenzzentrums.« Genau dieser Fall scheint jedoch eingetreten zu sein, ja mehr noch: Es war bei der Gründung offenbar bereits besiegelt, dass natürlich von vornherein nur Leute berufen würden, die »der Arbeitgeberseite nahestehen«, wie der Arbeitsrechtsprofessor Wolfgang Däubler von der Universität Bremen laut *taz*[415] sagte.

Wie anhand persönlicher Erfahrungen bereits geschildert, unterliegt die Berufung von Stiftungsprofessoren strukturell einem »Bias«, einer Schräge zugunsten der Stiftungsgeber.[416] Dies war offenkundig auch bei den Berufungen des ZAAR der Fall. Stiftungsprofessuren in dieser Form sind daher grundsätzlich falsch – ein Irrweg.[417]

AUTOMOBILINDUSTRIE

Als ein Beispiel für Aktivitäten der Automobilindustrie im Bereich Wissenschaft soll die Audi AG herangezogen werden. Dabei geht es nicht um Unregelmäßigkeiten oder Vorwürfe gegenüber Audi beziehungsweise dem Volkswagenkonzern, sondern es soll anhand der Aktivitäten von Audi dargestellt werden, wie Autokonzerne strukturell Einfluss auf Wissenschaft und Forschung an staatlichen Hochschulen ausüben. Ähnliche Aktivitäten entfalten auch die anderen Automobilhersteller, wenn auch vielleicht nicht so konzentriert auf einen Standort.

Aktivitäten der Audi AG im Bereich Wissenschaft

Audi finanziert derzeit fünf Stiftungsprofessuren,[418] und unterhält in Deutschland sieben enge Wissenschaftskooperationen in Form von Forschungsinstituten. Eines davon sind die INI.TUM, die Ingolstadt Institute der Technischen Universität München. Auf deren Website heißt es:

>»Ziel der Außenstelle der TU München in Ingolstadt ist es, durch die enge Kooperation mit der AUDI AG ein regionales Kompetenzzentrum zu schaffen, in dem Wissenschaft und Praxis Hand in Hand gehen. Ein Schwerpunkt der Ingolstadt Institute der TU München ist die Bearbeitung moderner Forschungsthemen zur Fahrzeugtechnik. Dabei erfolgt eine Qualifizierung von jungen Ingenieuren, die ihr zukünftiges Betätigungsfeld in der Fahrzeugtechnik sehen.[419]

Insgesamt betreibt Audi derzeit sechs solcher gemeinsamer Forschungsinstitute in Ingolstadt und eines in Neckarsulm: die Ingolstadt Institute der Ludwig-Maximilians-Universität München (INI.LMU),[420] die Ingolstadt Institute der Katholischen Universität Eichstätt-Ingolstadt (INI.KU), die Ingolstadt Institute der Friedrich-Alexander-Universität Erlangen-Nürnberg (INI.FAU), das Institut für Angewandte Forschung, Technische Hochschule Ingolstadt (IAF), das Ingolstadt Institut der Universität der Bundeswehr München (INI.UniBw)[421] sowie die Hochschulinstitute Neckarsulm (HIN), wo Audi mit der Universität Stuttgart, dem Karlsruher Institut für Technologie (KIT) und der Hochschule Heilbronn kooperiert.[422]

Audi unterhält zwölf strategische Hochschulpartnerschaften. Darüber hinaus fördert Audi Jungakademiker im Rahmen von Wissenschaftsprojekten. 2012 promovierten »circa 130 Wissenschaftlerinnen und Wissenschaftler im Rahmen der von Audi finanzierten Wissenschaftsprojekte. Rund zwei Drittel dieser Promotionen werden mit einer strategischen Audi Partnerhochschule durchgeführt. Den Doktoranden wird ein umfassendes Betreuungsprogramm vonseiten des Unternehmens angeboten. Mehr als 75 Prozent der Wissenschaftler konnten 2012 nach dem Abschluss ihrer Promotion in ein festes Anstellungsverhältnis im Audi Konzern übernommen werden«, heißt es im *Corporate Responsibility Report 2012* von Audi. Außerdem waren im Jahr 2012 115 Audi-Mitarbeiter als Lehrbeauftragte mit über 150 Lehraufträgen an verschiedenen Hochschulen tätig und trugen so »zum Wissenstransfer zwischen Forschung und Industrie und zur Nachwuchssicherung«[423] bei.

Audi und die Hochschule Ingolstadt
Besonders intensiv ist naheliegenderweise die Beziehung von Audi zur Technischen Hochschule Ingolstadt, da sich in Ingolstadt der Firmensitz und der Hauptproduktionsstandort von

Audi befindet. Audi finanziert an der Hochschule Ingolstadt aktuell drei Stiftungsprofessuren. Einer der drei Stiftungsprofessoren, Dr. Michael Botsch, war vor seiner Berufung an die TH Ingolstadt von 2008 bis 2013 bei Audi als Entwicklungsingenieur im Bereich »Aktive Fahrzeugsicherheit« beschäftigt.[424] Audi ist durch Dr. Hubert Waltl, Produktionsvorstand, im Hochschulrat vertreten.[425] Der Hochschulrat wählt unter anderem die Mitglieder der Hochschulleitung und nimmt Entscheidungs- und Kontrollaufgaben wahr. Vor Hubert Waltl war Dr. Dreves als Vorstandsmitglied der Audi AG im Hochschulrat vertreten. Nach seinem Ausscheiden aus dem Vorstand und dem Hochschulrat wurde Herr Dreves zum stellvertretenden Vorstand der Freunde und Förderer der Fachhochschule Ingolstadt e.V.[426] ernannt. Eines der fünf Mitglieder der Hochschulleitung ist Prof. Dr. Thomas Suchandt (Vizepräsident), der sechs Jahre lang als Konstrukteur bei Audi tätig war.[427]

Das CARISSMA-Forschungsprojekt
Die Technische Hochschule Ingolstadt erhielt im Jahr 2010 durch den deutschen Wissenschaftsrat den Zuschlag für den Neubau einer großen Forschungsanlage namens »CARISSMA« (Center of Automotive Research on Integrated Safety Systems and Measurement Area). Baubeginn war 2014. Die Finanzierung im Wert von etwa 28 Millionen Euro übernehmen zu je 50 Prozent der Bund und das Land Bayern.[428] Ziel des Forschungsprojekts ist es, die Sicherheit für Pkw-Fahrzeuginsassen zu erhöhen: »Trotz der ›Vision Zero‹ – dem Fernziel einer Reduktion auf null Verkehrstote – verunglücken jährlich rund 39 000 Menschen tödlich auf Europas Straßen.«[429] Die Forschung dafür ist stark technisch orientiert: Es werde »Testanlagen für Ersatzversuche in einem frühen Entwicklungsstadium sowie Anlagen für mechanische Komponententests, Einrichtungen für Fahr-, Verkehrs-, Fahrzeug- und Komponentensimu-

la-tionen sowie ein Fahrdynamik- und Fahrzeugtestgelände« geben.[430]

Auf der Internetseite zu CARISSMA werden die gesellschaftliche Relevanz und Verantwortung des Projekts hervorgehoben: »Der Gesellschaft verpflichtet – gemeinsam in eine sichere Zukunft.«[431] Unter der Überschrift »Gesellschaftspolitische Relevanz« werden die Vorteile des Projekts herausgestellt, und es wird Artikel 3 der Allgemeinen Erklärung der Menschenrechte der Vereinten Nationen zitiert: »Jeder hat das Recht auf Leben, Freiheit und Sicherheit der Person.«[432] Dazu wolle man durch dieses große Forschungsinstitut beitragen.

Dieses zu 100 Prozent öffentlich finanzierte neue große Forschungszentrum bietet für Automobilbauer und deren Zulieferer eine ideale Möglichkeit, ihre Fahrzeuge besonders im Hinblick auf die Sicherheitssysteme zu testen und neue Sicherheitssysteme zu entwickeln.[433]

Die wissenschaftliche Leitung des Instituts untersteht Dr. Thomas Brandmeier, der vor seiner Berufung zum Professor an der TH Ingolstadt 2003 elf Jahre im Dienste von Siemens VDO stand, sowie Prof. Dr. Michael Botsch, der vor seiner Berufung auf die Audi-Stiftungsprofessur 2013 bereits etwa fünf Jahre für Audi tätig war.[434]

Mitglieder im neunköpfigen Wissenschaftlichen Beirat des CARISSMA-Projekts, die wichtige Grundsatzentscheidungen treffen,[435] sind drei Vertreter von Audi: Heinz Peter Hollerweger (Leiter der quattro GmbH), Dr.-Ing. Peter F. Tropschuh (Leiter Corporate Responsibility und Wissenschaftskooperationen) sowie Michael Neumeyer (Leiter Entwicklung Gesamtfahrzeug AUDI AG). Ein Vertreter kommt von Continental Automotive, Dr. Ralf Schnupp, ein weiterer Vertreter aus der Industrie. Drei Mitglieder kommen aus der Wissenschaft und ein Mitglied aus der Politik.[436] Die Mehrheit in diesem Gremium stellen Industrievertreter (fünf von neun), ein Drittel der Mitglieder im Wissenschaftlichen Beirat ist von Audi (drei von neun). Im Gremium sind keine Vertreter von zivilgesellschaftlichen Organisationen oder Non-Governmental Organisations (NGO) wie Umweltschutzverbänden oder Ähnlichem.

Das Forschungsinstitut ist also sowohl seitens des Wissenschaftlichen Beirats als auch seitens der Leitung maßgeblich von Industrievertretern direkt oder indirekt von industrienahen Persönlichkeiten beeinflusst. Eine hervorgehobene Rolle spielt dabei direkt und indirekt Audi.

Schlussfolgerung: Diese Ausführungen zu Audi sollen herausarbeiten, wie weitreichend die Bestrebungen von Automobilkonzernen sind, in das Feld der öffentlichen beziehungsweise öffentlich finanzierten Wissenschaft einzudringen und dort Einfluss in ihrem Sinne auszuüben. Bei dieser Einflussnahme steht im Normalfall das Konzerninteresse im Vordergrund, nicht das Allgemeininteresse. Die Geschäftspolitik der Großunternehmen ist praktisch ausschließlich am Shareholder Value ausgerichtet, an den Interessen der Unternehmenseigentümer. Diese, die Aktionäre, erwarten im Normalfall maximale Gewinne, sonst werden die Aktien über die Kapitalmärkte verkauft und stattdessen Aktien erfolgreicher Konkurrenten oder Aktien anderer Branchen gekauft.

Kein Großunternehmen kann es sich in diesen Zeiten des harten Wettbewerbs an den Güter- und Kapitalmärkten leisten, Geld zu verschenken. Mit der Vergabe von Geld, beispielsweise für Stiftungsprofessuren, wird praktisch immer ein Zweck verfolgt: der Zweck, die Gewinne zu erhöhen. Konzerne sind keine Wohltätigkeitsvereine.[437]

Wie wir nun bereits gesehen haben, stimmen die Gewinninteressen der großen Konzerne selten mit den Allgemeininteressen überein. Normalerweise ist das Gegenteil der Fall.[438] Angewendet auf die Wissenschaftsaktivitäten der Automobilindustrie (sowie anderer Branchen) bedeutet dies: Es geht bei der Einflussnahme auf die öffentlich finanzierte und getragene Wissenschaft durch Industrievertreter oder Industriegelder nur um die Vertretung einseitiger, egoistischer Gruppeninteressen.[439] Auf politischer Ebene lautet das verharmlosende Wort dafür Lobbying. Selbst wenn die Einflussnahme völlig gesetzestreu,[440] ohne jegliche Unregelmäßigen, ohne Skandale abläuft, findet eine falsche, dem Allgemeininteresse zuwiderlaufende Weichenstellung statt. Forschungsaktivitäten werden in eine Richtung kanalisiert, die der Öffentlichkeit schadet oder zumindest wenig nützt.

Alternativen

Werfen wir noch einen letzten Blick auf das große, mit öffentlichen Geldern aller Bürger finanzierte CARISSMA-Forschungsprojekt der TH Ingolstadt. Was ist an der Dominanz von Industrie-, vor allem von Automobilindustrievertretern bei CARISSMA falsch? Das Projekt soll die Verkehrssicherheit erforschen, soll zu weniger Todes- und Unfallopfern im Straßenverkehr führen. Was wird konkret erforscht? Hauptsächlich technische Möglichkeiten, die Unfallopfer zu reduzieren. Bisherige Anstrengungen der Automobilindustrie in dieser Richtung waren beispielsweise die Einführung von Sicherheitsgurten oder Airbags.[441] Dagegen ist nichts einzuwenden, im Gegenteil, es vermindert die Zahl der Unfallopfer. Zugleich war es für die Automobilhersteller sehr lukrativ, da dadurch die Autos aufwendiger und damit teurer wurden und es den Umsatz angekurbelt hat.

Eine ganz andere Fragestellung aber wäre: Was könnte man *außer* oder *statt* technischer Möglichkeiten mit 28 Millionen Euro Steuergeldern erforschen? Bei den derzeitigen Forschungstätigkeiten der Automobilkonzerne oder auch CARISSMA wird implizit als gegebene Konstante ein bestimmtes, mehr oder weniger wachsendes Pkw-Straßenverkehrsaufkommen vorausgesetzt, *nicht* hinterfragt. Warum eigentlich? Genau das könnte man doch auch einmal hinterfragen oder erforschen.

Eine alternative Fragestellung, um die Zahl der Unfallopfer im Straßenverkehr zu verringern, könnte beispielsweise lauten: Wie können wir den individuellen Straßenverkehr mit seinen negativen ökologischen und gesundheitlichen Auswirkungen reduzieren und umsteigen auf öffentliche Verkehrsmittel? Die Schweiz etwa hat ein äußerst attraktives Bahnangebot, und Schweizer Bürger reisen ungewöhnlich viel mit der Bahn. Könnte das ein Vorbild auch für unsere Verkehrspolitik sein? Wäre es nicht möglich, die öffentlichen Verkehrsmittel zu fördern und dadurch zu verbilligen, um Staus zu vermeiden? Sollte man den individuellen Straßenverkehr unattraktiver machen, etwa durch Straßenbenutzungsgebühren, Parkplatzverteuerungen oder indem man eine City-Maut einführt (wie beispielsweise in London), damit unsere Städte leiser, weniger luftverschmutzt und damit lebenswerter für uns und unsere Kinder[442] werden? Oder sollte man nach norwegischem Vorbild strenge Geschwindigkeitsbegrenzungen und eine Luxussteuer auf teure Autos einführen, die besonders umweltschädlich sind? In Norwegen ist der Verkehrsfluss dadurch sehr ruhig geworden, und man sieht kaum große Luxuswagen auf den Straßen.

Dies alles *könnten* Fragestellungen für eine Reduzierung der Verkehrstoten und -verletzten sein, aber daran haben Vertreter von Audi oder anderen Automobilkonzernen kein Interesse. Im Gegenteil: Derartige Problemstellungen und breite öffentliche Diskussionen darüber gilt es im Konzerninteresse gerade zu vermeiden. Durch das CARISSMA-Forschungsprojekt jedenfalls wird es *nicht* erforscht. Es sei denn, dessen Leiter und Wissenschaftlicher Beirat wäre statt von Vertretern der Automobilindustrie von Vertretern von BUND, Greenpeace oder dem Verkehrsclub Deutschland (VCD) dominiert. Das wäre wohl der Albtraum von sogenannten Premium-Autoherstellern.[443] Das würde ja zu Umsatz- und Gewinnrückgängen führen.

Aber das Gegenteil ist der Fall: Die derzeitige Auslegung des

CARISSMA-Projekts fördert die Automobilindustrie in großem Maße, und nicht zuletzt auch die Aktionäre, auf deren Wohlwollen die Geschäftspolitik der Konzerne ausgelegt ist. Ein Teil der öffentlichen Gelder in Höhe von 28 Millionen Euro erhöht die Konzern-Dividenden und kommt damit der sehr kleinen und sehr wohlhabenden Bevölkerungsgruppe der Unternehmenseigentümer zugute (im Falle Audi überwiegend den Familien Piëch und Porsche, die ein geschätztes Familienvermögen von gut 44 Milliarden Euro besitzen).[444] Kann das im Sinne aller Bürger und Steuerzahler sein, denen die 28 Millionen Euro *nicht* zugutekommen, dass die Automobilindustrie und ihre wohlhabenden Eigentümer mit öffentlichen Mitteln auch noch subventioniert werden? Man könnte die 28 Millionen Euro genauso gut dem Sozialhaushalt zuschlagen und zum Beispiel die Schulbildung oder den Umweltschutz fördern oder einfach Hartz IV aufstocken. Warum forscht die Automobilindustrie nicht ausschließlich mit ihren eigenen (nicht gerade kargen) Mitteln? Weshalb müssen dafür öffentliche Hochschulen instrumentalisiert werden?

Vor diesem Hintergrund der Instrumentalisierung öffentlicher Hochschulen sind auch die anderen oben ausgeführten Aktivitäten von Audi zu sehen – andere Autokonzerne tun weitgehend dasselbe, Audi dient hier lediglich der Illustrierung. Die zahlreichen Promotionsverfahren und Lehraufträge, die Forschungskooperationen, die Audi sponsert, sie alle dienen letztlich nur einem Zweck. Sie stellen im Endeffekt eine Instrumentalisierung von öffentlicher Forschung und Wissenschaft zugunsten der Automobilindustrie dar. Sie sind Ansätze, die öffentliche und die freie Wissenschaft in den Dienst von Konzerninteressen zu stellen. Sie sind also gerade nicht zweckfrei, wie wahre Wissenschaft sein sollte.

Die 28 Millionen Euro Steuergelder dürften jedenfalls nur zu einem sehr geringen Teil den Interessen der Allgemeinheit dienen. Niemand kann sich anmaßen zu wissen, was das Wohl der Allgemeinheit ist, allerdings sei die Frage erlaubt: Warum geben viele Industrievertreter, industrienahe oder Industriegelder-empfangende Wissenschaftler vor, im Namen der Allgemeinheit zu sprechen? Ist das nur ein Vorwand?[445]

Um herauszufinden, was wirklich »dem Wohle der Allgemeinheit« dient oder welche Maßnahmen und Forschungsvorhaben im Allgemeininteresse liegen, brauchte man einen offenen, öffentlichen, partizipativen Forschungsdiskurs, wie ihn beispielsweise die zivilgesellschaftliche Forschungsplattform »Forschungswende« vorschlägt, hinter der renommierte unabhängige Wissenschaftler stehen.[446]

Warum und von wem werden Projekte in dieser Form ausgeschrieben und festgelegt? Durchaus könnte man ja über Projekte in einem öffentlichen Diskursprozess abstimmen. Warum findet ein solcher Diskurs, eine solche Einbindung verschiedener gesellschaftlicher Vertreter, beispielsweise zivilgesellschaftlicher Gruppierungen, nicht statt? Wie kann es sein, dass bestimmte Interessengruppen die Deutungshoheit darauf beanspruchen, was zu erforschen ist und was nicht, und sie meist sogar haben? Dieser Frage werden wir uns im Kapitel »Forschung und Staatsgelder« näher zuwenden.

Andere Aktivitäten von Automobilherstellern

Die ZDF-Sendung *Frontal 21* berichtete am 9. April 2013 über das zu 40 Prozent durch die Fahrzeugindustrie finanzierte Institut für Kraftfahrzeuge »ika« an der RWTH Aachen, das Gefälligkeitsgutachten für die Automobilindustrie schreibe.[447] 2013 wurde demnach auf EU-Ebene über die Absenkung der CO_2-Grenzwerte bei Pkw diskutiert. Genau zu diesem Zeitpunkt sei eine vom Bundeswirtschaftsministerium (!) bei ika in Auftrag gegebene Studie[448] erschienen, die für die Käufer von Pkw sehr hohe Kosten (1900 Euro pro Auto) durch die Verschärfung von

Umweltstandards hervorhob. Dadurch sollte laut *Frontal 21* Stimmung gemacht werden gegen die Verschärfung von Umweltstandards. Laut ADAC sei diese Studie jedoch »eindeutig irreführend«, die Kosten seien zu hoch ausgewiesen.

Ähnliches zum ika berichtet die *taz* am 28. Mai 2013 unter der Überschrift »Wirtschaft forscht«.[449] Die *taz* zitiert einen Vertreter des Verkehrsclub Deutschland (VCD): »Kenner der Umweltszene wissen, dass das ika oft sehr industriegefällige Gutachten erstellt.«[450] Leiter des ika ist Prof. Dr.-Ing. Lutz Eckstein, der auf Nachfrage der *taz* zum Thema »Nähe zur Autoindustrie« nach deren Angaben recht schweigsam sei.[451] Das ika beschäftigt derzeit mehr als 135 fest angestellte Mitarbeiter und rund 200 studentische Hilfskräfte und sagt von sich, es betreibe »ganzheitliche Forschung«.[452] Was immer das heißen mag. In den Augen des VCD offenbar nicht ganzheitlich im Sinne von Einbeziehung der Umweltauswirkungen. Auch auf der Homepage ist das Institut, was die Finanzierung durch die Fahrzeugindustrie anbelangt, recht schweigsam. Hinweise auf die Finanzierung durch die Automobilindustrie oder ihre Zulieferer sind auf der Webseite nur sehr schwer zu finden.[453]

INDUSTRIEEINFLUSS AUF KITAS UND SCHULEN

Vermutlich noch deutlich schädlicher als der Einfluss von Industriegeldern auf Hochschulen ist derjenige auf Kinder und Jugendliche, da Minderjährige sehr viel leichter manipulierbar sind als Erwachsene. Daher sollen im folgenden Kapitel Anstrengungen von Industrieunternehmen kurz skizziert werden, mit Geld Einfluss auf Minderjährige zu nehmen – zugunsten der Gewinne und zulasten unserer Kinder.

Studien zur Nutzung von Computer, Smartphones, Spielkonsolen, Fernsehen

Die Mediennutzung (Fernsehen, Video, DVD, Internet, Computerspiele) von deutschen Neuntklässlern betrug im Jahr 2009 etwa 7,5 Stunden pro Tag.[454] Häufig wird in den Medien der Eindruck erweckt, Computer oder andere elektronische Medien machten Kinder schlauer, erleichterten das Lernen und verbesserten die Lernfähigkeit von Kindern. Laut Manfred Spitzer, dem Psychiater und Leiter der Psychiatrischen Universitätsklinik Ulm und des Transferzentrums für Neurowissenschaften und Lernen, sind »fast alle Studien zum Lernerfolg beim Computereinsatz in der Schule [...] nicht von ungefähr von der Computerindustrie und den Telefongesellschaften angestoßen und gesponsert«, zitiert er einen Insider. Tatsächlich gäbe es »bis heute keine unabhängige Studie, die zweifelsfrei nachgewiesen hätte, dass Lernen allein durch die Einführung von Computern und Bildschirmen in Klassenzimmern effektiver wird«.[455] Spitzer führt – gestützt auf eine Vielzahl von Studien – aus, dass im Gegenteil Computer und Bildschirme dem Lernen und der Gedächtnisentwicklung von Schülern schaden, und kommt zu dem allgemeinen Ergebnis: »Bildschirme schaden der Bildung«,[456] machten unempathisch und träge. Auch frühkindliches Fernsehen schade den kognitiven Fähigkeiten, wie diverse Studien zeigten. Er fragt daher, wie es komme, dass man so häufig das Gegenteil höre? »Die Antwort ist relativ einfach: Es geht um Geld!«[457] So zweifelte beispielsweise der Disney-Konzern laut einer Meldung der Fachzeitschrift *Science* vom 4. August 2007 die negativen Ergebnisse einer Studie zum Baby-Fernsehen und Baby-Einstein-DVDs an und versuchte zwei Jahre lang, diese zu unterdrücken. Allerdings nahm der Konzern ab Oktober 2009 die DVDs bei voller Kostenerstattung zurück. Das geschah laut Spitzer durch die Konzernleitung »keineswegs aus Freundlichkeit, sondern weil sie davor Angst hatte, empörte Kunden könnten mehr wollen als nur ihr Geld für die nutzlose DVD zurück. Schließlich wurde Kindern Schaden zugefügt! [...] Manche Eltern verklagen derzeit den Disney-Konzern wegen bewusst herbeigeführter Schädigung ihrer Kinder.«[458]

Spitzer kommt in seinem sehr aufschlussreichen Buch *Digitale Demenz* von 2014 zu dem Schluss: »Im Übrigen sollten Sie auch keinem Experten vertrauen, bevor Sie nicht recherchiert haben, woher die betreffende Person ihr Einkommen bezieht! Wie in diesem Buch mehrfach besprochen, hat die digitale Lobby viel Geld und setzt es ein, um sich durchzusetzen.«[459] Zum Nutzen ihrer Aktionäre und zum Schaden unserer Kinder.

Studien zu Kinderkrippen

Karl Heinz Brisch, leitender Oberarzt der pädiatrischen Psychosomatik und Psychotherapie am Haunerschen Kinderspital der Ludwig-Maximilians-Universität München und Vorsitzender der Gesellschaft für Seelische Gesundheit in der frühen Kindheit, ist einer der führenden Bindungsforscher der Welt.[460] In einem Interview in der *Süddeutschen Zeitung* sagte er Mitte 2014, viele Studien zeigten, dass der derzeitige Personalschlüssel in Krippen von zwei Erzieherinnen für zwölf oder mehr Kinder ungünstig sei. Der richtige Schlüssel bei Kleinkindern läge bei einer Erzieherin für zwei Kinder. Die gesamtgesellschaftlichen Folgen davon, Kinder ab dem frühesten Lebensalter in solche Krippen zu geben, seien gravierend. Dadurch könne in der frühen Kindheit keine ausreichende Bindungssicherheit hergestellt werden, der emotionale Wachstumsprozess werde dadurch behindert. Dies wiederum habe langfristig zur Folge, dass sie später »nicht mehr gesellschaftsfähig sind, keine dauerhaften Partnerschaften mehr eingehen oder sich nicht mehr emotional ausreichend auf Kinder einlassen können, geschweige denn empathisch erziehen« könnten. Da käme noch »eine Lawine auf uns zu«.

Interessant ist nun seine Antwort auf die Frage der Journalisten, warum diese Erkenntnisse nicht längst umgesetzt würden. Brisch sagt:

>»Es ist kein Geheimnis, was Kinder wirklich bräuchten. Aber die Politik ignoriert einen Teil dieser Ergebnisse, weil alle wissen: Das wird teuer. Es wird verleugnet, dass alles, was später auf uns zukommt, um ein Vielfaches teurer wird. Die Politiker sind nach wie vor nicht bereit, wirklich einen Schritt zu gehen. Auch wenn es in Sonntagsreden heißt, die Gehirne unserer Kinder seien das Wichtigste, was wir in diesem Land an ›Rohstoffen‹ zur Verfügung haben.«[461]

Dass ein solches politisches Verhalten nicht zwingend ist, zeigt beispielsweise Norwegen. Dort sind die Betreuungsschlüssel im Erziehungsbereich sehr viel günstiger als in Deutschland, es werden politisch andere Prioritäten gesetzt.

Unbequeme Wahrheiten, die durch unabhängige Studien zutage treten, können offenbar politisch und gesellschaftlich ignoriert werden, einfach weil man zu kurzfristig denkt oder weil es bequemer oder von Vorteil ist, nicht weiter in die Zukunft zu denken als nötig.

Industriesponsoring an Schulen

Derzeit besuchen in Deutschland über elf Millionen Kinder die Schule. Die Kinder erhielten im Jahr 2011 etwa 1,7 Milliarden Euro Taschengeld. Daher gibt es extra auf Schulmarketing spezialisierte Marketingagenturen. Doch es geht nicht nur um das laufende Taschengeld. Noch viel wichtiger sind die Schüler von heute als Konsumenten von morgen.[462] Im Marketingbereich nennt man solch langfristige Beeinflussung von Stimmungen, Einstellungen und Diskursen in der Gesellschaft »Deep Lobbying« (Tiefeneinflussnahme).[463] Da die Schüler in der Schule mit etwa sechs Stunden pro Schultag sehr viel Zeit verbringen, macht es »diesen Bildungsort und Lebensraum für Werber so attraktiv, erhöht aber gleichzeitig den Werbedruck auf Schulen enorm«.[464] Kurz: Es gibt sehr große Anreize für gewinnorientierte Unternehmen, Schüler über die Schulen als Werbezielgruppe zu erreichen.

Das spiegelt sich auch in Zahlen wider: Im Jahr 2011 gab es etwa 500 000 kostenlose Unterrichtseinheiten für Lehrer auf Internetplattformen, 2012 bereits über 850 000, ein Anstieg von satten 70 Prozent in nur einem Jahr. 16 der 20 umsatzstärksten Unternehmen Deutschlands sind an der Herstellung von Unterrichtsmaterial beteiligt. Untersuchungen zeigen, dass 90 Prozent der befragten Lehrer den kostenlosen Stoff im Unterricht verwenden. Nach Aussagen von Lehrern quellen die Postfächer mit Hinweisen auf solch kostenloses Unterrichtsmaterial förmlich über.[465] Angesichts vielerorts beklagter unzureichender öffentlicher Gelder – sowohl bei Staats- wie bei Privatschulen – ist der Anreiz von Schulleitern und Lehrern hoch, gesponsertes Schulmaterial einzusetzen.

Neben der Platzierung von mehr oder weniger verdeckter Werbung im Unterrichtsmaterial liegt der Hauptnachteil von industriefinanziertem Schulmaterial jedoch in der Einseitigkeit. Die Inhalte der im Normalfall exzellent pädagogisch aufgearbeiteten Unterrichtsmaterialien sind naheliegenderweise einseitig. So lauten etwa die Ziele einer Schulkooperation mit dem Wirtschaftsverband Erdöl- und Erdgasgewinnung in Niedersachsen ganz offen: »Verbesserung der Reputation der Branche, Verbesserung der Akzeptanz vor Ort durch die Unterstützung örtlicher Schulen«.[466] Von VW finanziertes Unterrichtsmaterial mit dem Titel *Mobil im Klimaschutz* tritt nicht dafür ein, mehr Bahn, Bus und Fahrrad zu nutzen und weniger Autos zu kaufen.[467] Und die arbeitgebernahe, neoliberale Initiative »Neue Soziale Marktwirtschaft« (INSM) tritt in ihrem Unterrichtsmaterial »nicht für einen stärkeren Sozialstaat« ein. Das würde den eigenen Interessen zuwiderlaufen.

Von »Capri Sonne« gab es eine Unterrichtsmappe mit dem Titel *Fit, fair und schlau,* in der das wiederholt wegen seines zu hohen Zuckergehalts kritisierte Getränk ungeniert in einer Ernährungspyramide in der Kategorie »viel verzehrt« einsortiert wurde[468] – Capri Sonne war 2013 Sieger im Wettbewerb um die dreisteste Werbelüge.[469]

Ritter Sport klärt in Schulmaterialien darüber auf, die Wissenschaft habe festgestellt, dass Schokolade glücklich mache – wie und vor allem durch wen es zu dieser wissenschaftlichen Erkenntnis kam, werden wir an anderer Stelle noch sehen – und dass man nach dem Sport oft Heißhunger auf Schokolade habe.[470]

In Unterrichtsmaterialien für die Grundschule von McDonald's werden verschiedene Lebensmittel – Obst, Hamburger, Pommes frites – abgebildet und die Frage gestellt, was davon Fast Food sei. Die Antwort: »Fast Food ist alles, was schnell und aus der Hand gegessen werden kann – also zählt zum Beispiel auch Obst dazu.«[471]

In der Reihe *Genius* »Die junge WissensCommunity von Daimler – Design und Aerodynamik Kreativität und Strömungslehre – Gestalten, Messen, Formen, Lehrermaterial und Kopiervorlagen mit CD-ROM, Gymnasium Klassen 8 bis 10« wendet sich Daimler an die Entscheider über den Einsatz des Materials:

»Liebe Lehrerinnen und Lehrer, wie sieht die Mobilität der Zukunft aus? Genius, die junge WissensCommunity von Daimler, gibt Ihnen und Ihren Schülerinnen und Schülern Einblicke in Zukunftstechnologien und die Mobilität von morgen. Gemeinsam können Sie naturwissenschaftliche und technische Themen, Mobilitätskonzepte und Berufsbilder in der Automobilindustrie entdecken.«[472]

Welches Zukunftsbild wird da in die Seelen unserer 14- bis 16-jährigen Jugendlichen gesenkt? Ein sehr Daimler-freundliches, automobilintensives Zukunftsbild. Empfehlungen zum Aspekt einer Verteuerung von Individualverkehr und einer Reduzierung von Autoverkehr finden sich darin sicherlich nicht. Dafür finden sich viele schmucke Abbildungen von Mercedes-Autos und Fragen zu deren Aerodynamik.[473]

Die Liste von Beispielen ließe sich beliebig verlängern. Das Prinzip ist praktisch immer das gleiche, wie auch Verbraucherzentralen monieren: Die Darstellungen sind einseitig und »auf die Sichtweise des Herausgebers reduziert«.[474]

Laut Eva Matthes, Professorin für Pädagogik an der Universität Augsburg, geht es den Unternehmen vor allem darum, »sich als engagierte Akteure der Gesellschaft darzustellen und zu zeigen: Wir setzen uns für Bildung und Nachhaltigkeit ein, und uns liegt das Wohl der Kinder am Herzen«. Die Kernbotschaft sei einfach: Veränderungen und die Lösung von Problemen seien nur mit Unternehmen möglich, nicht gegen sie. Regulierung und gesetzliche Auflagen würden da im Zweifel weniger wichtig.[475] Eine klassische PR-Aussage mit geringem Wahrheitsgehalt. In Wahrheit geht es um Gewinne.

So heißt es in einem Handbuch zu Industriekooperationen: »Der Sponsoring-Geber erhält wirtschaftliche Vorteile aus dem Sponsoring, daher ist seine Beziehung zum Sponsoring-Nehmer geschäftlicher Art.«[476] In einem anderen Handbuch ist zu lesen: »Sponsoring basiert auf dem Prinzip von Leistung und Gegenleistung, welche in einem Sponsor-Vertrag (Sponsorship) vereinbart werden muss. Einen vorher definierten Gegenwert erwarten die Sponsoren.«[477]

Wie zahlreiche Ausführungen professioneller Sponsoring-Berater zeigen, beruht Sponsoring im Wesen auf einer Geschäftsbeziehung und hat nichts mit Gemeinwohlinteressen zu tun. Schul-Sponsoring erfüllt für Konzerne einen ganz bestimmten Zweck:

nicht neutral zu informieren, bestimmte Themen *nicht* zu erwähnen, um den späteren Umsatz anzukurbeln. Selbst dezidierte Befürworter von Schul-Sponsoring wie Helmut Schorlemmer sagen: »Schulsponsoring ist keine altruistische Angelegenheit.«[478] Das Kernproblem von Schulsponsoring liegt in der Einseitigkeit. Schülern werden durch industriefinanziertes Unterrichtsmaterial bestimmte Gedanken und Ideen eingeimpft, andere Gedanken und Ideen dagegen fallen unter den Tisch. Auch zivilgesellschaftliche Organisationen wie Greenpeace oder der WWF nutzen die Möglichkeiten, Umweltmaterial für Schulen zur Verfügung zu stellen. Deren Lerninhalte schneiden bei einer Beurteilung durch Verbraucherzentralen laut *Greenpeace Magazin* deutlich besser ab als diejenigen von Industrieunternehmen.[479] Das ist jedoch nicht der entscheidende Punkt. Die entscheidende Frage lautet: Welche Schulmaterialien setzen sich durch? Wer bestimmt, welche Inhalte unterrichtet werden?

Darüber entscheidet im Normalfall *nicht* die Qualität oder Richtigkeit der Argumente, sondern bei Schul-Sponsoring entscheidet ökonomische Macht in Form von Geld- oder Kapitalmacht. Das Unterrichtsmaterial der Konzerne und damit deren Meinung setzen sich in diesem ungleichen Wettbewerb aufgrund schierer Geldmacht durch. Nicht die besseren Argumente gewinnen in diesem unfairen Wettbewerb, sondern der vollere Geldbeutel.

Die *Süddeutsche Zeitung* zitiert Felix Kamella von Lobby-Control, der auch auf dieses Ungleichgewicht der Kräfte hinweist: »Solche Lehrmaterialien kosten eine Menge Geld, und daher landet meistens Material von Akteuren in der Schule, die über die entsprechenden Mittel verfügen.«[480]

Pluralität und Meinungsvielfalt werden ersetzt durch Finanzkraft. Im Sinne von »Deep Lobbying« wird Kindern und Jugendlichen ein industriefreundliches, geld-, kapitalmarkt- und werbefreundliches Weltbild vermittelt. Unter Marketingge-

140

sichtspunkten eine ausgezeichnete und langfristig sehr lohnende Investition. Tüchtige Industrielobbyisten müssten daher auf politischer Ebene »mehr Öffnung der Schulen, mehr freie Initiative, weniger Berührungsangst zur Wirtschaft, mehr Deregulierung, weniger Verbote« und dergleichen propagieren – eben die üblichen neoliberalen Dogmen. Dadurch würde ihrerseits schon sichergestellt, dass sich in dem ungleichen Wettbewerb um Schulmaterial nicht die besseren, sondern die kapitalkräftigeren Ideen durchsetzen.

Hintergründe für diese Fehlentwicklungen in unserem Land sind zum einen mangelnde öffentliche Mittel, zum anderen politische Fehlentscheidungen. In den 1990er-Jahren begann der verhängnisvolle Wandel unter dem irreführenden Schlagwort »Öffnung von Schule«. »Aufgrund des Drucks angesichts knapper Haushaltskassen, globalisierten Wettbewerbs und Fachkräftemangels öffnete sich der politische Wille mehr und mehr für neue Kooperationsformen mit Wirtschaftsunternehmen.«[481]

In ihren jeweiligen Schulgesetzen erklärten die Bundesländer 1998, dass »Sponsoring an Schulen prinzipiell in allen Bundesländern rechtlich zulässig und erwünscht«[482] sei. Demnach wurde Werbung an Schulen grundsätzlich erlaubt. »Der Werbeeffekt muss deutlich hinter den pädagogischen Nutzen zurücktreten.« Mit solchen Sätzen soll die grundsätzliche Zustimmung verschleiert und beschönigt werden. Denn wer entscheidet genau, welcher Effekt im Vordergrund steht und welcher nicht und ob die gebotene Information eher ausgewogen oder eher werbewirksam ist?

LobbyControl schildert detailliert, wie industrienahes Unterrichtsmaterial häufig bewusst den Schein erweckt, ausgewogen zu sein, indem etwa Allgemeinplätze der Gegenseite zitiert werden oder vermeintlich neutrale Experten zu Wort kommen. Am häufigsten jedoch kommt das gezielte Weglassen ganz bestimmter, ganz besonders unangenehmer Inhalte bei gleichzeitigem

Aufgreifen mehrerer Blickwinkel vor. So wird oft gezielt der »Anschein von Kontroversität«[483] erzeugt.

Das *Greenpeace Magazin* 2014 bringt das Ergebnis gut auf den Punkt: »Findet Ihr Kind den Erdölkonzern Exxon cool? Denkt es beim Thema Klimaschutz an den Autobauer Volkswagen? Und meint es, gesundes Essen gäb's bei McDonald's? Das könnte am Unterricht liegen. Seit einigen Jahren haben Großkonzerne die Schulen als Betätigungsfeld für ihre Lobbyarbeit entdeckt. Sie installieren ihre Marken und Weltanschauungen in den Köpfen der Kinder.«[484]

LobbyControl (sowie andere neutrale Experten) empfiehlt gegen die skizzierten Fehlentwicklungen im deutschen Schulwesen – außer einer besseren Finanzierung – unter anderem ein umfassendes Werbeverbot an Schulen, die Offenlegung der Finanzierung von Schulmaterial privater Sponsoren und die Einrichtung einer staatlichen Monitoring-Stelle für Sponsoring-Material.

Ich selbst würde eine noch stärkere Konsequenz ziehen: Alle Arten von Industriesponsoring an deutschen Schulen sind schlichtweg falsch und gehören daher verboten. Erziehung ist Aufgabe der Allgemeinheit und nicht der Geldvertreter. Einflussnahme von Wirtschaftsinteressen auf das Geistesleben ist als solche falsch und sollte daher vermieden werden.[485] Außerdem bräuchten wir eine Erhöhung der öffentlichen Finanzierungshilfen für Schulen in privater Trägerschaft (ohne Gewinnerzielungsabsicht) von derzeit etwa 50 bis 60 Prozent der tatsächlichen Gesamtkosten[486] auf 90 bis 100 Prozent. Dadurch wären Privatschulen nicht mehr vorwiegend wohlhabenden Bundesbürgern vorbehalten, sondern endlich allen zugänglich.

INDUSTRIEEINFLUSS AUF FORSCHUNG MIT STAATSGELDERN IN DEUTSCHLAND

Ein sehr forschungsstarker Kollege aus dem Bereich Maschinenbau, der viele Drittmittel der öffentlichen Hand einwirbt (EU-, DFG- und BMBF-Mittel),[487] sagte mir im Januar 2015: »Öffentliche Projekte kriegt man gar nicht mehr ohne Industriebeteiligung.« Ein anderer ebenfalls sehr forschungsstarker Kollege aus dem Bereich Maschinenbau erzählte mir im Herbst 2014, dass er seine Promotion – vor schätzungsweise zehn Jahren – im Rahmen eines BMBF-Projekts (Bundesministerium für Bildung und Forschung) geschrieben habe. Obwohl das Projekt ganz überwiegend durch Steuermittel finanziert war, seien sämtliche 15 Teilprojektleiter aus der Privatindustrie gekommen und hätten somit den Forschungsgegenstand, den Forschungsablauf und die Forschungsergebnisse maßgeblich beeinflussen können.

Diese Aussagen machten mich stutzig. Wie kann es sein, dass die Entscheidung über die Verwendung öffentlicher Mittel so stark in die Hände von Industrievertretern gelegt wird? Warum nicht in die Hände von Umweltschutz- oder anderen Verbänden? Warum werden diese nicht einmal gefragt oder gar eingebunden? Ist das im Sinne der Allgemeinheit, im Interesse der Steuerzahler? Das kann man wohl bezweifeln.

In der deutschen Forschungslandschaft spielt der Staat eine wichtige Rolle. Eine Schlüsselstellung nimmt dabei das Bundesministerium für Bildung und Forschung (BMBF) ein, das 2013 einen Haushaltsansatz von 14,45 Milliarden Euro auswies.[488] Ein großer Teil der öffentlichen Mittel wird über Projektförderung abgerufen. Das heißt aus der Sicht des einzelnen forschenden Wissenschaftlers, dass man sich für diese Mittel auf der Basis eines konkreten Forschungsprojekts bewerben kann. Durch die Auswahl von Themenschwerpunkten kann Forschung daher gezielt gesteuert werden. Und so fragen wir uns wiederum: Wie sind die

Entscheidungswege beispielsweise im BMBF oder auf EU-Ebene? Wer konkret entscheidet, welche Themen als relevant angesehen werden und welche nicht? Wer bestimmt, welche Forschungsziele im Rahmen großer Regierungsprogramme auf die Agenda kommen und welche nicht? Wer gibt die Forschungspfade vor?[489]

Forschungsmittel an der Quelle anzapfen

Aus der Sicht eines tüchtigen Industrielobbyisten ist die Interessenlage klar: Man muss die Fragestellung direkt an der Quelle, also am besten direkt im Ministerium in die gewünschte Richtung kanalisieren und auf diese Weise von unliebsamen oder nicht lukrativen Fragestellungen ablenken. Wenn die Forschungsmittel in die gewünschte Richtung kanalisiert sind und der Geldfluss weiter zu einem großen Strom angeschwollen ist, werden Tausende von Forschungsanträgen von integren Wissenschaftlern gestellt, die scheinbar einer ganz freien und unabhängigen staatlich finanzierten Forschungsfragestellung nachgehen. In Wirklichkeit jedoch sind weder Fragestellung noch Forschungsgegenstand frei und unabhängig, sondern folgen häufig einseitigen Lobbyinteressen.

Gerhard Vogt, früherer Direktor beim Landesrechnungshof Nordrhein-Westfalen und dort für die Prüfung von Hochschulen und Forschungseinrichtungen zuständig, schrieb dazu 2014:

»Schließlich ist nicht zu übersehen, dass es über Drittmittel auch zu inhaltlichen Einflussnahmen auf die Wissenschaft kommt. Unter dem Druck, Drittmittel zu akquirieren, werden Forschungsthemen auf bestimmte Förderprogramme zugeschnitten. Es wird nicht immer denjenigen Fragestellungen nachgegangen, welche aus wissenschaftlicher Sicht besonders interessant wären, vielmehr werden diejenigen Themen bevorzugt bearbeitet, für die Drittmittel zur Verfügung stehen.«[490]

Ein Beispiel: Angenommen, es soll über Mobilität der Zukunft geforscht werden. Aus Sicht von Umweltschutzverbänden könnte man darüber forschen, wie man den weniger umweltbelastenden öffentlichen Verkehr ausbaut und den stärker umweltschädlichen Individualverkehr, insbesondere Flugreisen und Autofahrten, hemmt. Man könnte die staatliche Subventionierung von Flugreisen durch die Steuerbefreiung von Kerosin und hohe Subventionen für Flughäfen abschaffen. Gegen den zunehmenden Autoverkehr und die vielen täglichen Staus, die Millionenschäden anrichten, könnte man die Einführung einer Stadtmaut nach dem Vorbild Londons, erhöhte Parkgebühren oder einfach die Einführung einer allgemeinen Maut für private Pkw andenken. Im Gegenzug könnte man den öffentlichen Personennahverkehr verbilligen oder anderweitig attraktiver gestalten, beispielsweise nach dem Schweizer Vorbild.

Aus Sicht der Automobil- und Flugzeugindustrie gilt es, solche Forschungsvorhaben abzuwehren, denn diese wären ja in höchstem Maße geschäfts- und gewinnschädigend. Vom Standpunkt eines Automobilindustrielobbyisten müsste man über Alternativen zum Auto gar nicht erst nachdenken, geschweige denn forschen. Stattdessen könnte man das Thema auf Elektromobilität verengen. Statt über echte Alternativen zum Individualverkehr nachzudenken, wird über Autos mit Elektroantrieb geforscht. Wie erreicht man das? Indem man in die Entscheidungsgremien im Ministerium oder deren Umgebung industrienahe Persönlichkeiten platziert, welche die Fragestellung in diese Richtung lenken. Interessanterweise wird in Deutschland, mit seiner sehr starken Autolobby, sehr viel über Elektromobilität geforscht, und die Deutsche Bahn verzeichnet seit vielen Jahren einen schleichenden Niedergang,[491] während in der Schweiz, die über keine eigene Automobilproduktion verfügt, der Bahnverkehr floriert.

Der unabhängige Hirnforscher Manfred Spitzer liefert ein Beispiel dafür, wie ein Ministerium von der Industrie vereinnahmt werden kann: Armin Laschet übernahm als Minister für Generationen, Familie, Frauen und Integration des Landes Nordrhein-Westfalen die Schirmherrschaft über das bundesweite »Projekt Eltern-LAN«, einem von Spieleherstellern ins Leben gerufenen Projekt zur Förderung der Spielkompetenz speziell von Eltern und Lehrern für die Spiele »Truckmania forever«, »Counter-Strike« und »Warcraft III«.[492] Das Computerspielelobende, von Minister Laschet unterschriebene Geleitwort zu diesem Projekt bezeichnet Spitzer als »Propaganda«, und der vom Minister unterschriebene Text aus dem Jahr 2009 sei »in seiner Verdrehung von Tatsachen kaum zu überbieten«. Die Wissenschaft habe immer wieder »sehr klar nachgewiesen«, wie negativ Ballerspiele sich auf Kinder und Jugendliche auswirkten. »Wer hier behauptet, es bestünden Unklarheiten [wie es in dem ministeriellen Text laut Spitzer geschieht], lügt und vernebelt bewusst.«[493] Spitzer weiter: »Wer nicht ballert, der verpasse Chancen auf Schlüsselqualifikationen. Welche sollen das sein, Herr Minister? Computerspiele machen dumm, dick, gewalttätig und stumpfen ab.«[494]

Es soll hier nicht behauptet werden, dass alle Forschungsvorhaben, die durch die öffentliche Hand finanziert werden, einseitigen Industrielobbyinteressen folgen, aber es gibt doch eine beachtliche Anzahl davon. So kommt etwa Stefanie Ober, die sich sehr ausführlich mit diesem Thema auseinandergesetzt hat, zu dem Ergebnis: »Die Forschungspolitik in Deutschland und der EU ist interessegeleitet und an ökonomischen Zielen orientiert.«[495] Sie sieht die deutsche Forschungspolitik als solche einseitig beeinflusst – und hat dafür gute Gründe, wie wir noch sehen werden.

Erinnern wir uns an die oben geschilderte Vorgehensweise der Tabakindustrie: Als geeignete industrienahe Wissenschaftler gefunden waren, wurde dafür gesorgt, dass sie in einflussreichen Gremien, auf Kongressen und dergleichen entweder ausschließlich oder mehrheitlich vertreten waren. So folgte die Zusammensetzung des 1983 ausgerichteten wissenschaftlichen Symposions zum Thema Passivrauchen von dem durch Philip Morris angeworbenen, lange Zeit renommierten Wissenschaftler Ragnar Rylander genau dieser Vorgabe. Das Symposion war

> »eine Scheinveranstaltung: Keiner der unabhängigen Wissenschaftler, die das Passivrauchen erforschten und seine Schädlichkeit erkannten, wurde eingeladen. Sie konnten sich nicht gegen die Vorwürfe verteidigen, die auf dem Symposion gegen sie erhoben wurden. Rylander hatte wesentlich an der Verzerrung der ›wissenschaftlichen Wahrheit‹ durch einseitige Auswahl der Teilnehmer mitgewirkt.«[496]

Gleichzeitig wurde nach außen der Schein der Neutralität erweckt: »Das Symposion spiegelte das ganze Spektrum der wissenschaftlichen Positionen auf diesem Gebiet wider«,[497] behauptete das industrienahe Tobacco Institute in einer öffentlichen Erklärung, was nicht der Wahrheit entsprach.

Expertenkommissionen

Zur Auswahl von Forschungsfeldern werden in der Regel Expertenkommissionen gebildet. Daher lauten die zentralen Fragen: Wer sind die Mitglieder dieser Expertenkommissionen? Von wem werden sie eingesetzt? Welche Ziele verfolgen sie?

Welchen großen politischen und gesellschaftlichen Einfluss Expertenkommissionen ausüben können, zeigen die Hartz- und die Rürup-Kommissionen, die nach ihren jeweiligen Vorsitzenden benannt wurden.

Die Hartz-Kommission, benannt nach dem ehemaligen VW-Vorstandsmitglied Peter Hartz, der später in Korruptionsskandale verwickelt[498] war, hat über die Einführung von »Hartz IV«

unter der Regierung von Bundeskanzler Schröder erheblichen langfristigen Einfluss auf unsere Sozialgesetzgebung und soziale Wirklichkeit genommen.

Die Rürup-Expertenkommission,[499] benannt nach ihrem Vorsitzenden Hans-Adalbert (»Bert«) Rürup, hatte erheblichen und langfristigen Einfluss auf unser Rentensystem – für Millionen älterer Menschen in Deutschland.

So ist wohl ein Blick auf die Zusammensetzung und das Zustandekommen von Expertenkommissionen – auch im Forschungsbereich – für uns alle nicht uninteressant. Da deren Ergebnisse langfristig unser aller Zukunft gestalten, ist es gesellschaftlich besonders wichtig, diese Weichenstellungen zu beobachten.

Nehmen wir einmal an, es sollte über Entwicklungen in einer alternden Gesellschaft geforscht werden – Motto: Das Alter hat Zukunft. Welche Forschungsgegenstände würden wir mit gesundem Menschenverstand bei einem solchen Vorhaben erwarten?

Zunächst wollen wir einen Blick auf ein aktuelles Forschungsprogramm werfen, nämlich auf die Weichenstellungen, die durch eine Expertenkommission (»Forschungsagenda der Bundesregierung für den demografischen Wandel: Das Alter hat Zukunft«) im Rahmen der Hightech-Strategie festgelegt wurden. Durch dieses Bundesprogramm wurden 415 Millionen Euro bereitgestellt. Davon fließen 360 Millionen Euro in den Bereich Technologieentwicklung: »Hightech-Hilfen bei der Fortbewegung, Navigationsgeräte, Assistenzsysteme im Auto, Routenplanungssysteme, Kommunikationstechnologien für die Auslandsreise und technische Erinnerungshilfen und Überwachungstechnik«.[500]

Es fällt sofort auf, dass der Großteil des Programms auf Mobilität im Alter reduziert wird. Das überrascht. Ist Mobilität wirklich *das* zentrale Problem unserer Senioren? Mit gesundem Menschenverstand betrachtet fragt man sich, sind dies die wirklich wichtigen Dinge, die Menschen im Alter brauchen? Hier scheint doch eine sehr starke Einseitigkeit vorzuliegen. Warum wird eine so einseitige Forschung durch Steuergelder gefördert? Wer hat denn hier die Hauptvorteile von dieser Forschungsausrichtung?

Davon profitiert in allererster Linie die Industrie, die diese Techniken herstellt. Und so stellt sich die nächste Frage: Warum werden öffentliche Mittel so einseitig industrienah verwendet und gehen an den Interessen der Senioren, denen dieses Forschungsgeld vorgeblich zugutekommen soll, derart vorbei?

Antwort: Cui bono? Wer hat den Nutzen? Mit großer Wahrscheinlichkeit war die Expertenkommission von Industrievertretern dominiert, die die Weichen in *ihre* Richtung und nicht in die der alten Menschen stellten.

Dass eine so einseitige, nicht am Allgemeinwohl, sondern an Partikularinteressen der Industrie orientierte Verwendung von Steuermitteln kein Einzel- und kein Zufall ist, lässt sich exemplarisch aufzeigen an der Mittelverwendung des – historisch gesehen – mit Abstand größten deutschen staatlichen Forschungsprogramms »Hightech-Strategie«.

Das Forschungsprogramm »Hightech-Strategie«

Seit 2006 werden unter der Hightech-Strategie alle innovations- und technologiepolitischen Maßnahmen zusammengefasst, die durch die Bundesregierung gefördert werden. Das Fördervolumen ist mit 29 Milliarden Euro von 2006 bis 2013 das mit Abstand größte deutsche staatlich unterstützte Forschungsprojekt aller Zeiten. Allein im Jahr 2014 wollte die Bundesregierung dafür elf Milliarden Euro investieren.[501] Umso spannender ist hier die Frage, wer bei diesem riesigen Forschungsprogramm darüber entscheidet, welche Forschungspfade und Forschungsziele auf die Agenda kommen und welche nicht.

Die Forschungsinhalte werden durch drei Expertenkommissionen mit den Namen »Innovationsdialog«, »Expertenkommission Forschung und Innovation (EFI)« und »Forschungsunion« festgelegt. Die Schlüsselrolle kommt dabei, laut Stefanie Ober, der Kommission »Innovationsdialog« sowie der »Forschungsunion« zu. Die vom »Innovationsdialog« definierten Zukunftsfelder »bilden bis heute den Kern der Hightech-Strategie«.[502]

Die weniger einflussnehmende Expertenkommission EFI, bestehend aus sechs ziemlich unabhängigen Professoren verschiedener Hochschulen und Fakultäten, »leistet wissenschaftliche Politikberatung für die Bundesregierung und legt regelmäßig Gutachten zu Forschung, Innovation und technologischer Leistungsfähigkeit Deutschlands vor«.[503]

Das Gremium »Innovationsdialog«, das eine führende Rolle bei der Beratung spielt, ist in seiner eigentlichen Dialogrunde aus 16 Personen zusammengesetzt, dem sogenannten Steuerkreis.[504] Davon kommen acht Persönlichkeiten aus der Wirtschaft (Henning Kagermann, Vorsitzender und früherer Vorstandssprecher der SAP; Andreas Barner, Vorsitzender der Unternehmensleitung Boehringer Ingelheim; Volkmar Denner, Geschäftsführung der Robert Bosch GmbH; Rolf Dommermuth, Vorstandsvorsitzender der United Internet AG; Sabine Herold, Geschäftsführerin von DELO Industrie Klebstoffe; Christine Kreiner, Vorstand bei S&V Technologies AG; Norbert Reithofer, Vorstandsvorsitzender der BMW AG; Eberhard Veit, Vorstandsvorsitzender der Festo AG). Neben Wissenschaftlern sind noch der DGB durch seinen Bundesvorsitzenden Reiner Hoffmann und das Institut für Demoskopie Allensbach durch seine Geschäftsführerin Renate Köcher vertreten. Nicht vertreten sind Umweltschutzverbände oder zivilgesellschaftliche Organisationen wie Menschenrechts-, Senioren-, Behindertenverbände, Kirchenvertreter, Attac und andere.[505]

Das dritte Gremium, die Forschungsunion, spielt ebenfalls eine sehr wichtige Rolle. Sie ist mit der Umsetzung der Forschungsstrategie betraut.[506] Ihre Vorsitzenden sind Hans-Jörg Bullinger von der Fraunhofer Gesellschaft und Arend Oetker, geschäftsführender Gesellschafter des gleichnamigen Unternehmens. Von ihren insgesamt 28 Mitgliedern sind 16 Wirtschaftsvertreter, darunter Vorstände oder Unternehmensleiter von Daimler, Siemens, BASF, E.ON, Deutsche Post, EADS, Boehringer Ingelheim. Nicht vertreten sind – wir ahnen es bereits – Naturschutzverbände oder andere NGO.[507]

Stefanie Ober zeigt in ihrer sehr gut recherchierten Studie von 2014 zur Hightech-Strategie detailliert auf, dass diese sehr industrienahe Zusammensetzung der Entscheidungsgremien, die die Bundesregierung für die Hightech-Strategie beraten, entsprechend auch zu sehr industriefreundlichen Festlegungen der Forschungsagenden, also der Forschungsgegenstände und -inhalte, führt.[508] Das liegt nahe.

Meines Wissens wird insbesondere im Rahmen der durch Steuermittel finanzierten Forschung so gut wie *nicht* über Umweltschutz geforscht, im Sinne von ökologischem Landbau. Beispielsweise wie man durch alternative Schädlingsbekämpfung den Einsatz giftiger Pestizide eindämmen könnte. (Das liefe vermutlich den Interessen von Gremienmitgliedern entgegen.) So gut wie *nicht* geforscht wird, soweit mir bekannt ist, über die Eindämmung des überbordenden Individualverkehrs, die Verringerung des Hubraums von Pkw – was die Atemluft sauberer machen würde – oder die Eindämmung des Flugverkehrs, der starke Emissionen sowie Lärm und damit Gesundheitsschäden verursacht. (Das liefe wahrscheinlich auch den Interessen von Gremienmitgliedern entgegen.) Praktisch auch *nicht* geforscht wird meines Wissens über alternative Wirtschaftsweisen, Postökonomietheorien,[509] die Förderung einer Kultur der Reparatur,[510] statt immer gleich Neues zu kaufen, sprich Wiederverwertung und kollektive Nutzung, die Förderung einer Kultur der Entschleunigung und so weiter und so fort. (Auch das widerspräche wohl den Interessen so mancher Gremienvertreter.)[511]

Kann man diese großen Summen von Steuergeldern wirklich

nicht zum Wohle und im Interesse der Allgemeinheit verwenden? Ist die Weichenstellung für die Zukunft durch Bundeskanzlerin Angela Merkel wirklich in unserem Interesse und in dem unserer Kinder und deren Kinder? Warum erfolgt sie hauptsächlich im Sinn von Partikularinteressen, zur Erhöhung von Konzerngewinnen und zum Vorteil der vergleichsweise wenigen wohlhabenden Aktionäre?[512]

Stefanie Ober beschreibt sehr eindrücklich, wie bestimmte gesellschaftliche Gruppen strukturell von der Themenfindung ausgeschlossen werden, indem industriedominierte Expertengruppen unter Ausschluss der Öffentlichkeit gebildet werden. Diese Gruppen sind mächtige Politikgestalter, die weder demokratisch gewählt sind, noch in einem direkten Verantwortlichkeitsverhältnis stehen.[513]

Wir wollen besonders die bislang unbehelligten Arbeitsweisen von kleinen, Partikularinteressen verfolgenden Gruppen ins Licht der Öffentlichkeit rücken.

Einbindung zivilgesellschaftlicher Gruppierungen

In einem Interview der *Zeit* am 3. Oktober 2014 diskutierten Uwe Schneidewind und Günter Stock (der auch Mitglied in der soeben geschilderten Forschungsunion ist) die Frage, ob zivilgesellschaftliche Gruppierungen (wie BUND, Greenpeace, Amnesty International, Attac, Senioren-, Behindertenverbände) stärker in die Entscheidungskommissionen, welche die Forschungswege und -inhalte festlegen, eingebunden werden sollen.[514] Uwe Schneidewind, seit März 2010 Präsident des Wuppertaler Instituts für Klima, Umwelt, Energie und Professor für Innovationsmanagement und Nachhaltigkeit an der Bergischen Universität Wuppertal, befürwortet nachdrücklich eine stärkere Einbindung zivilgesellschaftlicher Vertreter.

Prof. Dr. Günter Stock dagegen spricht sich vehement gegen die Beteiligung zivilgesellschaftlicher Organisationen aus. Günter Stock war von 1989 bis 2005 Vorstand im Pharmakonzern Schering AG. Nach seinem Ausscheiden dort wurde er 2006 Präsident der Berlin-Brandenburgischen Akademie der Wissenschaften, ist zusätzlich seit 2008 Präsident der Union der Deutschen Akademien der Wissenschaften und seit April 2012 Präsident der All European Academies (ALLEA). Günter Stock verglich die geplante Beteiligung von Verbänden an der Forschungsplanung laut *Zeit* »mit der Gängelung durch Nazis und DDR-Ideologen«.[515]

Er argumentiert gegen die Einbindung von Nichtregierungsorganisationen (NGO) wie folgt: »Meine Sorge ist, dass gesellschaftliche Einzelinteressen die Grundlagenforschung schwächen könnten.« Es müssten ein starker Austausch und Kooperationen mit der Industrie geführt werden, beispielsweise mit der Auto- oder Pharmaindustrie (wo er früher als Vorstand tätig war), da in den Industrielaboren ohnehin fast 70 Prozent der gesamten deutschen Forschung stattfinde. Dabei stellt er zur Einbindung von NGO bei der Entscheidung über Forschungsgegenstände die Frage: »Was legitimiert sie?« Er findet die derzeit existierenden Forschungsmäntel gut und richtig, da sie weit geschnitten seien. Bei einer Beteiligung von NGO sieht er die Gefahr, dass dies »in eine unmittelbare Steuerung der Forschung« münde, zulasten der Freiheit der Wissenschaft, von der er sagt, dass er sie vehement vertrete. Stock betont scharf: »Es sind Interessen, um die es hier geht, Herr Schneidewind, Interessen! Das muss man offen sagen.«[516]

Das Hervorheben der Sorge um die Durchsetzung von Einzelinteressen ist umso erstaunlicher, als Herr Stock offenbar unterstellt, die Großindustrie vertrete keine Einzelinteressen. Er befürwortet ja explizit Kooperationen und regen Austausch mit der Auto- und der Pharmaindustrie. Die gesellschaftlich schädlichen Konsequenzen solcher Kooperationen, insbesondere mit der Pharmaindustrie, wurden bereits detailliert geschildert. Deren

Vertreter scheinen in den Augen von Günter Stock weder Interessenpolitik noch Durchsetzung von gesellschaftlichen Einzelinteressen anzustreben. Diese Aussage ist interessant – angesichts der Methoden, die in der Pharmaindustrie angewendet werden, um bei wissenschaftlichen Studien zum gewünschten Ergebnis zu kommen.

Schwer nachvollziehbar ist die Frage, was die NGO zur Beteiligung an Forschungsfragen legitimiert. Wer vertritt gesellschaftliche Belange mit größerer Legitimität als Nichtregierungsorganisationen? Stellen wir die Gegenfrage: Was legitimiert die Konzerne zur Einflussnahme auf öffentliche Mittel? Großkonzerne vertreten die Gewinninteressen ihrer Aktionäre.[517] Was legitimiert die Forschungslenkung öffentlicher Mittel in interessengeleitete Kanäle mit dem Ziel, Konzerngewinne weiter zu erhöhen? Konzerngewinne, die in Höhe vieler Milliarden Euro als leistungslose Zahlungen in Form von Dividenden an die kleine Gruppe der Eigentümer von Großkonzernen fließen?

In der öffentlich geförderten deutschen Forschungslandschaft üben die gewinnorientierten Großunternehmen starken einseitigen Einfluss aus. Gerade die Dominanz, das starke Überwiegen gewinnorientierter Einzelinteressen ist in meinen Augen ein gravierendes Problem in der Forschung, wie dieses Buch zu zeigen versucht. Dass ein Vertreter industrienaher Forschung den schüchternen Versuch, die derzeit so einseitig von Industrieseiten verfolgte massive Interessenpolitik durch die Einbindung von NGO ein wenig auszubalancieren, als Interessenpolitik geißelt, gleichzeitig jedoch Interessenpolitik durch die Industrie vollkommen gutheißt, deutet auf eine starke Einäugigkeit.

Die zweite große Gruppe, die in Expertenkommissionen vertreten ist, bilden die großen deutschen Wissenschaftsgemeinschaften. Werfen wir einen Blick auf deren Interessenlage. In welchem Umfang und durch wen werden sie finanziert? Wer legt die Forschungswege und Forschungsziele darin fest?

INDUSTRIEEINFLUSS AUF DIE GROSSEN DEUTSCHEN WISSENSCHAFTSGEMEINSCHAFTEN

Da auf die Forschungsgesellschaften in diesem Buch nur am Rande eingegangen wird, stützen sich die folgenden Angaben hauptsächlich auf die gründlich recherchierte Studie von Matthias Bergmann, die 2013 erschien, sowie auf das sehr lesenswerte Buch von Schneidewind/Singer-Brodowski (2014).[518]

Die großen deutschen Wissenschaftsgemeinschaften erhalten regelmäßig in großem Umfang öffentliche Mittel. So bekamen im Jahr 2011 die Hermann-von-Helmholtz-Gemeinschaft deutscher Forschungszentren e.V. (HFG) rund 2,5 Milliarden Euro und die Deutsche Forschungsgemeinschaft (DFG) circa 1,6 Milliarden Euro. Insgesamt flossen im Jahr 2011 vom Bund an Forschungsorganisationen ohne Erwerbszweck, zu denen außer den genannten unter anderem auch die Fraunhofer-Gesellschaft, die Max-Planck-Gesellschaft und die Wissenschaftsgemeinschaft Gottfried Wilhelm Leibniz gehören, etwa 6,9 Milliarden Euro![519]

Die gesamten Forschungsausgaben der Helmholtz-Zentren im Jahr 2011 betrugen rund 3,5 Milliarden Euro, der Fraunhofer Institute etwa 1,8 Milliarden Euro, der Max-Planck-Institute 1,6 Milliarden Euro und der Leibniz-Gemeinschaft rund 1,2 Milliarden Euro.[520] Ein Blick in die Entscheidungsgremien dieser Forschungsgesellschaften zeigt laut Matthias Bergmann deutliche Unterschiede, sodass man hier differenzieren müsse. In der Helmholtz-Gemeinschaft[521] und in der Fraunhofer-Gesellschaft[522] besteht eine deutliche Interessenvertretung durch die private Wirtschaft, meist von Großunternehmen, bei den Max-Planck-Instituten und der Leibniz-Gemeinschaft kaum.[523] Matthias Bergmann kommt in seiner Studie zu dem Ergebnis:

»Die großen Forschungsgemeinschaften besitzen verschiedene Gremien, die sich mit dem Formulieren von Forschungsagenden befassen. In keinem dieser Gremien sind zivilgesellschaftliche Verbände vertreten, lediglich Vertreter von Unternehmen und Unternehmensverbänden sowie fallweise – als Zugeständnis an die eigenen Mitarbeiter – Gewerkschaftsvertreter.«[524]

Einen stärkeren Einfluss von Industriegeldern auf einzelne Fraunhofer-Institute zeigt folgendes Beispiel – das jedoch sicherlich nicht auf alle Fraunhofer-Institute übertragen werden darf: Der bekannte Hirnforscher Manfred Spitzer zeigt anhand einer Fülle von unabhängigen Studien, dass Medieneinsatz für das Lern- und Sozialverhalten von Schülern und Jugendlichen nachteilig ist. Dennoch lobt Prof. Dr. Dr. Klaus Peter Jantke vom Fraunhofer-Institut für Digitale Medientechnologie (Fraunhofer IDMT in Ilmenau), laut Manfred Spitzer,»die Faszinationskraft von Computerspielen auf Kinder und Jugendliche« über den grünen Klee und spricht davon, dass man »Counter-Strike« etwa so aggressiv und unterhaltsam spielen könne wie »Mensch ärgere Dich nicht«.[525]
Dies sei eine Fehldarstellung und Verharmlosung zugunsten der Computerspiel-Industrie, meint der unabhängige Gehirnforscher Manfred Spitzer. Er liefert auch gleich die Erklärung für diese industrieapologetischen, unsere Jugendlichen schädigenden Ausführungen des Wissenschaftlers Klaus Peter Jantke: Institute wie das Fraunhofer IDMT, an dem der Forscher tätig ist, seien laut Manfred Spitzer

»zu einem wesentlichen Teil oder gänzlich von den digitalen Medien finanziert [...] Und weil man die Hand, die einen füttert, nicht beißt, ist von diesen Instituten nichts Kritisches zu digitalen Medien zu erwarten. [...] Man muss also ganz genau hinsehen, wenn ein Wissenschaftler sich zu digitalen Medien äußert. Wenn er voll des Lobes ist, sollte man nachfragen, wer ihn dafür bezahlt hat.« Die Pointe an diesen irreführenden Aussagen des Fraunhofer IDMT laut Manfred Spitzer: »Das Ganze [ist] natürlich mit öffentlichen Mitteln gefördert.«[526]

Im *Forschungshandbuch 2007* heißt es: »Besonders eng ist die Zusammenarbeit zwischen Industrie und Forschung bei den Instituten der Fraunhofer-Gesellschaft, deren Etat von derzeit rund 0,7 Milliarden Euro zu einem großen Teil aus Drittmitteln aus der Industrie finanziert wird.«[527] Immer wieder stellt sich daher die Frage: Weshalb wird so stark einseitig Großkonzernen die Möglichkeit eingeräumt, Forschung, die mit Geldern von Steuerzahlern finanziert wird, in interessengeleitete Richtungen zu beeinflussen? Warum werden andere gesellschaftliche Organisationen, die nicht die Gewinninteressen wohlhabender Aktionäre vertreten, kaum oder gar nicht an der Auswahl von Forschungsfeldern beteiligt?[528]

Ein wichtiger Faktor – außer Geld –, weshalb sich Industrieinteressen auf den verschiedenen Ebenen so stark durchsetzen, ist, dass es laut Uwe Schneidewind und Mandy Singer-Brodowsky »einen eklatanten Leitbildmangel im Hochschul- und Wissenschaftssystem« gibt. »Über ein geschlossenes hochschulpolitisches Leitbild verfügen heute letztlich nur weite Teile der Wirtschaft.«[529] Dem kann ich voll zustimmen. So spannend es auch wäre, so wollen wir doch auf diese Ebene, mit der sich auch Richard Münch in seinem ausgezeichneten Buch[530] auseinandersetzt, nicht näher eingehen.

Ehrenamtliche versus professionelle Gremienarbeit

In manchen öffentlich-rechtlichen Gremien sind, wenn auch in der Regel stark in der Minderzahl, Naturschutz- und andere zivilgesellschaftliche Organisationen vertreten. Doch selbst in solchen Fällen tritt noch ein weiteres Ungleichgewicht der Kräfteverhältnisse hervor: Die Mitarbeiter sehr vieler zivilgesellschaftlicher Gruppierungen arbeiten ehrenamtlich. Während industriefinanzierte Interessenvertreter im Normalfall üppig mit Ressourcen ausgestattet sind und sich systematisch, strukturiert und koordiniert auf Treffen vorbereiten können, müssen ehrenamtlich arbeitende Vertreter die ganze Arbeit häufig nebenbei, ohne Bezahlung und in der Regel ohne nennenswerten Rückgriff auf Ressourcen bewerkstelligen. Im Normalfall sind Industrievertreter in Sachen Professionalität, beispielsweise was Recherchemöglichkeiten, Präsentationsform, Papier- oder Unterlagenqualität und dergleichen anbelangt, weit überlegen.[531]

INDUSTRIEEINFLUSS AUF EU-FÖRDERPROGRAMME

Seit der Auflegung des ersten EU-Rahmenprogramms (1984–1987) mit rund 3,8 Milliarden Euro Fördervolumen werden regelmäßig von EU-Seite finanzielle Mittel zur Forschungsförderung bereitgestellt.[532] Das 7. Rahmenprogramm (2007–2013) hatte ein Budget von 50,5 Milliarden Euro, das heißt, es wurden 7,2 Milliarden Euro pro Jahr ausgeschüttet.[533] Eine der wesentlichen Neuerungen des 7. Rahmenprogramms war dabei die »Stärkung der industrieorientierten Forschung«.[534]

Das 8. Rahmenprogramm »Horizont 2020« von 2014 bis 2020 verfügt über etwa 80 Milliarden Euro Forschungsgelder.[535] Als 2011 die geplante Mittelverwendung des 8. Rahmenprogramms auf europäischer Ebene veröffentlicht wurde, protestierten über 100 zivilgesellschaftliche Organisationen gegen die einseitig industrienah geplante Verwendung der Mittel in einem offenen Brief an Herrn Barroso mit der bezeichnenden Überschrift »Public Research Should Benefit Society, Not Big Business«.[536]

Wie es dazu kommt, zeigt Marcel Hänggi auf. Er schildert, wie Industrievertreter auf europäischer Ebene durch sogenannte

Europäische Technologie-Plattformen (ETP) eine institutionalisierte Mitsprache haben[537] – wovon Ökologieverbände nur träumen können. Beispielsweise gebe es eine ETP mit dem Namen »Pflanzen für die Zukunft«, die von der »wichtigsten Pro-Gentechnik-Lobbyorganisation Europas« organisiert wurde. In der ETP »Nahrung fürs Leben« seien Nestlé, Kraft, Unilever, die Bayer CropScience AG, Cargill, Danone, Danisco und DSM vertreten. »Die Einrichtung einer ETP für Biolandbau hat das Generaldirektorat Forschung der EU [dagegen] abgelehnt.«[538]

Daneben gibt es, finanziert durch EU-Mittel, noch sogenannte sechs »Gemeinsame Technologieinitiativen (GTI)« im Volumen von etwa zehn Milliarden Euro, über deren Industrienähe sich laut der Zeitschrift Technology Review »Forscher empören«.[539] Grund dafür ist das Hauptziel der EU-Programme: die Wettbewerbsfähigkeit der europäischen Wirtschaft und daher die europäischen Unternehmen zu stärken. Der Artikel in der Technology Review trägt den Titel »Entwicklungshilfe für Konzerne – Die Industrie reißt milliardenschwere Projekte der EU-Forschungsförderung an sich. Hochschulforscher werden zu Randfiguren degradiert«. Die lobbykritische Organisation Corporate Europe Observatory beklage demnach, dass Steuergelder immer stärker für Zwecke der Privatwirtschaft eingesetzt würden und dadurch weniger öffentliche Gelder in die Unterstützung von Projekten flössen, die sich gesellschaftlichen Problemen wie dem Klimawandel widmeten.[540]

Die Fragestellungen werden dadurch auf bestimmte Themenfelder eingeengt, die Kreativität kluger Köpfe wird gerade durch die europäischen Vorgaben in ein Korsett gezwängt. »Wir sind zur verlängerten Werkbank der Industrie geworden«, zitiert die Technology Review Detlef Stolten von der Rheinisch-Westfälischen Technischen Hochschule (RWTH) Aachen.[541]

Bei der Gemeinsamen Technologieinitiative (GTI) »Clean Sky«, mit einem Volumen von etwa 1,6 Milliarden Euro das größte Luftfahrtforschungsprojekt Europas, wird der Kurs von zwölf Großunternehmen der Branche bestimmt, unter anderem Airbus, Alenia oder Rolls-Royce.[542] Erforscht werden beispielsweise treibstoffsparende und emissionsarme Triebwerke oder leisere Hubschrauber, wobei relativ ausgereifte Konzepte weiterentwickelt werden, jedoch keine grundlegend neuen Forschungsfragen auftreten. Ein beteiligter Forscher, der im Rahmen des Projekts Entwicklungssoftware schreibt, meint dazu, es gehe um Produktentwicklung statt Forschung. Die Kosten für die Produktweiterentwicklung übernimmt damit zum Teil der Steuerzahler – der Nutzen kommt der Industrie zugute. »Man sozialisiert die Kosten für die Forschung, aber ihr Nutzen wird privatisiert«, wird Monique Goyens, die Leiterin des Europäischen Verbraucherschutzverbandes BEUC zitiert.

»Die Balance zwischen der Entwicklung neuer und dem Testen reifer Ideen sei der EU verloren gegangen«, werden die Ansichten eines Forschers zusammengefasst.[543]

Eines der Ziele dieser GTI ist, die Kapazität des europäischen Flugverkehrs zu *verdreifachen*. Nun stelle man sich vor, statt großer Industriekonzerne seien Greenpeace und BUND in den Entscheidungsgremien über die EU-Mittel mehrheitlich vertreten. Dann wäre das Ziel wohl kaum, den Luftfahrtverkehr in Europa zu verdreifachen, sondern diese umweltschädlichste und am höchsten durch Staatsgelder subventionierte Fortbewegungsart zu *reduzieren,* statt zu verdreifachen.

Resümee: Nicht nur in Deutschland, sondern auch auf europäischer Ebene liegt die Lenkung der öffentlichen Forschungsmittel stark in den Händen von Industrievertretern. Sie legen an der Quelle die Forschungsagenden fest. Wenn die Forschungsgelder flussabwärts ankommen, bewerben sich Tausende von rechtschaffenen Wissenschaftlern um diese Mittel, nicht oder kaum ahnend, dass sie damit häufig direkt oder indirekt Geld- und Industrieinteressen dienen.

3
MARKTVERZERRUNG DURCH STEUERFINANZIERTE FORSCHUNGSMITTEL

Bislang wurde anhand von Fallbeispielen versucht, den ungünstigen gesellschaftlichen Einfluss von Industriegeldern auf Hochschulforschung und -forscher herauszuarbeiten. Im folgenden Kapitel soll die Fragestellung kurz durch die ökonomische Brille betrachtet werden.

VERDECKTE SUBVENTIONEN

Rein ökonomisch betrachtet, stellen Staatsmittel, wenn sie einseitig an bestimmte Unternehmen oder Branchen fließen, eine Subvention dar. Daher wollen wir Drittmittelforschung mit Staatsgeldern nun kurz unter diesem Aspekt betrachten.

Direkte Subventionen

Die staatliche Finanzierung der Forschung einer bestimmten Branche oder einer bestimmten Richtung bedeutet ökonomisch einen Eingriff in die Marktkräfte durch Subventionen zugunsten der Geldempfänger und zulasten aller Nicht-Empfänger. Wie Monique Goyens, die Leiterin des europäischen Verbraucherschutzverbandes BEUC, richtig sagt, werden dadurch die Kosten der Forschung einer ganz bestimmten Branche sozialisiert, der Nutzen dagegen bleibt privatisiert. Das gilt für alle Arten von staatlichen Forschungssubventionen, ja generell für überhaupt alle Subventionen, beispielsweise auch für die staatliche Subventionierung von Solar- oder Windstrom, die oft von Vertretern großer Energiekonzerne beklagt wird. Solche Subventionen stellen einen Eingriff in die Marktkräfte durch politische Kräfte dar. Die Entscheidungen darüber sollten daher politisch legitimiert und öffentlich bekannt sein oder öffentlich diskutiert werden.

Die Solar- und Windkraftsubventionierung ist ein gutes Beispiel dafür, wie ein öffentlicher Diskurs über solche Subventionen stattfinden kann. Egal, ob man dafür oder dagegen ist, es findet eine breite Diskussion darüber statt, und auf der Basis dieser Diskussion oder dieses Diskurses kommt es zu einer politischen Entscheidung. Dies wäre ein vergleichsweise transparenter Entscheidungsfindungsprozess. Äußerst intransparent dagegen laufen die Entscheidungen über die oben geschilderten Zuwendungen an einzelne Branchen durch das Bundesministerium für Bildung und Forschung (BMBF) oder durch die EU über die ETP oder GTI ab.

Indirekte Subventionen

Die von industriellen Geldgebern zur Verfügung gestellten Drittmittel finanzieren häufig nur Teile der Gesamtkosten, die bei der Forschung anfallen. Ein Teil der Kosten wird normalerweise von den Hochschulen durch Steuermittel finanziert und damit von allen Steuerzahlern getragen. Der öffentlich finanzierte Anteil stellt eine Subvention an das Unternehmen dar, für das geforscht wird.

Das *Forschungshandbuch 2007* gibt potenziell interessierten Wissenschaftlern für die Anbahnung industrieller Kooperationen zehn Tipps. Einer davon, Tipp Nummer 4, lautet: »Jeder potenzielle industrielle Partner erwartet eine entsprechende wissenschaftliche Infrastruktur einschließlich Räumlichkeiten und fachlich eingewiesenen Mitarbeitern auf der Gegenseite und finanziert in aller Regel nicht deren Aufbau, sondern allenfalls die für das Projekt notwendige Ergänzung.«[544] Die Finanzierung der »wissenschaftlichen Infrastruktur einschließlich Räumlichkeiten und fachlich eingewiesenen Mitarbeitern auf der Gegenseite«, das heißt auf der Hochschulseite, stellt eine Subvention für den industriellen Partner dar und damit einen marktverzerrenden Staatseingriff.

INTRANSPARENZ

Eine breite öffentliche und transparente Diskussion des Für und Wider von Subventionen in Milliardenhöhe durch steuerfinanzierte Forschungsmittel an die Großindustrie auf EU- oder nationaler Ebene findet leider nicht statt, wie wir nun immer wieder gesehen haben. Hier gibt es fast gar keine Transparenz. Über die Verwendung dieser Milliarden wird weitestgehend hinter verschlossenen Türen verhandelt, sei es in Ministerien, sei es in Foren, wie der oben dargestellten Forschungsunion, oder in GTI unter Ausschluss missliebiger Akteure, wie Umweltschutzverbänden und anderen zivilgesellschaftlichen Vereinigungen. Auch die Parlamente, in denen die gewählten politischen Vertreter sitzen, werden hier weitestgehend nicht einbezogen. Warum nur herrscht hier solche Geheimniskrämerei? Weshalb findet hier keine auch nur annähernd so breite Diskussion in den Medien statt wie über das Für und Wider der Solar- und Windstromerzeugung, obwohl es um Dutzende Milliarden Euro Steuergelder geht?

Oft hört man das platte Argument, über solch komplizierte wissenschaftliche Fragen könnten nur wissenschaftliche Experten entscheiden. Dieses Argument ist aber falsch und nur vorgeschoben. Zum einen gibt es bei Greenpeace und anderen Organisationen sowie in der unabhängigen Wissenschaft sehr viele wissenschaftliche Experten, die durchaus kompetent wären, einige Sachverhalte einzuschätzen, wenn sie nur davon wüssten. Zum anderen ist das wohl gar nicht der entscheidende Punkt.

Über Grundsatzentscheidungen kann man sehr wohl öffentlich diskutieren. Man muss kein Turbinen- oder Solarzellen-Ingenieur sein, um über die Frage »Wollen wir Wind- und Solarenergie öffentlich subventionieren oder nicht?« öffentlich diskutieren zu können. Jeder technische Laie kann dazu seine Ansicht vertreten. Ebenso wenig muss man Triebwerkspezialist sein, um über die Frage zu diskutieren, ob wir eine milliardenschwere Subventionierung der Luftfahrtindustrie haben wollen oder nicht. Die Entscheidung über diese grundlegenden Themen wird jedoch nicht von öffentlichen Diskussionen flankiert durchgeführt. Die Entscheidungen sowie Informationen über die konkreten Geldflüsse an bestimmte Geldempfänger sowie deren Auswirkungen werden der breiten Öffentlichkeit vorenthalten, denn hinter verschlossenen Türen lassen sich Partikularinteressen zugunsten der Finanzelite sehr viel besser durchsetzen.[545]

INFORMATIONSASYMMETRIEN

Was geschieht eigentlich, wenn Unternehmen scheinbar unabhängige Wissenschaftler einspannen, um in der Außendarstellung glaubwürdiger zu erscheinen? Diejenigen Unternehmen, die diese verbreitete Methode nutzen, leihen sich (häufig unberechtigt) einen guten Ruf. Es findet eine Art Kreditleihe durch die Wissenschaft (im Sinne von Glaubwürdigkeitsleihe) statt. Dadurch entstehen, ökonomisch betrachtet, Informationsasymmetrien zugunsten der Unternehmen, die sie zulasten der Verbraucher nutzen können. Schließlich können die Verbraucher in den meisten Fällen nicht einschätzen, ob die Aussagen der Wissenschaftler objektiv richtig oder einseitig verzerrt zugunsten ihrer industriellen Finanziers sind. Letzteres ist vermutlich der Normalfall, wie die genannten Beispiele – die problemlos vervielfacht werden könnten[546] – zeigen.

Diese Informationsasymmetrien können für Absatzzwecke genutzt werden, indem gegenüber den Verbrauchern gezielt Teile der Information zurückgehalten werden. Die Praxis bewusst einseitiger Produktinformation ist leider weit verbreitet. Sie ist das Grundprinzip allen Marketings: Produkte oder Dienstleistungen werden von ihrer Sonnenseite dargestellt, natürlich nicht von ihrer Schattenseite, sonst würden sie ja weniger gekauft. Aufgabe und Grundprinzip jeder Werbung ist es, gerade *keine* ausgewogene Produktinformation zu geben, sondern bestimmte Teilwahrheiten hervorzuheben. Daher wird gekaufte Forschung auch häufig zu Werbezwecken eingesetzt.

Ökonomisch gesehen, führen Informationsasymmetrien zu Marktverzerrungen und damit zu gesamtwirtschaftlichen Wohlfahrtsverlusten. So ziehen auch die gekaufte Forschung und industriefinanzierte Hochschulwissenschaftler in vielen Fällen gesamtwirtschaftliche und gesamtgesellschaftliche Verluste oder gar Schäden nach sich. Von der unermüdlich gepriesenen Winwin-Situation bei Drittmittelprojekten gewinnen selbstverständlich im Normalfall die beiden unmittelbar beteiligten Parteien, die Finanziers und die finanzierten Wissenschaftler. Allerdings gewinnen sie oft auf dem Rücken der Allgemeinheit, auf die man letztlich Kosten oder Schäden abwälzt, wie zahllose Beispiele zeigen.

4
SCHLÜSSELFRAGEN

Aus den bisherigen, stark empirisch orientierten Ausführungen lassen sich drei Schlüsselfragen herausdestillieren, denen an dieser Stelle nachgegangen werden soll:

Erstens: Wollen wir zunehmend einseitige oder vielfältige Forschung?

Zweitens: Wollen wir, dass die besseren Argumente entscheiden oder diejenigen, denen mehr Geld zur Verfügung steht?

Drittens: Wollen wir immer tendenziösere oder möglichst freie Forschung?

1. EINSEITIGKEIT ODER VIELFALT?

Wenn man diese vielen Einzelbeispiele – die beinahe beliebig fortgesetzt werden könnten – auf sich wirken lässt, stellen sich immer wieder die gleichen Fragen: Wie stark werden die direkt oder indirekt begünstigten Wissenschaftler durch die Konzerngeldzuwendungen in ihren Meinungen, Ansichten oder Einschätzungen beeinflusst oder gar korrumpiert? Inwieweit wird ihre wahre Meinung verfälscht zu einer unwahren oder teilwahren, einseitigen Meinung? In einzelnen Fällen mag das vorkommen, aber es ist meiner Einschätzung nach nicht der zentrale Punkt, sondern lenkt von der zentralen Fragestellung ab. Denn in den allermeisten Fällen – abgesehen von den wenigen Beispielen, in denen Wissenschaftler später zugaben, dass sie ihre Daten vorsätzlich manipuliert haben, um zu den erwünschten Ergebnissen zu kommen – dürften die betreffenden Wissenschaftler von ihren Aussagen weitgehend überzeugt sein.

Greifen wir noch einmal das oben geschilderte Beispiel auf, in dem Google einem Rechtswissenschaftler für eine bezahlte Studie nicht nur das Ergebnis vorgab, sondern sogar die sechs Hauptargumente, wie man das Ergebnis herleitet. Wie geschildert, nahm ein Wissenschaftler das Angebot an, erhielt das Geld und veröffentlichte eine wissenschaftliche Studie mit dem gewünschten Ergebnis.

Möglicherweise haben die von Google vorgegebenen sechs Argumente und das Ergebnis den Wissenschaftler, der das Angebot akzeptierte, einfach überzeugt. Vielleicht waren die Argumente in seinen Augen schlagend gut, und der Wissenschaftler war zuletzt selbst von seinem veröffentlichten Ergebnis felsenfest überzeugt – unabhängig von der Geldzahlung durch Google, unabhängig von der Entwicklung und Herleitung des Ergebnisses durch Google-Anwälte, denn dass die Argumentation von hoch bezahlten und sicherlich hochintelligenten Google-Juristen brillant sein muss, dürfte außer Frage stehen. Doch diese Argumentation führt vom Kernproblem weg. Die zwei für mich zentralen Themen lauten: »Einseitigkeit« und »Macht«.

Zum Tatbestand der Einseitigkeit gibt es ein schönes Gleichnis, das Gleichnis von den blinden Männern und dem Elefanten: Ein Weiser fragte mehrere Blinde: Was ist ein Elefant? Jeder der Blinden betastete einen Körperteil des Elefanten, und jeder kam zu einer anderen Schlussfolgerung. Einer meinte, ein Elefant sei wie ein Baum, ein anderer sagte, wie eine Schlange, der nächste empfand ihn wie eine Wand und so weiter.

Das Interessante an diesem Gleichnis ist: Jeder Einzelne hat mit seiner Darstellung vollkommen recht. Um zu einer wirklichkeitsnahen oder wahrheitsgemäßen Darstellung zu kommen, reichen Teilanalysen jedoch nicht aus. Dazu müssten alle oder zumindest mehrere Seiten berücksichtigt werden. Gegenstände wissenschaftlicher Untersuchungen sind praktisch immer äußerst komplex, wie die oben angeführten Fallbeispiele zeigen. Komplexe Gegenstände muss man, um sie ganzheitlich einschätzen zu können, von allen oder zumindest mehreren Seiten betrachten.

Ausgezeichnete wissenschaftliche Argumente können für praktisch alle Teilaspekte entwickelt werden. So überrascht es nicht, dass sich gründliche Wissenschaftler finden, die exakt zu *den* Ergebnissen kommen, die dem Wohl der geldgebenden Konzerne dienen. Die meisten dieser Ergebnisse dürften wissenschaftlich gesehen vollkommen korrekt sein.

An dieser Stelle wird die Frage der wissenschaftlichen Korrektheit aufgeworfen im Sinne von umfassender Vollständigkeit: Welche Teilaspekte wurden nicht oder nur am Rande berücksichtigt?

Halbwahrheiten, Drei-Viertel-Wahrheiten oder Neun-Zehntel-Wahrheiten sind in den Teilbereichen, auf die sie zutreffen, auch Wahrheiten, aber eben nur Teilwahrheiten. Hier müssen wir die ethische Frage aufwerfen, die Frage der Moralität der Wissenschaftler: Begnüge ich mich bei der Darstellung eines Gegenstands mit einem Teilaspekt, und falls ja, lege ich dies deutlich offen, oder versuche ich eine ausgewogene Gesamtdarstellung? Ist sich der Wissenschaftler darüber bewusst, dass er mit einer einseitigen Darstellung zum Vorteil von Konzernen, die Geld dafür zahlen, die öffentliche Meinung beeinflusst?

2. (GELD-)MACHT ODER OFFENER WETTBEWERB DER ARGUMENTE?

Da die Gegenstände wissenschaftlicher Untersuchungen praktisch immer sehr komplex sind, können die verschiedensten Teilaspekte dazu untersucht werden. So entstehen einseitige, aber wissenschaftlich korrekte Darstellungen, die meist auf Teilwahrheiten beruhen, wie wir in vielen Fallbeispielen gesehen haben. Nun stellt sich die Frage: Welche Ansicht setzt sich in den Medien und damit in der öffentlichen Meinung und somit auch in der Politik durch? Welche Argumentationslinie gewinnt die Übermacht? Kann eine Seite ihren Argumenten über Geld- und Kapitalmacht eine größere Aufmerksamkeit verschaffen?

Hierfür ist häufig nicht die Qualität oder die Richtigkeit der Argumente entscheidend, denn die Argumentation bei der Betonung von Teilaspekten ist ja in der Regel wissenschaftlich hieb- und stichfest und im Normalfall ausgezeichnet, sondern es entscheidet in vielen Fällen die ökonomische Macht in Form von Geld und Kapital.

Der ehemalige Präsident von Harvard, Derek Bok, bringt diesen Tatbestand gut auf den Punkt. Er schreibt 2003:

>»Finanzierung durch Industriegelder kann die Stimme derer, die sie bekommen, verstärken, sie ermutigen, ihre Forschungen fortzusetzen sowie ihre Ansichten entschiedener und stärker zu vertreten. Solche Taktiken können die Öffentlichkeit irreführen und die Diskussion über wichtige Themen verzerren.«[547] Genau das findet in großem Stile statt. Die Meinung der Konzerne setzt sich aufgrund schierer Geldmacht durch.

Laut dem Soziologen Richard Münch sind die »idealen Bedingungen der Wissensevolution [...] Vielfalt und offener Wettbewerb«.[548] Beide werden durch milliardenschwere Zahlungen von Konzerngeldern und Konzern-Einflussnahme über Netzwerke tief untergraben. Sowohl die Vielfalt als auch der offene Wettbewerb wird durch Industriegelder eingeschränkt. Es findet eine unzulässige und unsere Gesellschaft schädigende Verengung der Fragestellungen und auch der Ergebnisse statt. Wichtige Teile unserer Forschung werden in ein Industriekorsett gezwängt.[549] Es herrscht kein fairer Wettbewerb der Argumente.

Auf wirtschaftlichem Gebiet gibt es ein Gesetz gegen Wettbewerbsbeschränkungen (GWB). Laut Wikipedia hat es folgende Aufgaben:

>»Das Gesetz bezweckt die Erhaltung eines funktionierenden, ungehinderten und möglichst vielgestaltigen Wettbewerbs; es reglementiert und bekämpft daher vor allem die Akkumulation und den Missbrauch von Marktmacht sowie die Koordination und Begrenzung des Wettbewerbsverhaltens unabhängiger Marktteilnehmer.«

Faire Wettbewerbsbedingungen liegen heute auf vielen Forschungsgebieten nicht vor, und sie verschlechtern sich mit der Zunahme von Industriegeldern für die Hochschulforschung immer mehr. Wir sehen heute in wachsendem Ausmaß die Akkumulation und den Missbrauch einzelner Argumentationsstränge sowie der Koordination und Begrenzung des Meinungswettbewerbs unabhängiger Diskussionsteilnehmer durch Marktmacht.

Daneben gibt es in Deutschland auch das Gesetz gegen den unlauteren Wettbewerb (UWG), das vor allem die Sittlichkeit, Lauterkeit und Fairness des Wettbewerbs gewährleisten soll. Zu Recht. Wo sind ein Forschungs-GWB und ein UWG, die den fairen Wettbewerb und die Lauterkeit in der Wissenschaft wiederherstellen? Die zunehmende Einflussnahme von Konzerngeldern verzerrt in immer größerem Umfang den Wissenschaftswettbe-werb. Doch bislang wird das Problem kaum angegangen, ja kaum wahrgenommen.

3. STRUKTURELL TENDENZIÖSE ODER FREIE FORSCHUNG?

Gelder aus der Industrie führen – neben vielen anderen ungüns-tigen Wirkungen – zu strukturell einseitiger Ausrichtung von Forschung. Die Gegenstände der Forschung werden durch Geld-zuwendungen häufig zugunsten der Geldgeber beeinflusst. Bild-lich gesprochen, könnte man freie Forschung mit vielfältigem Pflanzenwuchs in der freien Natur vergleichen, Drittmittelfor-schung mit Zimmerpflanzen, die sich immer zum Licht – den Geldströmen – wenden. Die Rück- oder Schattenseiten werden nicht oder kaum erforscht. Geldmittel aus der Wirtschaft führen dadurch strukturell zu einseitigen Fragestellungen. Diese werden mit wissenschaftlich korrektem Handwerkszeug, mit großer Ak-ribie, Fleiß und Hingabe erforscht. Manche Forschungsgebiete werden stark gedüngt und bewässert durch Industriegelder, an-dere Forschungsgebiete werden weder gedüngt noch bewässert, und so verdorren sie.

Für dieses »Verdorren« mancher Forschungsgebiete gibt es einen Fachausdruck in der Medizin- und Lebensmittelforschung: Orphan Diseases oder Orphan Crops, verwaiste Krankheiten oder verwaistes Saatgut. Damit ist gemeint, dass solche Krank-heiten, die keine Aussicht auf Gewinne bieten, auch nicht er-forscht werden, beispielsweise Krankheiten in armen Ländern, wo die Erkrankten für ihre Behandlung nicht viel Geld bezahlen können. Ähnliches gilt für bestimmte Saatgutforschung: Solche Pflanzen, mit denen man kein Geld verdienen kann, werden nicht weiter erforscht.[550]

In einer unabhängigen Untersuchung zur Unkrautbekämpfung beispielsweise wurde festgestellt, dass von 1983 bis 1992 in der Zeitschrift *Weed Science* »70 Prozent der publizierten Forschung sich mit Herbiziden, 20 Prozent mit Unkrautbiologie, aber nur 10 Prozent mit integrierten, nicht chemischen Methoden der Unkrautkontrolle«[551] befassten. Kein Wunder, die Pflanzengiftindustrie verdient viel Geld mit Unkrautvernichtungsgiften, aber nicht mit natürlicher Unkrautkontrolle.

Ein großer und wachsender Teil unserer Forschung folgt durch das starke Wachstum der Drittmittelforschung direkt und indirekt mehr und mehr diesem Prinzip der Forschungssteuerung in für Großunternehmen lukrative Forschungsgebiete. Derek Bok schreibt, dass heute viele Forschungsideen nicht durch unabhängige Recherchen und Nachdenken seitens der Hochschulforscher entstehen, sondern durch Einflussnahme von außen.[552] Diese Einflussnahme von außen hat in seinen Augen derart zugenommen, dass er gar das Wesen akademischer Wissenschaft fundamental verändert sieht.[553]

Hinzu kommt, dass durch die Anreizstrukturen, wie sie heute in Form der Existenz einer Fülle von interessanten Drittmitteln bestehen, Universitäten und Forscher bereits im Vorfeld in solche Forschungsrichtungen gedrängt werden, die geeignet sind, Sponsoren anzuziehen.[554] Man forscht da, wo *profitable* Ergebnisse zu erwarten sind, nämlich im Sinne von Ergebnissen, die geeignet sind, Drittmittelgeber anzuziehen. Wie die Pflanze zum Licht, so strebt mancher[555] Forschergeist zum Ruhm, und der ist vor allem dort zu finden, wo Drittmittel fließen.

Über 75 Prozent aller Forschung in Deutschland ist industriegelenkt! Im Jahr 2011 entfielen etwa zwei Drittel (67,7 Prozent) aller Forschungsaktivitäten unmittelbar auf die Industrie, an den Hochschulen fanden 17,8 Prozent der Forschung statt, im öffentlichen Bereich, der insbesondere die vier großen Forschungseinrichtungen umfasst, sowie bei Sonstigen waren es 14,5 Prozent (gemessen an den Forschungsausgaben).[556]

Um das tatsächliche Ausmaß des Industrieeinflusses auf die Forschung in Deutschland zu ermitteln, müssen jedoch noch weitere Zahlen zu den 67,7 Prozent direkter Industrieforschung hinzuaddiert werden:

➤ *Erstens:* Drittmittel aus der gewerblichen Wirtschaft an Hochschulen: rund 1,3 Milliarden Euro oder 1,7 Prozent der gesamten Forschungsausgaben.
➤ *Zweitens:* Drittmittel aus Stiftungen an Hochschulen. Da Stiftungen häufig industrienahe Interessen verfolgen, seien hier 75 Prozent dieser Zahlungen als industrienah klassifiziert.[557] Also: Drei Viertel von 7,1 Prozent aller Drittmittel in Höhe von rund 5,9 Milliarden Euro entsprechen 313 Millionen Euro oder 0,4 Prozent aller Forschungsausgaben.
➤ *Drittens:* Da Industrievertreter über einseitige Gremienbesetzung erheblichen Einfluss auf die Forschungsagenden, das heißt die Forschungsgegenstände öffentlicher Mittel, nehmen, sei hier angenommen, dass 75 Prozent der Steuermittel für Forschungszwecke auf EU- und nationaler Ebene direkt oder indirekt Industrievorgaben folgen. In Zahlen entspricht dies etwa 1,2 Milliarden Euro oder 1,6 Prozent aller Forschungs-ausgaben auf nationaler und 455 Millionen Euro oder 0,6 Prozent aller Forschungsausgaben auf EU-Ebene.
➤ *Viertens:* Da zwei der vier großen Forschungsgemeinschaften starke finanzielle und personelle Verflechtungen mit der Industrie aufweisen, sei angenommen, dass 25 Prozent aller Forschungsanstrengungen hier ebenfalls in Richtung Industrieinteressen stattfinden. Das entspricht rund 2,7 Milliarden Euro oder 3,6 Prozent aller Forschungsausgaben.

Addiert man diese Zahlen, so ergeben sich in Summe rund 57,1 Milliarden Euro oder 75,6 Prozent aller deutschen Forschungsausgaben. Auch wenn dies nur eine grobe Schätzung ist, so gibt es doch eine Größenordnung an. Im Ergebnis sehen wir, dass bereits heute vermutlich drei Viertel der Forschung in Deutschland direkt oder indirekt durch die Industrie gelenkt sind beziehungsweise im Dienste der Industrie oder von Geldinteressen stehen. Eine stattliche Zahl!

Der Ruf nach mehr Kooperationen von Hochschulen mit der Privatwirtschaft, nach »Abbau von Berührungsängsten« mit der Industrie, nach mehr Praxisorientierung der Hochschulforschung, nach mehr Drittmitteleinwerbung bedeutet, dass der Einfluss von Geldinteressen *noch größer* werden soll. Diese Forderung mutet angesichts der bereits heute bestehenden Größenverhältnisse verwunderlich an. Wie groß soll der industriegelenkte Forschungsanteil bei uns eigentlich noch werden? Reichen 75 Prozent nicht? Wie viel Raum bleibt noch für wirklich freie Forschung? Wer forscht eigentlich noch für die Gesamtheit und nicht für Partikularinteressen?

5
GESELLSCHAFTLICHE FOLGEN

Durch die stark zunehmende Einflussnahme seitens der Wirtschaft wird unsere Forschungslandschaft immer tendenziöser,
was diametral der eigentlichen ursprünglichen Absicht eines frei-
en Wissenschaftsgeistes widerspricht. Dies hat mehrere fatale
Folgen für unsere Gesellschaft, die weit über den Wissenschaftsbereich hinausgehen.

Da »mit beunruhigender Häufigkeit Geld über Grundsätze
zu triumphieren scheint«,[558] wie Derek Bok feststellt, kann dies
dazu führen, dass »am Ende das Vertrauen in die gesamte wissenschaftliche Forschung leiden kann«.[559] Unter der Überschrift
»Endabrechnung« (»A Final Accounting«) führt er aus, es drohe
eine »Wolke des Misstrauens« über allen Arten von wissenschaftlichen Berichten zu schweben, seien es Forschungsergebnisse oder Kommentare zu Fragen von allgemein gesellschaft-
lichem Interesse. Da mehr und mehr Studien und Artikel erscheinen, welche die finanziellen Verflechtungen der wissenschaftlichen Autoren aufzeigen, könnte die Öffentlichkeit die
Objektivität der Forschung bezweifeln und das Vertrauen in
öffentliche Stellungnahmen von Professoren zu einer großen
Bandbreite von Themen verlieren, von neuen Medikamenten
und medizinischen Behandlungen bis hin zu Ernährungsrat-

schlägen, Klimaerwärmung, Beschäftigungssicherheit und vielem anderen.[560]

Ich zitiere Derek Bok deshalb so ausführlich, da er als ehemaliger langjähriger Präsident von Harvard ein mächtiger Insider ist und zugleich die Konsequenzen tendenziöser Forschung sehr gut beurteilen kann. Die USA werden von vielen mitteleuropäischen Befürwortern als großes Vorbild für das Engagement privater Gelder im Wissenschaftsbereich hingestellt.[561] In der Tat ist die Forschungsfinanzierung in den USA durch Industrie- und private Gelder sehr viel weiter fortgeschritten als bei uns und hat dort eine lange Tradition. Daher zeigen sich in den USA auch die negativen Konsequenzen viel deutlicher als bei uns. Und so sollen die kritischen Betrachtungen von Derek Bok als Mahnung dienen, das US-Modell unkritisch und unhinterfragt auf Mitteleuropa zu übertragen, wie es hierzulande leider nur allzu oft geschieht.

Die Zeit wies Mitte 2013 auf die Schlüsselrolle hin, welche die Wirtschaft heute für die Meinungsbildung in der Öffentlichkeit spielt, und stellte die Frage:

»Was aber, wenn sich hinter den Wissenschaftlern in Wirklichkeit Unternehmen verbergen? Wenn es bei all der Forschung nicht um die Wahrheit geht, sondern um Geld?«[562]

Laut einer Meinungsumfrage der Europäischen Kommission von 2010 misstrauen die Europäer Wissenschaftlern bei umstrittenen wissenschaftlichen Fragen wegen deren zunehmender Abhängigkeit von Industriegeldern.[563] Kein Wunder!

Der Spiegel kommt in einem Artikel vom Juni 2014 mit dem treffenden Titel »Unis im Dienst der Wirtschaft: Millionen gesucht, Glaubwürdigkeit abzugeben« zu dem Ergebnis, dass die Hochschulen aufgrund der steigenden Gelder aus der Industrie zunehmend ein unbezahlbares Gut verlieren: ihre Glaubwürdigkeit.[564] Wollen wir das wirklich?

LÖSUNGSVORSCHLÄGE - ALLGEMEIN

Problem erkannt, Problem gebannt. Der Analyse von Missständen sollten selbstverständlich mögliche Lösungsvorschläge folgen. Zuletzt wollen wir daher – ohne Anspruch auf Vollständigkeit – einige Lösungsmöglichkeiten vorstellen, zunächst für alle Branchen und im Anschluss speziell für die Pharmaindustrie, da für diese wegen der dort vorliegenden besonders gravierenden Übel bereits mehrere konkrete Abhilfevorschläge von den verschiedensten Autoren vorliegen.

Verbot direkter Geldflüsse

Um die direkte oder indirekte Einflussnahme von Geld auf wissenschaftliche Ergebnisse zu verhindern, müsste man in letzter Konsequenz den Durchgriff von Finanzinteressen sowohl auf den Forschungsgegenstand wie auf die Forschungsergebnisse verhindern. Im Prinzip ist die Lösung ganz einfach: Wir brauchen ein Verbot direkter Geldflüsse von Wirtschaftsunternehmen an Hochschulen, Hochschuleinrichtungen (inklusive An-Institute) oder Hochschulpersonal.[565] Nach meinem Dafürhalten kann auf Dauer nur dadurch eine schädliche industrielle Einflussnahme, wie sie heute stattfindet, verhindert werden. So könnten auch solche Absurditäten wie ein Hörsaal »EasyCredit« oder »Aldi Süd« verhindert oder abgeschafft werden.

Werbeverbot an Schulen

Am Rande sei bemerkt, dass das Gleiche auch auf dem Schulsektor stattfinden müsste: Wir brauchen ein strenges Sponsoring- und Werbeverbot für Wirtschaftsunternehmen an Schulen. Durch Industrieunternehmen erstelltes oder finanziertes oder teilweise finanziertes Unterrichtsmaterial sollte an Schulen schlichtweg verboten sein. Es gehört in den Mülleimer, nicht in die Klassenzimmer und in die Köpfe der Kinder und Jugendlichen.

Finanzieller Ausgleich

Das vorgeschlagene Verbot sollte nicht alle Mittel umfassen, sondern nur direkte industrielle Drittmittel. Bei einem Verbot direkter Drittmittelzahlungen von Wirtschaftsunternehmen an Hochschulen wären unmittelbar nur etwa 1,3 Milliarden Euro betroffen. Das sollte verkraftbar sein. Da aber auch der Wegfall dieser Mittel viele Hochschulen schmerzen würde, müsste im Gegenzug die öffentliche Finanzierung der Hochschulen entsprechend erhöht werden. Das sollte machbar sein: Man könnte beispielsweise die hohen Milliardenbeträge, die durch das Bundesministerium für Bildung und Forschung (BMBF) oder die EU für zweckgebundene Forschung zur Verfügung gestellt werden, direkt und ungebunden den Hochschulen zufließen lassen, statt sie wie heute über einseitig industriedominierte Entscheidungsgremien einzelnen konkreten Projekten zukommen zu lassen, durch die überwiegend Industrieunternehmen subventioniert werden. Das Geld ist ja durchaus da. Es wird nur falsch ausgegeben.

Man nehme die »Hightech-Strategie«, für die die Bundesregierung allein im Jahr 2014 elf Milliarden Euro investieren wollte![566] Gemessen an den gesamten Forschungsausgaben *aller* deutschen Hochschulen von 13,5 Milliarden Euro im Jahr 2011 oder dem Gesamtbudget sämtlicher deutscher Hochschulen von gut 26 Milliarden Euro im Jahr 2010 wären allein mit diesen elf Milliarden Euro wohl alle Finanzierungsprobleme sämtlicher Hochschulen erst einmal erledigt. Kurz: Der Wegfall von rund 1,3 Milliarden direkter Drittmittel von Wirtschaftsunternehmen an Hochschulen sollte bei etwas gutem Willen auszugleichen sein.

Die Frage ist, ob Stiftungen von diesem Verbot ausgenommen werden sollten. Wirklich unabhängige Stiftungen könnten davon natürlich ausgenommen werden. Allerdings zeigen einige Beispiele, dass sich viele Stiftungen als unabhängig deklarieren, in Wirklichkeit jedoch industrienahe Partikularinteressen vertreten. Mäzenatentum im engeren Sinne, also Gelder von Privatpersonen, könnten von diesem Verbot möglicherweise ebenfalls ausgenommen werden. Doch auch hier gibt es einige negative Beispiele, wie (ehemalige) Eigentümer von Unternehmen als Privatpersonen Hochschulen Geld zur Verfügung stellten, allerdings dann ungebührlichen Einfluss auf die Forschung nahmen. Es gibt hier aber auch sehr viele positive Beispiele.

Fondslösungen

Falls eines der Verbote nicht funktionieren sollte, was höchst bedauerlich wäre, könnte man Fondslösungen ins Auge fassen. Von Unternehmen zur Verfügung gestellte Gelder werden in einen Fonds eingebracht, der von einem unabhängigen Gremium verwaltet wird, das über die Mittelverwendung entscheidet. Allerdings weist Marcel Hänggi zu Recht darauf hin, dass zwischen verschiedenen unabhängigen Fonds oder Stiftungen kein Wettbewerb herrschen dürfte, sodass »die Unternehmen nicht wählen können, welcher Stiftung sie ihr Geld geben möchten«.[567] Denn sonst geschieht dasselbe wie in der Pharmaforschung: Wenn privat organisierte Pharmaforschung (Contract Research Organisations, CRO) – ähnlich der in der Einleitung genannten indischen Firma GVK Biosciences –, die Auftragsforschung für Pharmaunternehmen betreibt, nicht das gewünschte Resultat erbringen, nämlich positive Ergebnisse für ein Medikament, erhalten sie keine neuen Aufträge. Solche Selektionsprozesse würden einen Wettlauf nach unten, hin zu den niedrigsten Standards, in Gang setzen.

Keine Lösung ist meiner Meinung nach das australische Finanzierungsmodell: In Australien wird nahezu die gesamte staatliche Grundfinanzierung der Forschung vollständig an Leistungsindikatoren gebunden, vor allem in welchem Umfang Universitäten Erfolg hatten, staatliche Drittmittel einzuwerben, und wie groß die Zahl der Publikationen ist.[568] Die Vergabe der

Mittel erfolgt praktisch ausschließlich über zwei staatliche Institutionen, deren Forschungsräte den jeweiligen Ministerien unterstehen. Dadurch haben Minister letztlich eine Veto- und Entscheidungshoheit, von der sie auch reichlich Gebrauch machen. Die australische Forschungsfinanzierung wird daher von verschiedenen Beobachtern als »karg und biased«, einseitig und schlecht beurteilt.[569]

Transparenz

Sehr häufig wird von den Befürwortern verstärkter Kooperationen von Hochschulen mit Wirtschaftsunternehmen betont, dass Transparenz von größter Bedeutung sei. Was die Verflechtungen von Industriegeldern mit öffentlichen Hochschulen anbelangt, ist größere Transparenz beziehungsweise die Offenlegung der Geldquellen allerdings *keine* Lösung. Das soll nicht heißen, dass man die Geldquellen nicht offenlegen sollte. Es werden immer wieder Verträge oder Abkommen geheim gehalten und Transparenz minimiert.[570] Doch reicht Offenlegung nicht aus, um objektive Forschung sicherzustellen. Im Gegenteil: Es gibt zahllose Beispiele, die zeigen, dass man umso ungenierter einseitig zweckgebunden forschen kann, wenn die Geldquellen offengelegt sind. Das häufig zitierte Schlagwort der Transparenz ist in keiner Weise ein Garant für eine unabhängige Forschung. Transparenz hilft nicht beim Kernproblem Einseitigkeit. Das permanente Betonen von Transparenz, Offenheit und Klarheit durch Industrievertreter oder industrienahe Institute oder Lobbyisten dient dazu, der Öffentlichkeit Sand in die Augen zu streuen und vom eigentlichen Problem abzulenken. Es sind schön klingende Worthülsen, die den Anschein erwecken sollen, es sei alles in Ordnung, wenn nur Transparenz herrschte. Das ist aber eine Illusion.

Ein viel größeres Maß an Transparenz wäre sehr wünschenswert, was die Entscheidungsgremien anbelangt, die über die Vergabe von Steuermitteln bestimmen. Über Internetrecherche kann man deren Zusammensetzung durchaus erfahren, allerdings ist es schwierig herauszufinden, welche Branchen oder gar welche Unternehmen konkret von welchen Projekten in welcher Höhe subventioniert werden. Das sollte man eigentlich in einer Art Subventionsbericht jährlich veröffentlichen.

Einbindung zivilgesellschaftlicher Organisationen

Statt der derzeitigen extrem einseitigen Vertretung von Industrieinteressen in den wichtigen staatlichen Entscheidungsgremien – beispielsweise »Innovationsdialog« und »Forschungsunion« auf nationaler Ebene oder ETP beziehungsweise GTI auf EU-Ebene – sollten auch Vertreter von zivilgesellschaftlichen Organisationen beigezogen werden. Hier sollte mindestens Parität herrschen, das heißt, auf jeden Industrievertreter sollte ein Umweltschutz- oder anderer NGO-Vertreter kommen. Die NGO-Vertreter sollten diese Tätigkeit nicht ehrenamtlich ausführen müssen, sondern dafür ein bestimmtes Budget für personelle und sachliche Unterstützung bekommen, um Unterlagen professionell aufbereiten zu können. In meinen Augen wäre eine 50-prozentige Industrievertretung aber immer noch zu hoch. Weshalb sollte den Wirtschaftsvertretern ein genauso hohes Stimmrecht bei Zukunftsfragen zukommen wie dem gesamten Rest der Gesellschaft?

Mehr Pluralität

Hochschulräte sind wichtige Entscheidungsgremien von Hochschulen, die häufig langfristige Weichenstellungen festlegen. Sie sind eine in Deutschland recht neue Institution und haben sich erst in den letzten etwa 15 Jahren praktisch flächendeckend etabliert.[571] Ein Blick auf die Zusammensetzung der externen Mitglieder der Hochschulräte gemäß einer Studie von 2008 zeigt, dass an staatlichen Universitäten »gut ein Drittel aus der Wirtschaft und hier bevorzugt aus den Großunternehmen« stammt, ein weiteres Drittel aus externen Wissenschaftlern und ein Fünftel aus »Personen von Verwaltung, Politik und Interessengruppen«. An Fachhochschulen ist demnach »der Anteil der Wirtschaftsvertreter noch einmal deutlich höher«.[572]

Laut Uwe Schneidewind und Mandy Singer-Brodowski besteht in den Hochschulräten »eine hohe Dominanz von Vertretern aus dem Wissenschaftssystem und der Wirtschaft. Personen aus anderen gesellschaftlichen Interessengruppen sind kaum vertreten, Repräsentanten von Gewerkschaften oder Umweltverbänden eine Ausnahme«. In vielen Landeshochschulgesetzen werden oft nur Wirtschaftsvertreter als Mitglieder von Hochschulräten explizit hervorgehoben.[573] So liegt nahe, die heute vorherrschende Dominanz von Wirtschaftsvertretern durch eine größere Pluralität zu ersetzen, indem vermehrt Mitglieder zivilgesellschaftlicher Organisationen oder andere Vertreter der Gesellschaft in Hochschulräte aufgenommen werden.

LÖSUNGSVORSCHLÄGE - PHARMAINDUSTRIE

Für die Pharmaindustrie liegen mehrere Lösungsvorschläge unabhängiger Experten vor. Das empfohlene Verbot direkter Geldflüsse von Pharmaunternehmen an Hochschulen, Hochschuleinrichtungen (inklusive An-Institute) oder Hochschulpersonal, insbesondere an Universitätskliniken und deren Personal, vor allem an die wissenschaftlich arbeitenden klinischen Ärzte, gilt selbstverständlich auch hier. Um konkret den Missständen in der Pharmaforschung abzuhelfen, wo es unmittelbar um die Gesundheit der Bevölkerung geht, schlagen diverse Fachleute auch andere Lösungen vor:

➤ *Erster Vorschlag:* ein eigenes unabhängiges Institut zur Überwachung klinischer Prüfungen einzurichten. Die Finanzie-

182

rung sollte über eine bestimmte Abgabe auf die Gewinne der Pharmakonzerne erfolgen. Diese Beiträge hätten jedoch nichts mit Untersuchungen zu einzelnen Medikamenten zu tun. Das Institut würde dann Verträge mit unabhängigen Wissenschaftlern und Ärzten schließen. Durch die Trennung von Finanzierung und Forschung könnten Geldinteressen nicht mehr die Forschungsergebnisse manipulieren, wie es heute an der Tagesordnung ist.[574]

➤ *Zweiter Vorschlag:* Von Transparency International stammt die Idee, ein rein öffentlich finanziertes System von Medikamentenuntersuchungen zu schaffen nach dem Vorbild der kanadischen »Therapeutics Initiative« der Universität von British Columbia. Dort wird die Medikamentenforschung durch die Provinzregierung finanziert und hat keinerlei Bezug zur Pharmaindustrie.[575] Es wäre sehr sinnvoll, wenn nur Ergebnisse dieser öffentlich finanzierten Untersuchungen die Entscheidungsgrundlage für öffentlich-rechtliche Zulassungsstellen bildeten und nicht industriefinanzierte Studien.

➤ *Dritter Vorschlag:* Ein anderes vielversprechendes Modell, das Vorbildcharakter haben könnte, existiert in Italien. Alle in Italien vertretenen Pharmahersteller müssen 5 Prozent ihrer Ausgaben für Werbung an die italienische Zulassungsbehörde zahlen, die damit unabhängige Forschung finanziert. Auf diese Weise konnten im Zeitraum von 2005 bis 2007 für 78 Millionen Euro 151 Studien gefördert werden.[576]

Eine solche Regelung könnte man europaweit einführen und dabei den Abgabensatz auf Werbung langsam von 5 Prozent in festgelegten 5-Punkte-Schritten über einen Zeitraum von circa 20 Jahren auf zuletzt 100 Prozent anheben. Dadurch würde man zwei Fliegen mit einer Klappe schlagen: Zum einen würde sich der Preis von Werbung für die Pharmaindustrie verdoppeln. Das hätte zur Folge, dass die im Pharmabereich nicht nur unnötige, sondern nachgewiesenermaßen schädliche Werbung reduziert würde, was ein Segen für die Bevölkerung wäre. Zum anderen stünden dadurch vermehrt finanzielle Mittel für unabhängige Pharmaforschung zur Verfügung.

SCHLUSSBETRACHTUNG – INDUSTRIEFINANZIERUNG UND IHRE FOLGEN

An dieser Stelle möchten wir die Ergebnisse der vorangegangenen Ausführungen zusammenfassen und der Frage nachgehen, welche Folgen die Industriefinanzierung nach sich zieht.

Auswirkungen auf die Hochschule als Institution

➤ *Erstens:* Etwa 68 Prozent aller Forschung in Deutschland fanden im Jahr 2011 unmittelbar in Industriebetrieben[577] statt, 18 Prozent an Hochschulen und gut 14 Prozent in den großen Forschungseinrichtungen (gemessen an den Forschungsausgaben).

➤ *Zweitens:* Der Anteil der Drittmittel an den Gesamtausgaben der deutschen Hochschulen betrug im Jahr 2010 22,3 Prozent oder 5,9 Milliarden Euro. Davon stammten etwa 1,3 Milliarden Euro direkt aus der Industrie, das entspricht gut einem Fünftel aller Drittmittel der Hochschulen. Im Jahr 2011 waren 1591 Professoren oder 3,8 Prozent aller 41 466 Professoren über Drittmittel finanziert, die lediglich zu etwa zwei Dritteln aus der Industrie beziehungsweise aus industrienahen Stiftungen stammen. Daher erscheint der direkte Einfluss von Industriegeldern auf die Hochschulforschung auf den ersten Blick recht klein oder wenig bedeutsam zu sein.

➤ *Drittens:* Bezieht man die Vergabe öffentlicher Mittel mit ein, verändert sich das Bild: Industrievertreter üben auf nationaler wie EU-Ebene einen erheblichen Einfluss auf die Forschungsagenden aus, das bedeutet, sie legen fest, worüber geforscht wird und vor allem worüber nicht geforscht wird. Außerdem ist die personelle und finanzielle Verquickung mit Industrieinteressen in zwei der vier großen Forschungsgemeinschaften erheblich. Unter Einbeziehung dieser indirekten Einflussnahme kann man davon ausgehen, dass etwa 75 Prozent oder mehr aller Forschungsanstrengungen in Deutschland heute bereits direkt oder indirekt unter Industrieeinfluss stehen. In Anbetracht dieser Zahlen mutet es erstaunlich an, wenn gefordert wird, die Hochschulwissenschaft solle sich für verstärkte Kooperationen mit der Industrie öffnen und vermehrt mit ihr zusammenarbeiten.

➤ *Viertens:* Eine große Zahl unabhängiger Studien kommt zu dem Ergebnis, dass industrienahe Forschung einseitig verzerrt ist zugunsten der Geldgeber, dass häufig keine ergebnisoffene Forschung stattfindet, sondern eine, die von den Geldgebern erwünscht ist. Studien mit unerwünschten Ergebnissen für den Finanzier werden im Normalfall nicht veröffentlicht.

➤ *Fünftens:* Die Betrachtung konkreter Einzelfälle zeigt, dass die Erstellung von direkt mit Industriegeldern finanzierten wissenschaftlichen Studien häufig zur Instrumentalisierung und daher zum Missbrauch der Wissenschaft führt. Dies zieht finanzielle Vorteile der Industriegeldgeber und gesamtgesellschaftliche Schäden nach sich, die in einzelnen Fällen und einzelnen Branchen (insbesondere der Pharma-, Tabak- und Chemieindustrie) erheblich sein können. Die häufig vorgebrachte Behauptung, gehe es der Industrie gut, so gehe es auch dem Lande gut, ist daher in dieser Logik nicht haltbar.

➤ *Sechstens:* Die Betrachtung konkreter Beispiele von Forschungskooperationen zwischen Industrie und Hochschulen oder Forschungsgemeinschaften zeigt, dass auch hier Wissenschaft instrumentalisiert werden kann. Außerdem tritt häufig eine strukturell einseitige Verteilung von Lasten und Nutzen auf: Den Nutzen ernten zum erheblichen Teil die industriellen Geldgeber, die Lasten trägt zum großen Teil die Allgemeinheit.

➤ *Siebtens:* Die viel zitierte Win-win-Situation bei Kooperationen von Industriepartnern mit Hochschulforschung trifft im Normalfall auf die beiden beteiligten Parteien Industrieunternehmen und Hochschulforscher zu, lässt jedoch unberücksichtigt, welche Nachteile dadurch für die Allgemeinheit entstehen.

Ökonomische Auswirkungen

➤ *Erstens:* Die direkte Zuwendung von Steuermitteln im Rahmen staatlicher Forschungsprogramme auf nationaler wie auf EU-Ebene stellt eine einseitige Subvention bestimmter Industriebetriebe dar, und zwar zulasten aller Nichtempfänger, und damit einen fragwürdigen Staatseingriff.

➤ *Zweitens:* Industrielle Drittmittelgelder an Hochschulen, die nicht die gesamten Forschungskosten umfassen, bewirken eine Subvention des Industriepartners durch Staatsmittel, da der Nutzen aus der Forschung überwiegend dem Industriepartner zufließt, die Kosten jedoch teilweise über Steuermittel von der Allgemeinheit getragen werden.

➤ *Drittens:* Wenn scheinbar unabhängige, durch Industriegelder finanzierte Hochschulwissenschaftler dazu genutzt werden, die Außendarstellung des finanzierenden Unternehmens glaubwürdiger erscheinen zu lassen, findet ein Vertrauensmissbrauch durch Wissensasymmetrien statt. Schließlich können die Verbraucher oder die Öffentlichkeit in den meisten Fällen nicht einschätzen, ob die Aussagen der bezahlten Wissenschaftler objektiv richtig oder einseitig verzerrt zugunsten ihrer industriellen Finanziers sind.

Eines der wichtigsten Probleme im Zusammenhang mit industriefinanzierter Hochschulforschung ist die Einseitigkeit der Fragestellung(en), die an einen spezifischen Untersuchungsgegenstand herangetragen wird (werden), des Versuchsaufbaus und damit der Resultate. Betrachten wir nun unsere Ergebnisse unter dem Gesichtspunkt, wie gesponserte Forschung den Wissenschaftler und sein spezifisches Forschungsanliegen beeinflusst:

Auswirkungen auf die Forschung selbst

Erstens: Fast alle Forschung ist in gewissem Sinne einseitig, insofern sie bestimmte Aspekte komplexer Forschungsfragen beleuchtet. Viele wissenschaftliche Erkenntnisse sind daher Teilwahrheiten. Nur die Zusammenschau verschiedener Teilwahrheiten ergibt eine umfassende Wahrheit im Sinne von Vollständigkeit.

Zweitens: Wie soll man mit diesen Teilwahrheiten umgehen, und welcher Aspekt der Wahrheit setzt sich gesellschaftlich durch? Häufig werden interessengeleitete Ergebnisse unredlicherweise als *die* Erkenntnisse der Wissenschaft hingestellt. Im geistigen Wettbewerb der Ideen siegen häufig nicht die besseren Argumente, sondern die Bankkonten der Geldgeber.

Drittens: Es findet ein unfairer, ungleicher Ideenwettbewerb statt, daher bräuchten wir eine Art Gesetz gegen Wettbewerbsbeschränkung (GWB) und Gesetz gegen unlauteren Wettbewerb (UWG) auch auf dem Gebiet der Forschung, um auch hier fairen Wettbewerb herzustellen. Professionelle Industrielobbyvertreter dagegen betonen eine Deregulierung und propagieren vermehrte Kooperationen zwischen Wissenschaft und Industrie. Dadurch wird versucht, die einseitige Durchsetzung von Kapital- oder Geldinteressen sicherzustellen oder auszubauen. Freier, fairer Ideenwettbewerb ist meist nicht im Sinne industrieller Geldgeber.

Viertens: Industriegelder an Hochschulen beeinflussen maßgeblich die Forschungsinhalte. Viele konkrete Einzelbeispiele zeigen, dass hierdurch die Forschung auf Gebiete gelenkt wird, die Industrieinteressen statt Gemeinwohlinteressen nutzen.

Auswirkungen auf die Gesellschaft

➤ *Erstens:* Ein Ungleichgewicht der Machtverhältnisse zeigt sich auch auf öffentlich-rechtlichem Gebiet: Wichtige Entscheidungsforen über steuerfinanzierte staatliche Forschungsgelder sind sehr einseitig mit Industrievertretern besetzt. Dadurch wird Forschung auch entsprechend einseitig in großem Umfang in eine Richtung gelenkt, die Industrieunternehmen nützen statt Gemeinwohlinteressen.

➤ *Zweitens:* Die gesellschaftliche Folge der zunehmend durch Industriegelder gekauften Forschung ist, dass die Glaubwürdigkeit der (Hochschul-)Wissenschaft schlechthin zunehmend infrage gestellt wird. In der Bevölkerung wird nicht zu Unrecht die Wissenschaft zunehmend als tendenziös oder gar korrumpiert und daher nicht mehr als voll vertrauenswürdig wahrgenommen.

➤ *Drittens:* So bedauernswert gesamtgesellschaftlich betrachtet der zunehmende Vertrauensverlust der Bevölkerung in die Wissenschaft durch »gekaufte Forschung« auch sein mag, so ist er aus einzelwirtschaftlicher Sicht doch höchst vorteilhaft. Diejenigen Industrieunternehmen, die diese Methode anwenden, verschaffen sich hierdurch Wettbewerbsvorteile.

➤ *Viertens:* Transparenz: Von Befürwortern vermehrter Forschungskooperationen zwischen Industrie und Wissenschaft wird häufig betont, dass kein Problem bestünde, solange alle Mittelzuflüsse offengelegt würden und die Prozesse transparent seien. Dieses Argument ist jedoch falsch. Abgesehen davon, dass immer wieder Verträge und Geldzuwendungen nicht oder nur unzureichend offengelegt werden, bleibt das Grundproblem einseitiger Forschungsausrichtung dadurch vollkommen unberührt.

➤ *Fünftens:* Im Kern besteht das zentrale Problem gekaufter Forschung darin, dass deren einseitige Resultate von den Finanziers gerne zu Werbezwecken missbraucht werden. Dieser

Missbrauch von Wissenschaft für Werbezwecke ist für die einzelnen Unternehmen lohnend, unterminiert aber langfristig die Autorität der Wissenschaft, ja den Glauben an wissenschaftliche Wahrheit überhaupt.

Schlußwort

Im Namen der Wissenschaft wurde jahrzehntelang gelogen, dass sich die Balken biegen. Von Industriegeldern gekaufte Forscher unterdrückten oder verfälschten wissenschaftliche Ergebnisse, um sich persönlich zu bereichern oder ihre wissenschaftliche Karriere voranzutreiben. Sie erhöhten dadurch die Gewinne ihrer Geldgeber erheblich. Eine klassische Win-win-Situation der Beteiligten zulasten Dritter: Der Schaden für die Allgemeinheit war enorm. Gerichtliche Verfahren in besonders skrupellosen Fällen führten meist zu geringen oder gar keinen Strafen.

Die besonders skrupellosen Fälle bilden jedoch lediglich die Spitze eines hässlichen Eisberges von subtileren Verbiegungen der Wahrheit im Dienste des Geldes, wie sie heute noch an der Tagesordnung, ja vermutlich verbreiteter denn je sind. Einige wenige Wissenschaftler, die von der Industrie direkt oder indirekt für ihre Aussagen bezahlt werden, vertreten Teilwahrheiten und verkaufen diese als *die* Wahrheit zugunsten ihrer Geldgeber und zulasten der Allgemeinheit, die mit diesen Teilwahrheiten in die Irre geführt wird. Sie können diese Teilwahrheiten umso lauter und vernehmlicher bei Politikern, in den Medien und der Öffentlichkeit verbreiten, als sie häufig auch hierfür umfangreiche Mittel von ihren wohlhabenden industriellen Geldgebern zur Verfügung gestellt bekommen. Nicht die besseren wissenschaftlichen Ideen und Erkenntnisse setzen sich daher in der Öffentlichkeit und Politik durch, sondern diejenigen, die vom dickeren Geldbeutel gesponsert werden.

Durch diesen Missbrauch der Wissenschaft im Dienste von Industriegeld, wie er heute an der Tagesordnung ist, leiden Ansehen und Autorität der Wissenschaft, und der Glaube an wissenschaftliche Wahrheit überhaupt verschwindet allmählich. Da Wahrheit und Wissenschaft immer und immer wieder für gewerbliche Zwecke instrumentalisiert werden, sinken die Glaubwürdigkeit unseres Wissenschaftssystems und das Vertrauen der Menschen in unsere Forscher. Unter den Verfehlungen der wenigen Wissenschaftler, die sich für diese Zwecke hergeben, leiden auch die zahllosen integren Forscher, die sich ergebnisoffen der Wahrheitssuche verpflichtet fühlen.

Ein großes Problem ist, dass Industrie- und damit Geldinteressen einen nicht geringen und seit Jahren wachsenden Teil unserer Forschungsagenden und damit die Inhalte und Gegenstände unserer Forschung festlegen. Dadurch wird Forschung in unserem Land in großem Stil in interessengeleitete Kanäle gesteuert. Unsere Forschung wird in immer größerem Umfang zu gelenkter Forschung. Wir bekommen immer stärker ein geistiges Korsett angelegt, subtil, ohne Gewalt, einfach durch ein sehr einseitiges, aber klar ausgerichtetes Prämiensystem im Wissenschaftsbereich.

Die Konsequenz aus diesen Erkenntnissen ist offensichtlich: Geldinteressen haben in der Wissenschaft nichts zu suchen, sie richten hier Unheil an. Schul- und Hochschulbildung ist Sache der Allgemeinheit, nicht die Sache von Industrievertretern.

Es bleibt zu hoffen, dass langfristig wieder stärker im Sinne der Allgemeinheit geforscht und das Vertrauen in die Wissenschaft gestärkt wird.

LITERATURVERZEICHNIS

- Achtnich, Leonie: »Schul-Sponsoring. Mit freundlicher Unterstützung der Keksfirma«, in: *Die Zeit* 29 (2011).
- Adams, Michael (Hg.): *Das Geschäft mit dem Tod. Der größte Wirtschaftsprozess der USA und der Anfang vom Ende der Tabakindustrie,* Zweitausendeins: Frankfurt a. M. 2007.
- Angell, Marcia: *Der Pharma Bluff. Wie innovativ die Pillenindustrie wirklich ist,* KomPart: Bad Homburg 2005.
- Arbeitsgruppe Fortbildung im Sprecherkreis der Hochschulkanzler (Hg.): *Drittmittel und An-Institute, Referate im Kurs III/29 vom 01. bis 03. April 1992 in Dortmund,* Fortbildungsprogramm für die Wissenschaftsverwaltung, Essen 1992.
- Audi AG (Hg.): *Corporate Responsibility Report 2012,* Ingolstadt März 2013.
- Baird, Patricia/Downie, Jocelyn/Thompson, Jon: »Clinical Trials and Industry«, in: *Science* 297 (2002), S. 2211
- Bauchmüller, Michael: »Unterirdische Geschäfte«, in: *Süddeutsche Zeitung,* 26.08.2011.
- Baylis, Françoise: »The Olivieri Debacle. Where Were the Heroes of Bioethics?«, in: *JME* 30.1 (2004), S. 44–49.
- Beier, Stefanie: *Hochschul-Sponsoring. Rahmenbedingungen und Faktoren erfolgreicher Kooperationen,* Deutscher Universitäts-Verlag: Wiesbaden 2003.
- Bergmann, Matthias: *Strukturelle und pragmatische Hindernisse für eine Partizipation der Umweltverbände in der staatlichen Forschungspolitik. Ein Gutachten für das Vorhaben Zivilgesellschaftliche Plattform Forschungswende im Auftrag der VDW e.V.,* hg. von VDW, ISOE – Institut für sozialökologische Forschung: Frankfurt a. M. 2013.
- Bettzieche, Jochen: »Lobbyarbeit im Klassenzimmer«, in: *Süddeutsche Zeitung,* Beilage Lernen, 26.06.2014
- Binswanger, Mathias: Sinnlose Wettbewerbe. Warum wir immer mehr Unsinn produzieren, Herder: Freiburg i. Br. u. a. 2012. [2010]
- Bodack, Karl-Dieter: *Der Weg der Bahn. Ein wirtschaftliches und ökologisches Desaster,* Offene Akademie im Arbeiterbildungszentrum: Daaden 2012.
- Bognanni, Massimo/Pennekamp, Johannes: »Werkverträge. Es geht noch billiger«, in: *Die Zeit* 50 (2011).
- Böhm-Kaper, Claudia/Weishaupt, Horst/Weiß, Manfred: *Private Finanzierung von öffentlichen Schulen,* Deutsches Institut für Internationale Pädagogische Forschung: Frankfurt a. M. 2007.

- Bok, Derek: *Higher Education in America,* Princeton University Press: Princeton 2013.
- Bok, Derek: *Universities in the Marketplace. The Commercialization of Higher Education,* Princeton University Press: Princeton 2003.
- Böschen, Stefan/Kastenhofer, Karen/Rust, Ina et al.: »Entscheidungen unter Bedingungen pluraler Nichtwissenskulturen«, in: Maynitz, Renate/ Neidhardt, Friedhelm et al. (Hg.): *Wissensproduktion und Wissenstransfer. Wissen im Spannungsfeld von Wissenschaft, Politik und Öffentlichkeit,* transcript: Bielefeld 2008, S. 197–220.
- Boseley, Sarah: »Sugar industry threatens to scupper WHO«, in: *The Guardian,* 21.04.2003
- Bowen, Frances: *After Greenwashing Symbolic Corporate Environmentalism and Society,* Cambridge University Press: Cambridge 2014.
- Brost, Marc: »Spiel gegen die Zeit«, in: *Die Zeit* 34 (2010).
- Brugger, Pia/Threin, Marco/Wolters, Miriam: *Hochschulen auf einen Blick,* hg. vom Statistischen Bundesamt, Wiesbaden 2013.
- Buchwald, Sabine: »›Da kommt eine Lawine auf uns zu‹«, Interview mit Karl Heinz Brisch, in: *Süddeutsche Zeitung,* 21./22.06.2014.
- Bulow, Jeremy: »An Economic Theory of Planned Obsolescence«, in: *The Quarterly Journal of Economics* 101.4 (1986), S. 729–750.
- Bultmann, Antje: »Einleitung: Experten im Zwielicht«, in: Bultmann, Antje/Schmithals, Friedemann (Hg.): *Käufliche Wissenschaft. Experten im Dienst von Industrie und Politik,* Knaur: München 1994, S. 14–28.
- Bultmann, Antje/Schmithals, Friedemann (Hg.): *Käufliche Wissenschaft. Experten im Dienst von Industrie und Politik,* Knaur: München 1994.
- Bundesministerium für Bildung und Forschung (Hg.): *Die neue Hightech-Strategie Innovationen für Deutschland,* Berlin 2014.
- Bundesverband Deutscher Stiftungen (Hg.): *Private Stiftungen als Partner der Wissenschaft. Ein Ratgeber für die Praxis,* Verlag Bundesverband Deutscher Stiftungen: Berlin 2013.
- Burghardt, Peter: »Der Tod kommt mit dem Wind«, in: *Süddeutsche Zeitung Magazin* 47 (2014).
- Campbell, Colin/Campbell, Thomas M.: *China Study. Die wissenschaftliche Begründung für eine vegane Ernährungsweise,* Systemische Medizin: Bad Kötzing ²2011.
- Claes, Lutz/Neugebauer, Edmund A. M./Mutschler, Wolf (Hg.): *Von der Idee zur Publikation. Erfolgreiches wissenschaftliches Arbeiten in der medizinischen Forschung,* Springer: Heidelberg ²2011.
- Cooper, Harris: *Research Synthesis and Meta-Analysis. A Step-by-Step Approach,* Sage: Los Angeles/London u. a. ⁴2010.

- Coordination gegen BAYER-Gefahren (CBG): »Neues NRW-Hochschulgesetz: Kooperationen mit der Industrie bleiben im Geheimen«, Presseinformation, 12.09.2014.
- DIIR – Deutsches Institut für Interne Revision e.V. (Hg.): *Drittmittel in der klinischen Forschung. Prüfungsleitfaden – nicht nur für Krankenhäuser,* Erich Schmidt: Berlin 2009.
- Eriksen, Michael/Mackay, Judith/Ross, Hana: *The Tobacco Atlas. Fourth Edition,* American Cancer Association: Atlanta, GA/ World Lung Foundation: New York, NY, 2013.
- Esser, Catrin: *Strafrechtliche Relevanz der Drittmitteleinwerbung unter besonderer Berücksichtigung der Kooperation von Industrie und Ärzteschaft,* Diss. jur., Dr. Kovac: Hamburg 2008.
- Foodwatch (Hg.): *Erste Stunde: Mathe, zweite Stunde: Capri-Sonne – Wie die Lebensmittelindustrie Junkfood-Marketing in Schulen und Kindergärten betreibt,* Faktenpapier, 02.05.2013.
- *Format*-Redaktion: »Die 100 reichsten Österreicher: Die Familien Porsche und Piëch belegen erneut Platz eins«, in: *Format* (Onlineausgabe), 29.06.2014.
- Friedrichs, Julia: »Peter Hartz. Hartz I«, in: *Zeit Magazin* 41 (2011).
- Gathmann, Florian: »Atomstreit: Umweltministerium zweifelt Atomgutachten an«, in: *Der Spiegel* (Onlineausgabe), 02.09.2010.
- Gläser, Jochen/Lange, Stefan et al.: »Evaluationsbasierte Forschungsfinanzierung und ihre Folgen«, in: Maynitz, Renate/Neidhardt, Friedhelm et al. (Hg.): *Wissensproduktion und Wissenstransfer. Wissen im Spannungsfeld von Wissenschaft, Politik und Öffentlichkeit,* transcript: Bielefeld 2008, S. 145–170.
- Goldacre, Ben: *Die Pharma-Lüge. Wie Arzneimittelkonzerne Ärzte irreführen und Patienten schädigen,* Kiepenheuer & Witsch: Köln 2013.
- Gøtzsche, Peter C.: *Tödliche Medizin und organisierte Kriminalität. Wie die Pharmaindustrie das Gesundheitswesen korrumpiert,* Riva: München 2014.
- Grefe, Christiane/Sentker, Andreas: »Fördermittel in der Wissenschaft. Streit ums Mitspracherecht«, Interview mit Günter Stock und Uwe Schneidewind, in: *Die Zeit* 39 (2014).
- *Grundgesetz für die Bundesrepublik Deutschland,* bpb: Bonn 2012.
- Grusa, Michael: »Freiwillige Selbstkontrolle für die Arzneimittelindustrie«, in: Lieb, Klaus/Klemperer, David/Ludwig, Wolf-Dieter (Hg.): *Interessenkonflikte in der Medizin. Hintergründe und Lösungsmöglichkeiten,* Springer: Berlin/Heidelberg 2011, S. 185–201.
- Haibach, Marita: *Hochschul-Fundraising. Ein Handbuch für die Praxis,* Campus: Frankfurt a. M. 2008.
- Hamdan, Marwan: *Drittmittelforschung in der Medizin. Eine Gratwan-*

derung zwischen strafbarer Vorteilsannahme und verfassungsgarantierter
Forschungsfreiheit, Peter Lang: Frankfurt a. M. 2009.
– Hänggi, Marcel: *Cui bono. Wer bestimmt, was geforscht wird? Eine
Studie über die Beziehung zwischen öffentlicher Wissenschaft und
Industrie in der Schweiz*, Edition gesowip: Basel 2013.
– Hartmann, Astrid: *Drittmittelfinanzierte Forschung. Mit Schwerpunkt
Forschung an Universitäten und Universitätskliniken*, LexisNexis: Wien
2008.
– Hay, A./Silbergeld, E.: »Assessing the Risk of Dioxin Exposure«, in:
Nature 315 (1985), S. 102f.
– Heckl, Wolfgang M.: *Die Kultur der Reparatur*, Hanser: München 2013.
– Heil, Gerlinde: *Mit Verstand groß werden – richtig essen und bewegen!
Fächerübergreifende Unterrichtsmappe für die Grundschule*, hg. von
McDonald's Deutschland Inc., Care Line: München 2006.
– Heiser, Sebastian/Kaul, Martin: »Die Geheimpapiere der Atomlobby«,
in: *taz*, 28.10.2011.
– Herbold, Astrid: »Internetforschung. Berliner Institut forscht mit dem
Geld von Google«, in: *Der Tagesspiegel*, 16.12.2013.
– Herrmann, Dieter/Spath, Karl Peter Christian (Hg.): *Forschungshand-
buch Förderprogramme und Förderinstitutionen für Wissenschaft und
Forschung. Ausgabe 2007*, Geleitw. von Ambros Schindler, IBW Alpha:
Lampertheim 2006.
– Herrmann, Dieter/Spath, Karl Peter Christian/Lippert, Bernhard (Hg.):
*Handbuch der Wissenschaftspreise und Forschungsstipendien einschließ-
lich Innovations- und Erfinderpreise. Ausgabe 2002/2003*, Vorw. von
Burkhard Rauhut, IBW Alpha: Lampertheim 2002.
– Herrmann, Dieter/Spath, Karl Peter Christian: *Handbuch Drittmittel-
förderung 2013–14. Förderinstitutionen und -programme, Forschungs-
stipendien und Wissenschaftspreise*, Geleitw. von Andreas Schlüter, IBW
Alpha: Lampertheim 2013.
– Hochschule für angewandte Wissenschaften Ingolstadt (Hg.): *CARISS-
MA. Center of Automotive Research on Integrated Safety Systems and
Measurement Area*, Flyer, Ingolstadt 2014.
– Ismar, Georg: »Dokumente offenbaren PR-Kampagne. Wie die Atomlob-
by vor der Wahl die Stimmung drehen wollte«, in: *Stern* (Onlineausga-
be), 30.10.2011.
– Jentsch, Nicola/Preibusch, Sören/Harasser, Andreas: *Privacy. Study on
Monetizing Privacy. An Economic Model for Pricing Personal Informa-
tion*, hg. von ENISA – European Network and Information Security
Agency, Berlin 2012.
– Kaelin, Rainer Martin (2010): »Machenschaften der Tabakindustrie in
der Schweiz am Beispiel Rylander«, in: Bezirksamt Friedrichshain-Kreuz-

berg Berlin/Forum Rauchfrei, Spatz, Johannes (Hg.): *Machenschaften der Tabakindustrie Korruption, Lobbyismus, Marketing*, Berlin 2010, S. 15–23,

- Kaiser, Rudolf: *Drittmittel, Sponsoring und Fundraising. Rechtskonforme Finanzierung öffentlicher Aufgaben oder Einstieg in die Korruption? Ein Vergleich der rechtlichen Situation in der Schweiz und in Deutschland unter Berücksichtigung der unterschiedlichen Systeme der Hochschulfinanzierung*, Diss., Schulthess: Zürich 2009.
- Kamella, Felix: *Lobbyismus an Schulen. Ein Diskussions-papier über Einflussnahme auf den Unterricht und was man dagegen tun kann*, hg. von LobbyControl e.V., Köln, korr. u. erw. Aufl. 2013.
- Kaul, Martin: »Wissen von der Deutschen Bank«, in: *taz*, 26.05.2011.
- Kocka, Jürgen/Stock, Günter (Hg.): *Stiften, Schenken, Prägen. Zivilgesellschaftliche Wissenschaftsförderung im Wandel*, Campus: Frankfurt a. M. 2011.
- Kohlenberg, Kerstin/Musharbash, Yassin: »Die gekaufte Wissenschaft«, in: *Die Zeit* 32 (2013).
- Kompetenzzentrum Wasser Berlin gGmbH (Hg.): *Jahresbericht 2013. Annual Report*, Berlin 2013.
- Konegen-Grenier, Christiane: *Hochschulen und Wirtschaft. Formen der Kooperation und der Finanzierung*, hg. vom Institut der deutschen Wirtschaft, IW Medien: Köln 2009.
- Kramer, Bernd: »Abhängig beschäftigt«, in: *taz*, 02.07.2011
- Kramer, Bernd: »Unis im Dienst der Wirtschaft: Millionen gesucht, Glaubwürdigkeit abzugeben«, in: *Der Spiegel* (Onlineausgabe), 03.06.2014.
- Kreiß, Christian: *Geplanter Verschleiß. Wie die Industrie uns zu immer mehr und immer stärkeren Konsum antreibt und was wir dagegen tun können*, Europa: Berlin u. a. 2014.
- Kreiß, Christian: *Profitwahn. Warum sich eine menschengerechtere Wirtschaft lohnt*, Tectum: Marburg 2013.
- Krimsky, Sheldon: »When Sponsored Research Fails the Admission Test. A Normative Framework«, in: Turk, James L. (Hg.): *Universities at Risk. How Politics, Special Interests, and Corporatization Threaten Academic Integrity*, Lorimer: Toronto, ON, 2008, S. 70–94.
- Krimsky, Sheldon: *Science in the Private Interest: Has the Lure of Profits Corrupted Biomedical Research?*, Rowman & Littlefield: Washington, D. C., 2003.
- Krüger, Anja: »Autoindustrie und RWTH Aachen. Wirtschaft forscht«, in: *taz*, 28.05.2013.
- Küchler, Swantje/Meyer, Bettina unter Mitarbeit von Sarah Blanck: *Was Strom wirklich kostet. Vergleich der staatlichen Förderungen und*

gesamtgesellschaftlichen Kosten von konventionellen und erneuerbaren Energien, hg. von Greenpeace Energy eG und Bundesverband WindEnergie e.V. (BWE), überarb. u. akt. Ausg. 2012.

–   Landesrechnungshof Nordrhein-Westfalen (Hg.): *Jahresbericht 2011 des Landesrechnungshofs Nordrhein-Westfalen über das Ergebnis der Prüfungen im Geschäftsjahr 2010 (Art. 86 Abs. 2 LV, § 97 LHO). Band 1,* Düsseldorf 2011.

–   Lange, Stefan: »Hochschulräte«, in: Simon, Dagmar/Knie, Andreas/ Hornbostel, Stefan (Hg.): *Handbuch Wissenschaftspolitik,* VS: Wiesbaden 2010, S. 347–360.

–   LaoTse: *Tao Te King. Das Buch vom Sinn und Leben,* übers. u. mit einem Komm. von Richard Wilhelm, Diederichs: Köln 1985.

–   Lieb, Klaus/Klemperer, David/Ludwig, Wolf-Dieter (Hg.): *Interessenkonflikte in der Medizin. Hintergründe und Lösungsmöglichkeiten,* Berlin/ Heidelberg: Springer 2011.

–   Littger, Heike: »Wissenschaftsglaube, ein wenig durchgerüttelt«, in: *Die Zeit* (Onlineausgabe), 09.03.2011.

–   Malka, Sophie/Gregori, Marco: *Vernebelung. Wie die Tabakindustrie die Wissenschaft kauft,* Orell Füssli: Zürich 2008.

–   Mayer, Wolfgang: *Fundraising für Schulen. Erfolgreiche Konzepte entwickeln und Förderpartner gewinnen,* Beltz: Weinheim/Basel 2013.

–   Maynitz, Renate/Neidhardt, Friedhelm/ Weingart, Peter et al. (Hg.): *Wissensproduktion und Wissenstransfer. Wissen im Spannungsfeld von Wissenschaft, Politik und Öffentlichkeit,* transcript: Bielefeld 2008.

–   Meier, Christian/Bengoetxea, Aitziber Romero/Trescher, Dino: »Entwicklungshilfe für Konzerne«, in: *Technology Review* 5 (2012), S. 70–72.

–   Meyer-Guckel, Volker: »Fremdkörper oder Innovatoren im System? Zur Entwicklung der Stiftungsprofessuren in Deutschland«, in: Kocka, Jürgen/Stock, Günter (Hg.): *Stiften, Schenken, Prägen. Zivilgesellschaftliche Wissenschaftsförderung im Wandel,* Campus: Frankfurt a. M. 2011, S. 145–156.

–   Meyer-Guckel, Volker/Winde, Mathias/Ziegele, Frank: *Handbuch Hochschulräte. Denkanstöße und Erfolgsfaktoren für die Praxis,* in Kooperation mit dem Stifterverband für die Deutsche Wissenschaft, Heinz Nixdorf Stiftung und CHE, Edition Stifterverband: Essen 2010.

–   Mimkes, Philipp: »Interview mit Prof. Peter Gøtzsche über die Pharmamafia«, Interview mit Peter C. Gøtzsche, in: *Politik im Spiegel* (Weblog), 18.11.2014.

–   Mirowski, Philip: *Science-Mart. Privatizing American Science,* Harvard University Press: Cambridge/London 2011.

–   Misera, Saskia: *Drittmittelforschung. Chancen, Risiken und Praxisprobleme,* Diss. jur., Friedrich-Wilhelms-Universität, Bonn 2010.

- Münch, Richard: *Akademischer Kapitalismus. Zur Politischen Ökonomie der Hochschulreform*, Suhrkamp: Berlin 2011.
- Neugebauer, Edmund/Mutschler, Wolf/Claes, Lutz (Hg.): *Von der Idee zur Publikation. Erfolgreiches wissenschaftliches Arbeiten in der medizinischen Forschung*, Springer: Heidelberg 2011.
- Ober, Stefanie: *Partizipation in der Wissenschaft. Zum Verhält-nis von Forschungspolitik und Zivilgesellschaft am Beispiel der Hightech-Strategie*, Oekom: München 2014. (= 2014a)
- Ober, Stefanie: »Wissenschaftspolitik demokratischer gestalten«, in: *GAIA* 23.1 (2014), S. 11–13. (= 2014b)
- Olson, Mancur: *Aufstieg und Niedergang von Nationen. Ökonomisches Wachstum, Stagnation und soziale Starrheit*, Mohr Siebeck: Tübingen ²1991.
- Oreskes, Naomi/Conway, Eric M.: *Die Machiavellis der Wissenschaft. Das Netzwerk des Leugnens*, übers. von Hartmut S. Leipner, Wiley-VCH: Weinheim 2014.
- Paech, Niko: *Befreiung vom Überfluss. Auf dem Weg in die Postwachstumsökonomie*, München: Oekom: München ⁵2013. [2012]
- Panitz, Lina/Seibel, Karsten: »Mathematiker kritisiert Abzocke bei Riester-Rente«, in: *Die Welt*, 23.09.2012.
- Prummer, Karin/ Heiny, Lukas: »Die Zuckermafia: Tricksen, täuschen, tarnen – die raffinierten Methoden der Industrie«, in: *Stern* 26 (2013).
- Rampell, Catherine: »Planned Obsolescence, as Myth or Reality«, in: *The New York Times*, 31.10.2013
- Reuss, Roland: »Sie nennen es Service, dabei ist es Torheit«, in: *Frankfurter Allgemeine Zeitung*, 12.11.2013.
- Riedel, Katja/Berndt, Christina: »Pharmaindustrie. Pfusch bei Zulassung von Medikamenten«, in: *Süddeutsche Zeitung*, 04.12.2014.
- Robin, Marie-Monique: *Mit Gift und Genen. Wie der Biotech-Konzern Monsanto unsere Welt verändert*, Goldmann: München 2010.
- Robinson, David: »Corrupting Research Integrity. Corporate Funding and Academic Independence«, in: Transparency International (Hg.): *Global Corruption Report. Education*, Routledge: London/New York 2013.
- Rowell, Andrew: »The Sinister Sacking of the World's Leading GM Expert – and the Trail that Leads to Tony Blair and the White House«, in: *Daily Mail*, 07.07.2003.
- Rügemer, Werner: Wasserwirtschaft in Deutschland, in: *Arte Dossier*, 13.02.2013.
- Rühr, Christian: *Forschung mit Mitteln Dritter. Universitäre Forschung im Spannungsfeld zwischen Selbst- und Fremdsteuerung*, Dr. Kovac: Hamburg 2014.

– Schaaber Jörg/Kochen, Michael et al. (2011): »Warum unabhängige Arzneimittelzeitschriften und Fortbildungsmaßnahmen wichtig sind«, in: Lieb, Klaus/Klemperer, David/Ludwig, Wolf-Dieter (Hg.): *Interessenkonflikte in der Medizin. Hintergründe und Lösungsmöglichkeiten,* Berlin/Heidelberg: Springer 2011, S. 237–252.

– Schimank, Uwe: *Hochschulfinanzierung in der Bund-Länder-Konstellation. Grundmuster, Spielräume und Effekte auf die Forschung,* Schriftenreihe der Berlin-Brandenburgischen Akademie der Wissenschaften, Berlin 2014.

– Schlicht, Anja: »ARD ›hart aber fair‹ kritisiert Kosten der Riester Rente«, in: *Finanzen.de* (Onlineportal), 25.11.2013.

– Schneider, Melanie: »Stiftungsprofessuren aus der deutschen Hochschullandschaft nicht mehr wegzudenken«, in: Bundesverband Deutscher Stiftungen (Hg.): *Private Stiftungen als Partner der Wissenschaft. Ein Ratgeber für die Praxis,* Bundesverband Deutscher Stiftungen: Berlin 2013, S. 120–125. (= 2013a)

– Schneider, Melanie: »Stiftungsprofessuren. Offen über Erwartungen und Möglichkeiten sprechen«, in: Bundesverband Deutscher Stiftungen (Hg.): *Private Stiftungen als Partner der Wissenschaft. Ein Ratgeber für die Praxis,* Bundesverband Deutscher Stiftungen: Berlin 2013, S. 240–241. (= 2013b)

– Schneidewind, Uwe/Singer-Brodowski, Mandy: *Transformative Wissenschaft. Klimawandel im deutschen Wissenschafts- und Hochschulsystem,* Metropolis: Marburg 2014.

– Schober, Walter (Hg.): *Technische Hochschule Ingolstadt. 20 Jahre. 1994–2014,* Festschrift, hg. von TH Ingolstadt, Ingolstadt 2014.

– Schober, Walter (Hg.) *Forschungsbericht 2012,* TH Ingolstadt, Ingolstadt 2012.

– Schott, Gisela/Lieb, Klaus/Ludwig, Wolf-Dieter: »Auswirkungen von Interessenkonflikten auf Arzneimittelstudien«, in: Lieb, Klaus/Klemperer, David/Ludwig, Wolf-Dieter (Hg.): *Interessenkonflikte in der Medizin. Hintergründe und Lösungsmöglichkeiten,* Berlin/Heidelberg: Springer 2011, S. 265–279.

– Schultze, Hans-Carl/Stoll, Ulrich/Witt, Gregor: *Frontal 21, ZDF,* Erstausstrahlung 09.04.2013

– Schweiger, Gunter (Hg.): »Forschungs- und Testzentrum CARISSMA – Ein außerordentlicher Erfolg für die Hochschule Ingolstadt«, Pressemitteilung, TH Ingolstadt, 05.07.2010.

– Seidler, Christoph: »Endlager. Ex-Atommanager soll Gorleben-Gutachten schreiben«, in: *Der Spiegel* (Onlineausgabe), 04.08.2010.

– Siebenbrock, Heinz: *Führen Sie schon oder herrschen Sie noch? Eine Anleitung zum fairen Management,* Tectum: Marburg 2013.

- Simon, Dagmar/Knie, Andreas/Hornbostel, Stefan (Hg.): *Handbuch Wissenschaftspolitik,* VS Verlag für Sozialwissenschaften: Wiesbaden 2010.
- Smith, Adam: *An Inquiry into the Nature and Causes of the Wealth of Nations,* Wordsworth: Hertfordshire 2012. [1776]
- Smith, Julia Llewellyn: »John Yudkin: the man who tried to warn us about sugar«, in: *The Daily Telegraph,* 17.02.2014.
- Spitzer, Manfred: *Digitale Demenz. Wie wir uns und unsere Kinder um den Verstand bringen,* Droemer: München 2014.
- Statistisches Bundesamt (Hg.): *Statistisches Jahrbuch 2013. Deutschland und Internationales,* Wiesbaden 2013.
- Stein, Oliver/Fischer, Martin (Hg.): *Fundraising im Gesundheitswesen. Leitfaden für die professionelle Mittelbeschaffung,* Schattauer: Stuttgart 2012.
- Steiner, Rudolf: *Die Kernpunkte der sozialen Frage. In den Lebensnotwendigkeiten der Gegenwart und Zukunft [GA 23],* Rudolf Steiner Verlag: Dornach ⁶1976. [1919]
- Steiner, Rudolf : *Nationalökonomischer Kurs. Nationalökonomisches Seminar [GA 340/341],* Rudolf Steiner Verlag: Dornach 1996. [1922]
- Stifterverband für die Deutsche Wissenschaft 2011: *Code of Conduct,* 11.08.2011.
- Stukenberg, Kurt: »Die Einflüsterer«, in: *Greenpeace Magazin* 2 (2014), S. 38–42.
- Sukhdev, Pavan: *Corporation 2020. Warum wir Wirtschaft neu denken müssen,* Oekom: München 2013.
- SZ-Redaktion »Geheimer Krieg. US-Militär finanziert deutsche Forscher«, in: *Süddeutsche Zeitung,* 25.11.2013.
- Tag, Brigitte/Tröger, Jochen/Taupitz, Jochen (Hg.): *Drittmitteleinwerbung. Strafbare Dienstpflicht?,* Springer: Berlin/Heidelberg 2004.
- Taubes, Gary: »Is Sugar Toxic?«, in: *The New York Times,* 13.04.2011.
- Thieme, Matthias: »Stiftungsprofessuren. Die Atomlobby unterwandert Universitäten«, in: *Frankfurter Rundschau,* 02.11.2011.
- Tjong, Sandra: »Ex-Atomlobbyist wird Gutachter«, in: *Focus* (Onlineausgabe), 04.08.2010.
- Tolkiehn, Günter-Ulrich: »Wenn nur noch Zahlen zählen«, in: *Die Neue Hochschule* 1 (2014), S. 6–12.
- Transparency International: *Global Corruption Report. Education,* Routledge: London/New York 2013.
- Turk, James L. (Hg.): *Universities at Risk. How Politics, Special Interests and Corporatization Threaten Academic Integrity,* James Lorrimer: Toronto 2008.
- Universität der Bundeswehr München: »Universität der Bundeswehr

München und Audi AG gründen gemeinsames Forschungsinstitut. Brücke zwischen Forschung und Wirtschaft«, Pressemitteilung, 04.05.2011.
- Verhaag, Bertram: *Gekaufte Wahrheit. Gentechnik im Magnetfeld des Geldes*, DVD, DENKmal Film: München 2010.
- Vogt, Gerhard: »Der Druck wächst. Drittmittelfinanzierung der Hochschulen«, in: *Forschung & Lehre* 2 (2014), S. 96–98.
- Waldermann, Anselm: »Wichtige Energiestudie – Regierungsgutachter steht Stromkonzernen nahe«, in: *Der Spiegel* (Onlineausgabe), 27.08.2010.
- Washburn, Jennifer: *University Inc. The Corporate Corruption of American Higher Education*, Basic Books: New York, NY, 2005.
- Wassermann, Otmar: »Fälschung und Korruption in der Wissenschaft«, in: Bultmann, Antje/Schmithals, Friedemann (Hg.): *Käufliche Wissenschaft. Experten im Dienst von Industrie und Politik*, Droemer: München 1994, S. 196–268.
- Wehler, Hans-Ulrich: *Die neue Umverteilung. Soziale Ungleichheit in Deutschland*, C. H. Beck: München [3]2013.
- Winterhager, Nicolas: *Drittmittelwettbewerb im universitären Forschungssektor*, Springer Fachmedien: Wiesbaden 2015.
- Zentrum für Arbeitsbeziehungen und Arbeitsrecht (Hg.): *ZAAR – Tätigkeitsbericht 2014*, München 2014.

REGISTER

A

ADAC 133
Albert-Ludwigs-Universität Freiburg 100
Aldi 177
Alexander von Humboldt Institut für Internet und Gesellschaft 105, 107, 113
All European Academies (ALLEA) 153
Amnesty International 152
Angell, Marcia 45, 47, 53
Animal Health Care 90
An-Institut 108, 111, 113, 120, 177, 182
Apotex 57–59
Areva Nuclear Professional School 110
Arzneimittelzulassung 52
Atomenergie 108, 110
Attac 150, 152
Audi 124–128, 130–131
Auftragsforschung 111, 179
Automobilindustrie 124–133, 138, 145
Autonomie 10

B

Barner, Andreas 150
Barroso, José Manuel 158
BASF 41, 56, 151
Bayer CropScience AG 159
Bayer HealthCare AG 90, 97–99
Bergische Universität Wuppertal 152
Bergmann, Matthias 155
Berufungskommission 88, 93, 96
Bettzüge, Marc Oliver 111
Bias 65, 86, 89, 123
Biomedizinische Forschung 34

Blair, Tony 68, 71
BMW AG 150
Bok, Derek 20, 59, 60, 62, 64, 65, 169, 172, 175, 176
Bologna-Prozess 19
Boots 54–56
Botsch, Michael 126, 127
Bowen, Frances 60
Brainwashing 87
Brandmeier, Thomas 127
Brisch, Karl Heinz 135, 136
British Medical Association 46
Brundtland, Gro Halem 77
Bullinger, Hans-Jörg 150
Bulow, Jeremy 114–116
Bultmann, Antje 19
Bundesministerium für Bildung und Forschung (BMBF) 143, 162, 178
Bund für Umwelt und Naturschutz Deutschland (BUND) 130, 152, 160

C

Campbell, Colin 76, 77, 79, 82
Capri Sonne 138
Carchman, Richard 28
Cargill 159
CARISSMA-Forschungsprojekt 126–127, 129–131
Carrasco, Andrés 73
Celebrex 47, 49
Celecoxib 47–51
Chapela, Ignacio 72
Chemieindustrie 39, 61, 80, 185
Chemotherapie 44
Cline 29
Clinton, Bill 35, 68
Coca-Cola 74, 76
Cochrane Forschungszentren 46

Code of Conduct 88, 89
Comway 26
Confounder 30
Contract Research Organisation
(CRO) 179

D
Daimler 138–139, 151
Danisco 159
Danone 159
Datenmassage 48
Deep Lobbying 136, 140
Deferiprone 57
DELO Industrie Klebstoffe 150
Denner, Volkmar 150
Depression 51, 52
Deregulierung 141, 187
Deutsche Bank 94–96
Deutsche Forschungsgemeinschaft
(DFG) 15, 17, 143, 155
Deutsche Post 151
Deutscher Gewerkschaftsbund
(DGB) 121, 150
Deutsches Atomforum 116–117
Deutsches Institut für Wirtschafts-
forschung (DIW) 104, 105
Diethelm, Pascal 24
Digitale Medien 156
Dioxin 39–42
Disney-Konzern 134–135
DocCheck 43
Doll, Richard 41, 42
Dommermuth, Rolf 150
Dong, Betty 53–57, 59, 61
Dreves 126
Drittmittel 9–20, 47, 53, 55, 89,
121, 143, 144, 157, 162, 165,
172–174, 178–179, 184
DSM 159

E
»EasyCredit«-Hörsaal 97, 177
Eingebettete Forschung 70
EnBW 109–110
Energiekonzern 108, 162
Energiewirtschaftliches Institut an
der Universität zu Köln (EWI) 109,
111–113
E.ON 109–111, 151
E.ON Energy Research Center 109
EPA (USA) 24, 40
Ethik 26, 49, 58, 65
EU 132, 143–144, 146, 158–163,
173, 178, 181, 184, 186
Eurawasser Nord GmbH 118
Europäischer Verbraucherschutz-
verband (BEUC) 160, 161
Ewen 71
Expertenkommission 78, 147–149,
154
Expertenkommission Forschung
und Innovation (EFI) 150

F
Fehldarstellung 7, 156
Fehlinformation 49, 80
Festo AG 150
Finanzdienstleister 94, 101
Flugzeugindustrie 145
Food and Drug Administration
(FDA) 32, 55, 67
Forschungsagenda 148
Forschungsaktivität 12, 129, 172
Forschungsausgabe 11–12, 155,
172–173, 178, 184
Forschungsdesign 46, 60
Forschungsgeld 33, 61, 149, 158,
160, 188
Forschungsintegrität 10
Forschungsprojekt 9, 104, 126–
132, 143, 149

Forschungszentrum Generationen-
    verträge (FZG) 100–101
Fraunhofer-Gesellschaft
    155, 157
Fraunhofer-Institute 156
Freiheit der Wissenschaft 153
Fujii, Yoshitaka 42–44

G
Gaffey, William 41
Generika 54
Gentechnik 66, 69–72, 159
Gericht 29, 37, 41, 50, 98, 189
Gesamtfinanzierung 12, 15
Ghostwriting 62–64
Giesen, Richard 120, 121
Glaxo Smith Kline (GSK) 51–52
Glyphosat 66, 72–73
Goldacre, Ben 45, 46, 52, 53,
    63–65, 98, 99
Google 102–107, 113, 167
Gøtzsche, Peter 46–50, 53, 99
Goyens, Monique 160, 161
Greenpeace 130, 140, 142, 152,
    160, 164
Gremienbesetzung 27, 173
Gruissem, Wilhelm 72
Grundmittel 14
Gruppeninteressen 10, 129
Grusa, Michael 51, 52
GVK Biosciences 7, 56, 179

H
Haddad 62
Hänggi, Marcel 20, 158, 179
Hartz, Peter 147
Helmholtz-Zentren 12, 155
Hermann von Helmholtz-Gemein-
    schaft deutscher Forschungs-
    zentren e.V. (HFG) 155
Herold, Sabine 150
Hertzberg 41

Herzkrankheit 49, 75, 97
Hilbeck, Angelika 70, 71
Hochschule Biberach 109
Hochschule Esslingen 109
Hochschule Karlsruhe 109
Hochschule Offenburg 109
Hochschule Ulm 109
Hochschulinstitute Neckarsulm
    (HIN) 125
Hochschulrahmengesetz 11
Hochschulreform 19
Hochschulwatch 94
Höffler, Felix 111, 113
Hoffmann, Reiner 150
Höhn, Bärbel 111
Hollerweger, Heinz Peter 127
Humboldt-Universität Berlin 94,
    105, 107, 113

I/J
IG Metall 122
Industriesponsoring 9, 136, 142
Informationsasymmetrien 164–165
Ingolstadt Institute der Friedrich-
    Alexander-Universität Erlangen-
    Nürnberg (INI.FAU) 125
Ingolstadt Institut der Universität
    der Bundeswehr München
    (INI.UniBw) 125
Initiative Neue Soziale Marktwirt-
    schaft (INSM) 101, 122, 137
Institut für Angewandte Forschung
    (IAF) 125
Institut für biologische Forschung
    (INBIFO) 28
Institut für Demoskopie Allensbach
    150
Instrumentalisierung von Wissen-
    schaft 185
Investmentbanking 83–85, 87–88
James, Philip 68, 78
Jantke, Klaus Peter 156

Journal of the American Medical
  Association (JAMA) 44, 47–48,
  50, 55
Junker, Abbo 120

K

Kagermann, Henning 150
Kamella, Felix 140
Karlsruher Institut für Technologie
  (KIT) 109, 110, 125
Katholische Universität Eichstätt-
  Ingolstadt 125
Kausalität 22, 34
Keen, Carl 73–74
Kessler, Gladys 35, 37
Klassifikationsfehler 40
Knortz, Günther 101
Köcher, Renate 150
Kongress 23, 27, 32, 146
Kotting-Uhl, Sylvia 117
Kranke, Peter 42, 43
Kreiner, Christine 150
Kriminelle Vereinigung 35–38
Krimsky, Sheldon 20

L

Lachmann, Peter 69
Laschet, Armin 146
Leibniz-Gemeinschaft 12, 155
Liberalisierung 90
LobbyControl 141–142
Lobbyismus 90
Lohmann Animal Health Care 90
Ludwig-Maximilians-Universität
  München 120, 125, 135

M

Mars Inc. 74
Matthes, Eva 139
Mauron, Alexandre 37, 38
Max-Planck-Gesellschaft 155
Max-Planck-Institut 12, 155

McDonald's 138, 142
Medikamententest 7, 56
Menem, Carlos 72
Merck 49, 62–63
Merrit, Collin 68
Meyer-Guckel, Volker 90
Mimkes, Philipp 98, 99
Mirowski, Philip 20, 70
Monsanto 39–42, 66, 68,
  71–73
Münch, Richard 19, 157, 169

N

Nachahmerpräparat 54
National Institute for Occupational
  Safety and Health (NIOSH) 40
National Research Council
  (NRC) 40
Nature 39–40, 43–44
Nebentätigkeit 92, 102
Nebenwirkung 49–50, 52, 63
Neoliberal 90, 137, 141
Nestlé 159
Neumeyer, Michael 127
New Public Management 19
Non-Governmental Organisation
  (NGO) 74, 98, 128, 151,
  153–154, 181

O

Ober, Stefanie 146, 150–152
Oetker, Arend 150
Olivieri, Nancy 53, 57–59, 61
Operation Berkshire 31
Oreskes, Naomi 26
Orskov, Robert 68
Österreich 16

P

Paroxetin 51–52
Partikularinteressen 10, 149, 152,
  164, 174

Passivrauchen 23–24, 27–29, 31–32, 147
Peer-Review 55
Pfizer 47–51
Pharmacia 47–49
Pharmaindustrie 7–8, 12, 37–38, 44–48, 51, 53, 61, 64–66, 70, 80, 82, 85, 153–154, 177, 182–183
Pharmakonzerne 7, 45–46, 56, 62, 65, 80, 94, 97, 153, 183
Pharmaunternehmen 7, 44, 46–47, 51–57, 60–62, 65, 179, 182
Pharmaverband 52
Philip Morris 24–29, 32, 147
Piëch Familie 131
Pinkwart, Andreas 98, 99
Plagiat 64
Pluralität 140, 181–182
Porsche Familie 131
Pott, Richard 99
Presse 68–69
Profit 19, 22, 56, 74, 119
Prozess 8, 19, 24, 26, 30, 35–36, 55, 82, 188
Prusiner 29
Publikation 11, 17, 27, 43, 59, 65, 72, 179
Pusztai, Arpad 66–69, 71–72

R
Raffelhüschen, Bernd 100, 101
Ranking 17
Rauchen 22, 24, 30, 34–35
Rechtsanwalt 37
Reithofer, Norbert 150
Remondis 118
Rennie 44
Rieble, Volker 120–122
Rielle, Jean-Charles 24
Ritter Sport 138
Robert Bosch GmbH 150

Robin, Marie-Monique 41, 68
Rodenstock, Randolf 122
Roundup 73
Rowett Institute 66, 68–69, 71
Rügemer, Werner 118
Rürup, Hans-Adalbert 147–148
Rüthers, Bernd 123
RWE 109–111, 116
RWTH Aachen 101, 109, 116, 132, 159
Rylander, Ragnar 23–30, 32–33, 37, 38, 147

S
SAP 150
Schering AG 153
Schmidhals, Friedemann 19
Schneidewind, Uwe 152–153, 155, 157, 182
Schnupp, Ralf 127
Schlüter, Andreas 91
Schokolade 73–74, 85, 138
Schorlemmer, Helmut 140
Schule 133–134, 136–137, 140–142, 177
Schulsponsoring 140
Schweiz 16, 20, 24, 32, 70, 130, 145
Science 22, 134
Selbstkontrolle 51–53
Shareholder Value 128
Singer-Brodowski, Mandy 155, 182
Spitzer, Manfred 134–135, 145–146, 156–157
Sponsoring 38, 119, 139–142, 177
Stifterverband für die Deutsche Wissenschaft 15, 88, 91–92
Stiftungen 10, 15–16, 83–84, 91, 100, 120, 173, 178–179
Stiftungsprofessur 9, 82, 108–111, 118, 124–128
Stock, Günter 152

Störfaktor 30
Stolten, Detlef 159
Strafzahlung 35, 49, 56
Suchandt, Thomas 126
Süddeutsche Zeitung 7, 135, 140
Suskind, Raymond 40–41
S&V Technologies AG 150
Syngenta 70
Synthroid 54

T
Tabakindustrie 22, 42, 45, 80, 146
Technische Hochschule Ingolstadt 125–126
Thalässemie 57
Thomauske, Bruno 116–117
Tobacco Institute 28, 31, 147
Transparency International 183
Tropschuh, Peter F. 127
TU Berlin 94, 118
TU Clausthal 110
TU Darmstadt 109
TU Dresden 109–110
Turk, James 20

U
Unilever 159
Union Investment 100
United Internet AG 150
Universität der Bundeswehr München 125
Universität Duisburg-Essen 109
Universität Genf 22–25, 31, 33, 37–39
Universität Köln 97–99, 109, 111
Universitätsklinik 97–98, 134, 182
Universität Stuttgart 109, 125
University of California, San Francisco (UCSF) 53–54, 74, 85
University of London 75
USA 19–20, 29, 34, 54, 64–65, 70, 77, 79, 84, 102, 170

V
Valdecoxib 50–51
Vattenfall 110, 116
Veit, Eberhard 150
Veolia 85, 118–119
Verkehrsclub Deutschland (VCD) 130, 133
Vermarktung des Zweifels 34
Vetorecht 90
Vioxx 49, 62
Virginia Workmen's Compensation Commission 41
Vogt, Gerhard 144
Volkswagen 124, 137, 142

W
Waltl, Hubert 126
Washburn, Jennifer 20
Wassermann, Otmar 41
Wasserwirtschaft 85, 118–119
Weed Science 172
Werbeverbot 142, 177
Wettbewerb 15, 114, 128, 138, 140–141, 169–170, 179, 187
Wikipedia 170
Winterhager, Nicolas 18
Win-win-Situation 88, 186, 189
World Health Organisation (WHO) 76–78
World Sugar Research Organisation (WSRO) 73–75, 79

Y
Yudkin, John 75, 76

Z
Zack, Judith 40, 41
Zehetmair, Hans 123
Zeltner, Thomas 32
Zentrum für Arbeitsbeziehungen und Arbeitsrecht (ZAAR) 120–124

Zigarettenkonsum 32
Zivilgesellschaft 105, 128, 132,
 140, 150, 152, 156–157, 163,
 181–182

Zucker 39, 73–80, 138
Zulassungsbehörde 48, 183
Zyprexa 62

ANMERKUNGEN

1 Riedel/Berndt 2014.

2 So heißt es in einer Pressemitteilung des BfArM vom 9. Dezember 2014: »Das Bundesinstitut für Arzneimittel und Medizinprodukte (BfArM) hat heute eine Liste der Arzneimittel veröffentlicht, bei denen wegen invalider Studiendaten ein Ruhen der Zulassung angeordnet wurde. Betroffen sind insgesamt 80 Arzneimittelzulassungen von 16 pharmazeutischen Unternehmen, für die von der indischen Firma GVK Biosciences Bioäquivalenzstudien durchgeführt wurden. Das BfArM hatte im Rahmen eines Anhörungsverfahrens 176 Zulassungen von insgesamt 28 pharmazeutischen Unternehmen überprüft.«, vgl. unter: http://www.bfarm.de/SharedDocs/Pressemitteilungen/DE/mitteil2014/pm19-2014.html [Stand: 25.12.2014].

3 Es stellt sich die Frage, weshalb Riedel/Berndt (2014) hier meiner Ansicht nach verharmlosend von »Pfusch« sprachen. Mirowski (2011: S. 194–255) beschreibt detailliert die Vorgehensweise dieser in ärmere Länder ausgelagerten Pharma-Forschungseinrichtungen und weist auf deren strukturelle Fehldarstellungen (im Sinne von einseitig zugunsten ihrer Auftraggeber) hin. Das Phänomen ist in Expertenkreisen wohl bekannt.

4 »Die Mehrheit der Bevölkerung lebt aber in der Fehlannahme, staatlicherseits zugelassene Arzneimittel müssten doch nützlich und sicher sein«, schrieb bereits 2005 Dr. Norbert Schmacke, Facharzt für Innere Medizin, Prof. an der Universität Bremen, langjähriger Vertreter in diversen Gesundheitsgremien, zit. in: Angell 2005: S. 8.

5 Schneidewind und Singer-Brodowski (2014: S. 54) weisen zu Recht darauf hin, dass »eine vollständige Unabhängigkeit der Wissenschaft von externen Faktoren eine Fiktion ist«. Doch auch wenn es keine vollständige Freiheit geben kann, braucht man die bestehenden Freiräume nicht Geldinteressen zu opfern.

6 Die Begriffe »Industrie« bzw. »industrienah« oder »Industriegelder« sind in diesem Buch weit gefasst und beziehen sich nicht nur auf Industrieunternehmen im produzierenden Gewerbe im engeren Sinne, sondern auch auf Dienstleistungsunternehmen, also auf alle privatwirtschaftlichen Unternehmen.

7 GG Art. 5 Abs. 3 lautet: »Kunst und Wissenschaft, Forschung und Lehre sind frei. Die Freiheit der Lehre entbindet nicht von der Treue zur Verfassung.«

8 Transparency International schreibt dazu (Robinson 2013: S. 207): »Es besteht auch das erhebliche Risiko, dass Kernprinzipien der Wissenschaft und der öffentlichen Aufgaben der Hochschulen kompromittiert werden. Die akademische Freiheit, die institutionelle Autonomie und Forschungsintegrität zu schützen, sollten die beherrschenden Gesichtspunkte sein.«

9 Vgl. Robinson 2013: S. 203: »Across universities in the OECD countries, between 1981 and 2003 the share of government-funded academic research decreased on average by 10 percent, while the proportion of business-sector financing doubled. Corporate funding of academic research remains small in absolute terms, at about 6 percent of total research funding, but its rapid growth in recent decades underlines the deepening links between industry and university-based researchers.«

10 Andreas Schlüter, Generalsekretär des Stifterverbandes für die Deutsche Wissenschaft, Geleitwort, zit in: Herrmann/Spath 2013: S. 3.

11 Als einer von vielen vgl. Voigt 2014: S. 97: »Erfolge bei der Einwerbung von Drittmitteln werden weithin mit wissenschaftlicher Leistungsfähigkeit gleichgesetzt.«

12 Vgl. Münch 2011.

13 HRG §25 Abs.1–4, unter: http://www.gesetze-im-internet.de/hrg/BJNR 001850976.ht [Stand: 13.03.2015]

14 Statistisches Bundesamt 2013: S. 101.

15 Schneidewind/Singer-Brodowski 2014: S. 141.

16 Statistisches Bundesamt 2013: S. 101.

17 Statistisches Bundesamt 2013: S. 101.

18 Vogt 2014: S. 98.

19 Grafik: Stifterverband für die Deutsche Wissenschaft unter Verwendung von Zahlen des Statistischen Bundesamtes; unter: http://www.laender-check-wissenschaft.de/drittmittel/drittmittel_allgemein/index.html [Stand: 28.12.2014].

20 Vgl. Tolkiehn 2014.

21 Vgl. Vogt 2014: S. 96.

22 Vgl. Vogt 2014: S. 96: »Da Drittmittel ganz überwiegend für Zwecke der Forschung bestimmt sind, wird ein zunehmender Anteil des in Forschung tätigen Hochschulpersonals aus Drittmitteln bezahlt.« Die Forschungsmittel der Hochschulen betragen mit 13,5 Milliarden Euro etwas mehr als die Hälfte der Gesamtausgaben von 26,5 Milliarden; entsprechend könnte der Anteil der Drittmittel an den Forschungsausgaben auch knapp doppelt so hoch sein.

23 http://www.laendercheck-wissenschaft.de/drittmittel/drittmittel_allgemein/ index.html [Stand: 28.12.2014].

24 Brugger/Threin/Wolters 2013: S. 40.

25 http://www.laendercheck-wissenschaft.de/drittmittel/drittmittel_allge-mein/ index.html [Stand: 28.12.2014].

26 So heißt es in dem von der Juristin Hartmann 2008 veröffentlichten Buch (S. 3): »Drittmittel sind heutzutage ein wesentlicher Teil der For-schungsbudgets österreichischer Universitäten, vor allem im klinischen Bereich. Aufgrund sinkender staatlicher Mittel nehmen sie als wichtige universitäre Einnahmequelle rapid an Bedeutung zu. Dazu kommt, dass Drittmitteleinwerbung zu den Leistungsindikatoren wissenschaftlicher Tätigkeit avanciert ist und hohe Drittmittelvolumina ein Qualitätsmerk-mal in der Beurteilung von Wissenschaftlern und Universitäten sind.«

27 Vgl. Hartmann 2008: S. 6.

28 Vgl. Hartmann 2008: S. 7.

29 Vgl. Hartmann 2008: S. 7.

30 Vgl. Hänggi 2013: S. 42.

31 Vgl. Claes/Neugebauer/Mutschler 2011: S. 65.

32 Claes/Neugebauer/Mutschler 2011: S. 66.

33 Claes/Neugebauer/Mutschler 2011: S. 67.

34 Claes/Neugebauer/Mutschler 2011: S. 67.

35 Hermann/Spath 2006: S. 238.

36 Winterhager 2014: S. 230–232.

37 Winterhager 2014: S. 32.

38 Mayer 2013: S. 9.

39 Münch 2011 oder Binswanger 2012: Kapitel 4: »Die Messbarkeitsillusi-on: Qualitative Leistungen lassen sich mit Kennzahlen messen«, oder Kapitel 7: »Beispiel Wissenschaft: Immer mehr unsinnige Publikatio-nen«.

40 Das umfangreiche Buch von Rühr (2014) zu Forschung mit Drittmitteln ist eine rein rechtswissenschaftliche Untersuchung. Marcel Hänggi (2013: S. 9f.) schreibt zur Literaturlage im deutschsprachigen Raum: »Der Wissenschaftsbetrieb reflektiert die Folgen der zunehmenden An-näherung zwischen Wissenschaft und Industrie kaum und nur widerwil-lig. [...] Was weitgehend fehlt, ist eine theoretisch fundierte und kritische Auseinandersetzung.«

41 Münch 2011: S. 17.

42 Bok 2003: S. VII.

43 Bok 2013: S. 18.

44 Vgl. http://www.laendercheck-wissenschaft.de/drittmittel/drittmittel_allgemein/index.html [Stand: 04.10.14]; eigene Berechnungen.

45 Bok 2003.

46 Vgl. Bok 2013.

47 Krimsky 2008: S. 82ff.

48 Bok 2013: S. 354.

49 Krimsky 2008: S. 83.
50 Krimsky 2008: S. 86.
51 Christian Pirker, zit. in: Malka/Gregori 2008: S. 27.
52 Kaelin 2010: S. 16.
53 Vgl. Oreskes/Conway 2014: S. 175 und Kaelin 2010: S. 16.
54 Malka/Gregori 2008: S. 33.
55 Brief von Rylander an den Philipp-Morris-Mitarbeiter Thomas Osdene vom 26. Januar 1982, zit. in: Malka/Gregori 2008: S. 68.
56 So Rylander am 20. Mai 1988 in »Analysis of ETS Information – Evaluation Strategies«, zit. in Malka/Gregori 2008: S. 122; Kaelin 2010: S. 17 schreibt: Rylander begann »1982 mit Rattenexperimenten zum Passivrauch im INBIFO. Viele dieser Studien wurden nie veröffentlicht, denn sie bewiesen dessen Toxizität.«
57 So hieß es 1992 in einem internen Dokument von Philip Morris: »Es ist klar, dass unsere Beziehungen zu Ragnar Rylander dem Unternehmen nützen und auf Basis eines Betrages von 150 000 Dollar jährlich weitergeführt werden sollen.«, Malka/Gregori 2008: S. 70; vgl. Kaelin 2010: S. 19.
58 Malka/Gregori 2008: S. 133; Aussage eines früheren Mitarbeiters von Philip Morris.
59 Malka/Gregori 2008: S. 165.
60 Malka/Gregori 2008: S. 55ff.
61 Malka/Gregori 2008: S. 169.
62 Malka/Gregori 2008: S. 174f.
63 Malka/Gregori 2008: S. 23.
64 Malka/Gregori 2008: S. 22.
65 Malka/Gregori 2008: S. 189.
66 Oreskes/Comway 2014: S. 17ff.
67 Vgl. Kaelin 2010: S. 16ff.
68 Malka/Gregori 2008: S. 194.
69 The Tobacco Institute: »Tobacco Smoke and the Nonsmoker. Scientific Integrity at the Crossroads«, vom 20. Oktober 1986, zit: in Malka/Gregori 2008: S. 195.
70 Aussage eines früheren Mitarbeiters von Philip Morris, zit. in: Malka/Gregori 2008: S. 133.
71 Kaelin 2010: S. 18.
72 Malka/Gregori 2008: S. 199: INBIFO wurde offenbar 2004 nach dem für Philip Morris negativen Gerichtsurteil in der Schweiz umbenannt in Philip Morris Research Laboratories GmbH. Vgl http://www.pronik.org/forum/index.php/Thread/870-INBIFO-Institut-f%C3%BCr-biologische-Forschung/ [Stand: 19.11. 2014]. Kaelin, (2010: S. 20f.) schreibt dazu: »In einem Brief von H. Wakeham an C. H. Goldsmith vom 7. April 1970

(beide Philip Morris) heißt es: ›Da wir ein größeres Programm im INBI-FO haben und da wir an diesem Ort einige der Dinge tun könnten, welche wir in diesem Land eher nicht tun möchten, empfehle ich, dass wir INBIFO kaufen, entweder als Ganzes oder doch so, dass wir die Kontrolle haben.‹ Was waren denn ›die Dinge‹, die Philip Morris in Amerika nicht tun wollte? [fragt Kaelin weiter] Das waren u. a. die Experimente, die im INBIFO mit Labor-Tieren durchgeführt wurden, welche Passivrauch ausgesetzt wurden. Wenn das in den Vereinigten Staaten bekannt geworden wäre, hätten die amerikanischen Gerichte beweisen können, dass die Tabakindustrie ihren Kunden Produkte verkauft, von denen sie durch eigene Forschung wusste, dass sie auch für die Umgebung schädlich sind. Denn die Argumentation der Industrie hatte ja immer gelautet, dass sie daran zweifelt, dass Rauchen schädlich ist, und dies galt noch mehr für den Passivrauch.«

73 Malka/Gregori 2008: S. 91.
74 Malka/Gregori 2008: S. 133.
75 Oreskes/Conway 2014: S. 25.
76 Oreskes/Conway 2014: S. 25.
77 Rylander selbst schrieb am 2. November 1991 per Fax an Thomas Oldene von Philip Morris:»Nachdem ich die Datenbasis korrigiert habe, gibt es jetzt keine Korrelation mehr zwischen dem Passivrauchen und der Häufigkeit von Atemwegsinfektionen.«; zit. in: Malka/Gregori: 2008, S. 115.
78 Kaelin 2010: S. 17.
79 Malka/Gregori 2008: S. 33.
80 Oreskes/Conway 2014: S. 177.
81 Oreskes/Conway 2014: S. 6.
82 Kaelin 2010: S. 17.
83 Malka/Gregori 2008: S. 194.
84 The Tobacco Institute:»Tobacco Smoke and the Nonsmoker. Scientific Integrity at the Crossroads« vom 20. Oktober 1986, zit. in: Malka/Gregori 2008: S. 195.
85 Malka/Gregori 2008: S. 7.
86 Oreskes/Conway 2014: S. 186.
87 Oreskes/Conway 2014: S. 26.
88 Vortragsschrift vom 9. Juli 1993, zit in: Malka/Gregori 2010: S. 197.
89 Vgl. Kreiß 2014: S. 133ff.
90 Malka/Gregori 2008: S. 200.
91 Malka/Gregori 2008: S. 211.
92 »Untersuchungsbericht«, zit. in: Malka/Gregori 2008: S. 202.
93 So trafen sich im Dezember 1953 die Präsidenten der vier größten US-amerikanischen Tabakfirmen im Plaza Hotel in New York und be-

schlossen eine gemeinsame Öffentlichkeitsarbeit, die zum Ziel hatte, »die Öffentlichkeit davon zu überzeugen, dass es keine gesicherte wissenschaftliche Basis für Klagen« gäbe und dass die jüngsten Berichte »sensationslüsterne Anschuldigungen« von Wissenschaftlern seien, die sich damit mehr Geld für ihre Forschung erhofften, zit. in: Oreskes/Conway 2014: S. 7.

94 Oreskes/Conway 2014: S. 7ff.
95 Oreskes/Conway 2014: S. 17.
96 Vgl. Oreskes/Conway 2014: S. 11ff.
97 Vgl. Adams 2007: S. 506ff.
98 Adams 2007: S. 15.
99 Adams 2007: S. 392ff.
100 Adams 2007: S. 17.
101 Adams 2007: S. 15ff.
102 Oreskes/Conway 2014: S. 24.
103 Adams 2007: S. 17.
104 Vgl. http://www.worldlungfoundation.org/ht/display/ReleaseDetails/i/20439/pid/6858 [Stand: 25.11.2014].
105 Vgl. Adams 2007: S. 21.
106 Adams 2007: S. 20.
107 Malka/Gregori 2008. S. 205.
108 Vgl. Eriksen/Mackay/Ross 2012, auch unter: http://www.tobaccoatlas.org/uploads/Images/PDFs/Tobacco_Atlas_2ndPrint.pdf [Stand:07.03.2015]. Weitere Informationen unter: http://www.worldlungfoundation.org/ht/display/ReleaseDetails/i/20439/pid/6858 [Stand: 08.03.2015] Zur unrühmlichen Rolle von Werbung durch die Tabakindustrie vgl. auch: Sukhdev 2013: S. 132–136.
109 Malka/Gregori 2008: S. 204.
110 Malka/Gregori 2008: S. 170.
111 Bultmann 1994: S. 18.
112 Hay/Silbergeld 1985: S. 102f.
113 Wassermann 1994: S. 213.
114 Robin 2010: S. 82.
115 Robin 2010: S. 79.
116 Robin 2010: S. 79.
117 Robin 2010: S. 82.
118 Wassermann 1994: S. 212.
119 Wassermann 1994: S. 213.
120 Robin 2010: S. 95.
121 Robin 2010: S. 96–99.
122 Robin 2010: S. 99.
123 Robin 2010: S. 98.

124 Vgl. Robin 2010: S. 99.
125 Vgl. zum Fall Fujii: http://news.doccheck.com [Stand: 11.12.2012].
126 http://news.doccheck.com [Stand: 11.12.2012].
127 http://news.doccheck.com [Stand: 11.12.2012].
128 http://news.doccheck.com [Stand: 11.12.2012].
129 http://news.doccheck.com [Stand: 11.12.2012].
130 Vgl. http://news.doccheck.com [Stand: 11.12.2012].
131 http://news.doccheck.com [Stand: 11.12.2012].
132 Gøtzsche 2014: S. 19.
133 Gøtzsche 2014: S. 24: »Die Manager der Tabakindustrie wissen, dass sie den Tod feilbieten, und die Manager der Pharmaunternehmen wissen das auch. [...] In diesem Buch werde ich nachweisen, dass Pharmaunternehmen die tödlichen Nebenwirkungen ihrer Medikamente bewusst und arglistig verschweigen, sowohl in der Forschung als auch beim Marketing. [...] Beide Industrien haben ihre Handlanger. Wenn seriöse Forscher nachweisen, dass ein Produkt gefährlich ist, tauchen plötzlich zahlreiche Studien auf, die das Gegenteil behaupten. Das verwirrt die Öffentlichkeit, weil – so formulieren es Journalisten – ›die Wissenschaftler sich uneins sind‹. Diese Industrie des Zweifels verleitet die Menschen höchst geschickt dazu, schädliche Wirkungen zu ignorieren – sie erkauft Zeit, während immer mehr Menschen sterben.«
134 Goldacre 2013: S. 342.
135 Goldacre 2013: S. 110.
136 Angell 2005: S. 29 und S. 35.
137 Gøtzsche 2014.
138 Laut Gøtzsche (2014: S. 23) sind Medikamente aufgrund ihrer durch die Hersteller häufig absichtlich verschwiegenen oder bagatellisierten schädlichen Nebenwirkungen in den USA und Europa die dritthäufigste Todesursache nach Herzkrankheiten und Krebs.
139 Goldacre 2013: S. 203.
140 Vgl. Angell 2005: S. 115.
141 DIIR – Deutsches Institut für Interne Revision e.V. 2009: S. 5.
142 Vgl. Gøtzsche 2014: S. 253–256.
143 Vgl. Goldacre 2013: S. 341ff. Goldacre schildert detailliert und mit konkreten Beispielen, wie lukrativ, von den Pharmakonzernen bestellt, Nachdrucke für Medizinjournale sind und wie die Anzeigen- und Nachdruckpolitik der Pharmaunternehmen die Auswahl der veröffentlichten Artikel zugunsten pharmafreundlicher Artikel beeinflusst.
144 Vgl. Gøtzsche 2014: S. 253.
145 Gøtzsche 2014: S. 254.
146 Vgl. Goldacre 2013: S. 217.
147 Vgl. Gøtzsche 2014: S. 253.

148 Angell 2005: S. 120.
149 Gøtzsche 2014: S. 257.
150 Gøtzsche 2014: S. 257.
151 Gøtzsche. 2014: S. 258.
152 Vgl. Gøtzsche 2014: S. 258.
153 Gøtzsche 2014: S. 258.
154 Gøtzsche 2014: S. 258.
155 Gøtzsche 2014: S. 259.
156 Gøtzsche 2014: S. 259.
157 Gøtzsche 2014: S. 259.
158 DIIR – Deutsches Institut für interne Revision e.V. 2009: S. 9.
159 Goldacre 2013: S. 89.
160 Vgl. Goldacre 2013: S. 89.
161 Goldacre 2013: S. 91.
162 Vgl. Goldacre 2013: S. 91.
163 Goldacre 2013: S. 88.
164 Vgl. DIIR – Deutsches Institut für interne Revision e.V. 2009: S. 10.
165 Gøtzsche 2014: S. 80f.
166 LaoTse 1985: S. 124/Nr. 81.
167 Angell 2005: S. 113.
168 Vgl. http://www.astrocyte-design.com/pharmaceutical/betty-dong.html
    [Stand: 20.12.2014].
169 Vgl. Washburn 2005: S. 20.
170 Vgl. Bok 2003: S. 72.
171 Vgl. Washburn 2005: S. 19.
172 Vgl. http://www.astrocyte-design.com/pharmaceutical/betty-dong.html
    [Stand: 20.12.2014].
173 Vgl. Bok: 2003: S. 72.
174 Vgl. http://www.astrocyte-design.com/pharmaceutical/betty-dong.html
    [Stand: 08.03.2015] und Washburn 2005: S. 20.
175 Vgl. http://www.astrocyte-design.com/pharmaceutical/betty-dong.html
    [Stand: 08.03.2015] und Washburn 2005: S. 20.
176 http://www.astrocyte-design.com/pharmaceutical/betty-dong.html
    [Stand: 08.03.2015] und Washburn 2005: S. 20.
177 Vgl. Washburn 2005: S. 20.
178 http://www.bfarm.de/SharedDocs/Downloads/DE/Arzneimittel/Pharma-
    kovigilanz/Risikoinformationen/RisikoBewVerf/g-l/GVK/gvk-biosci-
    ence-liste-am.pdf?__blob=publicationFile&v=26 [Stand: 26.12.2014].
179 http://www.bfarm.de/SharedDocs/Downloads/DE/Arzneimittel/Pharma-
    kovigilanz/Risikoinformationen/RisikoBewVerf/g-l/GVK/gvk-biosci-
    ence-liste-am.pdf?__blob=publicationFile&v=26 [Stand: 26.12.2014].

180 Spezialist für Blutkrankheiten.
181 Erkrankungen der roten Blutkörperchen, bei denen Hämoglobin nicht ausreichend gebildet bzw. verstärkt abgebaut wird.
182 Vgl. Bok 2003: S. 73.
183 Vgl. Washburn 2005: S. 124.
184 Vgl. Baird/Downie/Thompson 2002: S. 2211.
185 Baylis 2004: S. 44–49; auch unter: http://jme.bmj.com/content/30/1/44. full [Stand: 22.12.2014].
186 Vgl. Washburn 2005: S. 123.
187 »On May 24, 1996, Dr Olivieri was told: ›You must not publish or divulge information to others about the work you have done with Apotex [...] without the written consent of Apotex. Now, should you choose to violate this agreement you will be subject to legal action.‹«, Thompson et al., zit. in: Baylis 2004.
188 Vgl. Bok 2003: S. 73.
189 Vgl. Bok 2003: S. 73 und Washburn 2005: S. 124.
190 Vgl. Washburn 2005: S. 123.
191 Vgl. Washburn 2005: S. 124.
192 Vgl. Robinson 2013: S. 206; Bok 2003: S. 74 und Washburn 2005: S. 124.
193 Vgl. Bok 2013: S. 350.
194 Bok 2003: S. 74, Originaltext: »No one knows how extensive this problem is, since no one can be sure how many scientists have quietly succumbed to pressure and suppressed their findings rather than undergo the harassment and delay endured by Dong and Olivieri.«
195 Einen Fall, bei dem der Interessenkonflikt besonders schön zutage tritt, schildert Bok (2003: S. 67): Scheffer Tseng, Forscher in einem Harvard-Krankenhaus, erstellte eine klinische Augenstudie, in der er die ungünstigen Ergebnisse eines Medikaments herunterspielte. Tseng und sein Vorgesetzter besaßen Aktien an dem Pharmaunternehmen. Tseng verkaufte die Aktien des Pharmaunternehmens, das das Medikament herstellt, nachdem die Veröffentlichung seiner Studie den Aktienkurs in die Höhe getrieben hatte und bevor die negativen Ergebnisse bekannt wurden.
196 Bok 2003: S. 72, Originaltext: »There are many subtle ways in which a study can be written up to place the company's product in a more favorable light.«
197 Bok 2003: S. 76: »Having received such support, however, they may be subtly affected when they decide how strongly to word a conclusion, how much to emphasize possible qualifications and contrary interpretations, or whether to mention potential (but unproven) new risks.«
198 Zur methodischen Frage der Interpretation von Studiendaten und dem Umgang mit fehlenden Daten bzw. mit Auswirkungen von fehlenden

Daten auf die Ergebnisse, vgl. das Kapitel »Interpreting the Evidence« in: Cooper 2010: S. 197–217.

199 Bowen 2014: S. 185: »Carbon accounting [...] is problematized in different ways across a wide range of actors involved in developing a new measurement technology. Each of the IPCC measurement principles is theoretically desirable. However, each is prioritized differently within the discourse across three arenas in which organizations vie for power to devise carbon accounting methodologies and systems.«

200 Robinson 2013: S. 205f., Originaltext: »The authors conclude that ›strong and consistent evidence shows that industry-sponsored research tends to draw pro-industry conclusions‹.«

201 Kohlenberg/Musharbash 2013.

202 Vgl. Robinson 2013: S. 205: »In other cases, the implicit promise of future funding or the threat of losing funding may pressure a researcher to support findings favored by a corporate donor.«

203 Bok 2003: S. 68: »Scientists with corporate ties naturally deny that financial interests will have any effect on their scientific work. Nevertheless, a number of investigators have shown that researchers reporting on the efficacy of drugs produced by companies in which they have an interest are more likely to report favorable results than scientists without such ties. Other studies have shown that clinical trials funded by drug companies are far less likely than independently funded trials to arrive at unfavorable conclusions.«

204 Robinson 2013: S. 205: »A survey of academic researchers in 2005 found that over 15 percent of respondents had changed ›the design, methodology, or results of a study in response to pressures from a funding source‹.«

205 Vgl. Bok 2013: S. 350.

206 Bok 2003: S. 75: »[...] offering research funding to scientists who have views – or show promise of having views – that are favorable to the industry involved.«

207 Bok 2013: S. 352–356.

208 Vgl. Schott/Lieb/Ludwig 2011: S. 270.

209 Goldacre 2013: S. 330.

210 Schaaber et. al. 2011: S. 242.

211 Vgl. Robinson 2013: S. 206.

212 Vgl. Robinson 2013: S. 206.

213 Goldacre 2013: S. 336.

214 Vgl. Goldacre 2013: S. 336f.

215 DIIR – Deutsches Institut für Interne Revision e.V. 2009: S. 46.

216 Vgl. Bok 2013: S. 356.

217 Goldacre 2013: S. 77.

218 Zit in: Robin 2010: S. 227.

219 Rowell 2003: »He had published more than 270 scientific studies and three books on lectins, plant proteins that are central to the GM controversy. He was the world's leading expert on the subject.«; auch unter: http://www.gmwatch.org/latest-listing/1-news-items/4305-the-sinister-sacking-of-the-worlds-leading-gm-expert-and-the-trail-that-leads-to-tony-blair-and-the-white-house [Stand: 14.01.2015].

220 Robin 2010: S. 265.

221 Robin 2010: S. 266.

222 Robin 2010: S. 267f.

223 Robin 2010: S. 268.

224 Vgl. Littger 2011; auch unter: http://www.zeit.de/kultur/film/2011-03/film-gekaufte-wahrheit/ [Stand: 29.04.14].

225 Rowell 2003, Originaltext: »I find it's very unfair to use our fellow citizens as guinea pigs. We have to find guinea pigs in the laboratory.«; vgl. auch Robin 2010: S. 269.

226 Robin 2010: S. 269.

227 Rowell 2003.

228 Robin 2010: S. 276. Vgl. auch: http://www.gekauftewahrheit.de. Rowell (2003) schreibt: »Phone calls went from Monsanto, the American firm which produces 90 % of the world's GM food, to Clinton and then to Blair. [...] There is no doubt he was pushed by Blair to do something. It was damaging the relationship between the USA and the UK, because it was going to be a huge blow for Monsanto«, wird Prof. Orskov zitiert. Diese Kommunikation zwischen Blair und der Institutsleitung von Rowett wurde jedoch laut Rowell sowohl von der Britischen Regierung wie von Institutsleiter James vehement bestritten. Zehn Jahre später führt Hänggi (2013: S. 194) dazu aus: »Dank Recherchen des *Guardian* und des *Sunday Independent* weiß man heute, dass Großbritanniens damaliger Premierminister Tony Blair nach der Fernsehsendung persönlich beim Rowett Institute interveniert und den Direktor zweimal angerufen hat.«

229 Robin 2010: S. 269f.

230 Vgl. Robin 2010: S. 270.

231 Nach all den diffamierenden, praktisch haltlosen Vorwürfen beschreibt ihn Rowell als einen »ruinierten Menschen, der zwei Herzinfarkte erlitten hatte« und vermerkt, dass seine Ehefrau unter dauerhafter medizinischer Behandlung wegen Bluthochdrucks stünde. Vgl. Rowell 2003.

232 Vgl. Rowell 2003.

233 Vgl. Hänggi 2013: S. 194.

234 Robin (2010: S. 275) und Hänggi (2013: S. 194), wonach Lachmann u.a. als Berater für Monsanto arbeitet.

235 http://www.gekauftewahrheit.de [Stand: 28.04.2014]. Die Website dokumentiert die Hintergründe des Films *Gekaufte Wahrheit*. Gentechnik im Magnetfeld des Geldes, einer deutschen Kinodokumentation von Bertram Verhaag aus dem Jahr 2010 über den Einfluss der Wirtschaft auf Wissenschaft und Gentechnikforschung.

236 Die Angabe »95 Prozent« stammt laut dem Filmautor Bertram Verhaag von einem norwegischen Wissenschaftler aus der Gentechnik, Professor Terje Traavik, der ihm diese Zahl genannt habe. http://www.deutschlandradiokultur.de/gen-forscher-mit-maulkorb.954.de.html?dram:article_id=146102 [Stand: 15.01.2015]. Auf den zweiten Blick überrascht diese Prozentzahl weniger. Wie oben gezeigt, finden etwa *durchschnittlich* 67 Prozent aller Forschungsanstrengungen in Deutschland in der Privatwirtschaft statt. In besonders forschungsintensiven Bereichen kann dieser Anteil sicherlich schnell über dem Durchschnitt von 67 Prozent liegen und auf über 90 Prozent steigen.

237 Hänggi 2013: S. 83.

238 Vgl. Hänggi 2013: S. 82; Mirowski 2011: S. 140ff.

239 Hänggi 2013: S. 209f.: Die Frage ist: Warum nur? Haben sie etwas zu verbergen? Hänggi fragte bei Syngenta nach, weshalb das Unternehmen die Herausgabe von Saatgut verweigerte. Die Antwort von Syngenta-Sprecher Daniel Braxton, »die begrenzten Mittel wurden anderen Forschungsprogrammen zugeteilt«, überzeugte ihn nicht, da es sich ja nicht um Finanzmittel, sondern um die Herausgabe von Saatgut handelte. In der Antwort trat zutage, dass Syngenta Vorgaben bei der Herausgabe von Saatgut macht: »Die Bereitschaft, diese Vorgaben zu respektieren, fließt in die Bewertung eines Forschungsprojektes mit ein.« Mit anderen Worten: Syngenta gibt die Forschung vor, sonst gibt es kein Saatgut. So einfach ist das.

240 Hänggi (2013: S. 172), der hier ein Gespräch mit der unabhängigen Schweizerischen Gentechnikforscherin Angelika Hilbeck schildert, in dem sie sagt, sie sei überzeugt, »dass Unternehmen wie Syngenta oder Monsanto, die gentechnische veränderte Pflanzen verkaufen, massiven Einfluss sowohl auf die Forschung wie die Zulassungsbehörden ausübten«.

241 Hänggi 2013: S. 172.

242 Vgl. Robin 2010: S. 274.

243 Vgl. Littger 2011.

244 Robin 2010: S. 276.

245 Vgl. Littger 2011.

246 Vgl. Hänggi 2013: S. 193.

247 Laut Rowell (2003) wurde der Gentechnikmarkt Europas für das Jahr 2005 auf 75 Milliarden Pfund geschätzt.

248 Hänggi 2013: S. 199.
249 Es sei an das in der Pharmaforschung verbreitete Ghostwriting erinnert, das für den akademischen Aufstieg äußerst hilfreich sein kann.
250 Vgl. Burghardt 2014; auch unter: http://sz-magazin.sueddeutsche.de/texte/anzeigen/42435/Der-Tod-kommt-mit-dem-Wind [Stand: 04.03.2015].
251 Burghardt 2014.
252 Vgl. Burghardt 2014.
253 Robin 2011: S. 107.
254 Vgl. Burghardt 2014.
255 Washburn 2005: S. 24.
256 Vgl. http://nutrition.ucdavis.edu/faculty/keen/ [Stand: 07.03.2015] und http://ffhi.ucdavis.edu/people/directory/clkeen/ [Stand: 21.01.2015].
257 http://asuwww.lobbyingtransparency.org/index.php/WSRO [Stand: 15.04.2014] oder Prummer/Heiny 2013.
258 http://www.wsro.org [Stand: 21.04.2014].
259 NGO: Non Governmental Organisation (Nichtregierungsorganisation).
260 Originaltext: »The World Sugar Research Organisation (WSRO) is an international scientific research organisation globally supported by the sugar industry. WSRO is committed to upholding the fundamental principles of science and to relying solely on objective science in its programs.«: http://www.wsro.org [Stand: 21.04.2014].
261 Originaltext: »The Mission: The WSRO is dedicated to encouraging a better appreciation of the direct and indirect contribution made by sugar to the nutrition, health and wellbeing of all the populations of the world.«, unter: http://www.wsro.org [Stand: 21.04.2014].
262 Wortwörtlich: »Rein, weiß und tödlich: Wie Zucker uns tötet und was wir tun können, um das zu beenden.«
263 Smith 2014: »John Yudkin: The man who tried to warn us about sugar. A British professor's 1972 book about the dangers of sugar is now seen as prophetic. So why did it lead to the end of his career?« oder Taubes 2011: »Is Sugar Toxic?«
264 Smith 2014: »Can you wonder that one sometimes becomes quite despondent about whether it is worthwhile trying to do scientific research in matters of health? […]. The results may be of great importance in helping people to avoid disease, but you then find they are being misled by propaganda designed to support commercial interests in a way you thought only existed in bad B-films.«
265 Campbell 2011: S. 331ff.
266 Ich selbst lebe – auch nach der gründlichen Lektüre seines Buches – nicht vegan und gehöre damit zu den 99 Prozent der Menschheit, von denen Campbell sagt, dass sie sich falsch ernähren, doch seine Ernährungsemp-

fehlungen und auch die Argumente für Veganismus sind wirklich beeindruckend gut. Campbell empfiehlt Vollwertkost, viel Obst, Gemüse, wenig raffinierte Lebensmittel, keine Additive.

267 Mit gesundem Menschenverstand betrachtet: Eine Ernährung, die aus 25 Prozent Zucker pro Tag besteht, kann nur zu massiven individuellen und gesellschaftlichen Gesundheitsproblemen führen.

268 Boseley 2003: »Sugar Industry Threatens to Scupper WHO« (»Zuckerindustrie droht, die WHO zu versenken«), auch unter: http://www.theguardian.com/society/2003/apr/21/usnews.food [Stand: 13.01.2015].

269 Boseley 2003.

270 Vgl. Boseley 2003.

271 Boseley 2003.

272 Boseley 2003: »[...] the World Sugar Organisation ›went into overdrive‹«, so die Aussage von Phillip James.

273 Vgl. Campbell 2011: S. 331ff.

274 Vgl. Campbell 2011: S. 335.

275 Campbell 2011: S. 269.

276 Brugger/Threin/Wolters 2013: S. 31; auch unter: https://www.destatis.de/DE/Publikationen/Thematisch/BildungForschungKultur/Hochschulen/BroschuereHochschulenBlick0110010137004.pdf;jsessionid=11D0EAE7558B48705CFD11E604C470D7.cae3?__blob=publicationFile [Stand: 17.01.2015].

277 Vgl. Meyer-Guckel 2011: S. 145.

278 Vgl. Kramer 2011.

279 Schneider (2013a: S. 120f.) spricht von etwa 1000 Stiftungsprofessuren. Der industrienahe Stifterverband für die Deutsche Wissenschaft spricht von 660 derzeit von Drittmittelgebern finanzierten Stiftungsprofessuren sowie 500 ehemaligen Stiftungsprofessuren, die mittlerweile durch öffentliche Mittel finanziert werden, sodass die Gesamtzahl demnach etwa 1160 beträgt. Vgl. auch Servicezentrum Stiftungsprofessuren: http://www.stiftungsprofessuren.de/daten_und_fakten/anzahl_stiftungsprofessuren_nach_bundeslaendern/index.html [Stand: 28.12.2014].

280 Schneider 2013a: S. 120.

281 Vgl. Krimsky (2003: S. 141ff.) zu den verschiedenen Erscheinungsformen von Einseitigkeit bzw. *bias*.

282 Vgl. Böschen/Kastenhofer/Rust et al. 2008: Nicht zu verwechseln hiermit ist der Ansatz, der sich damit beschäftigt, wie man mit Nichtwissen oder blinden Flecken umgeht.

283 Es gibt eine wahre Flut von industrienahen Büchern und Veröffentlichungen, die vehement bestreiten, dass Drittmittel die Inhalte von Forschung ungünstig beeinflussen.

284 Grusa 2011: S. 186: Dass bei Win-win-Situationen für zwei direkt Beteiligte beide gewinnen, liegt auf der Hand. Häufig gehen diese Gewinne jedoch zulasten Dritter oder werden auf dem Rücken Dritter ausgetragen, wie die obigen Beispiele zur Tabak-, Pharma- und Chemieindustrie zeigen. »Die Folgen korrupter Strukturen müssen zumeist von Unbeteiligten getragen werden. Dem Vorteil eines einzelnen Marktteilnehmers steht somit der Nachteil vieler anderer gegenüber.« Interessant, dass diese Aussage aus der Feder von Michael Grusa stammt, dem Geschäftsführer der Freiwillige Selbstkontrolle für die Arzneimittelindustrie e.V., eines Verbands der Pharmaindustrie.

285 Hänggi 2013: S. 11: Im April 2012 stiftete die Großbank UBS der Universität Zürich 150 Millionen Schweizer Franken für fünf Stiftungslehrstühle und ein neues Institut. Dessen Leiter Ernst Fehr beteuerte, die Unabhängigkeit der Forschung sei garantiert, ja »vertraglich drei- und vierfach abgesichert«. Andererseits weigerten sich die beteiligten Parteien, den Vertrag zu veröffentlichen. Ein Akteneinsichtsgesuch lehnte die Universität Zürich ab. Vgl. auch Meyer-Guckel (2011: S. 147), der davon spricht, es werde unterstellt, Stiftungsprofessuren seien in Forschung und Lehre nicht unabhängig und in ihren Forschungsschwerpunkten einseitig auf vermeintlich wirtschaftlich »verwertbare Disziplinen« ausgerichtet.

286 Stifterverband für die Deutsche Wissenschaft 2011, auch unter: http://www.stifterverband.info/wissenschaft_und_hochschule/stiftungsprofessuren/code_of_conduct/ [Stand: 02.01.2015].

287 Vgl. Schneider 2013b: S. 240f.

288 Vgl. Schneider 2013b: S. 241.

289 Landesrechnungshof Nordrhein-Westfalen 2011: S. 99, auch unter: http://www.lrh.nrw.de/LRHNRW_documents/Jahresbericht/LRH_NRW_Jahresbericht_2011_Band_1.pdf [Stand: 08.03.2015].

290 Kramer 2014 und Landesrechnungshof Nordrhein-Westfalen 2011: 99.

291 Vgl. Kramer 2014.

292 http://stifterverband.info/ueber_den_stifterverband/mitarbeiter/meyer-guckel_volker/index.html [Stand: 02.01.2015] und: http://stifterverband.info/ueber_den_stifterverband/index.html [Stand: 02.01.2015].

293 Vgl. Kramer 2014.

294 Herrmann/Spath 2013: S. 185.

295 http://www.stifterverband.info/ueber_den_stifterverband/index.html [Stand: 18.01.2015].

296 http://www.stifterverband.info/ueber_den_stifterverband/index.html [Stand: 02.01. 2015].

297 Vgl. Meyer-Guckel (2011: S. 151), wonach 65 Prozent der Stiftungsprofessuren von den Hochschulen nach privater Anschub-Finanzierung weitergeführt werden. »Von Danaergeschenken kann also kaum die Rede sein.«

298 DIIR – Deutsches Institut für interne Revision e.V. 2009: S. 10: »Korruption beginnt jedoch bereits viel früher. Es ist wissenschaftlich erwiesen, dass bereits kleine Zuwendungen reichen, um beim Empfänger eine moralische Verpflichtung zur Gegenleistung auszulösen.«

299 Vgl. Kohlenberg/Musharbash 2013.

300 Lüpke-Narberhaus/Trenkamp 2011.

301 Kohlenberg/Musharbash 2013.

302 Lüpke-Narberhaus/Trenkamp 2011.

303 Kohlenberg/Musharbash 2013.

304 Sponsoren- und Kooperationsvertrag.

305 Schultz 2011.

306 Kaul 2011: Die Bank erhielt »das Recht zu Unternehmenspräsentatinen, Kontaktveranstaltungen und der Verteilung von Infomaterialien durch die hochschuleigene Hauspost«.

307 Kohlenberg/Musharbash 2013.

308 Lüpke-Narberhaus/Trenkamp 2011. Der Titel des *Spiegel*-Berichts lautet bezeichnenderweise: »Deutsche-Bank-Deal mit Berliner Unis: Kauf Dir einen Prof«.

309 »EasyCredit«-Hörsaal: An der Universität Erlangen-Nürnberg wurde der Hörsaal H5 der Rechts- und Wirtschaftswissenschaftlichen Fakultät 2007 renoviert und modernisiert. Geändert hat sich auch der Name des Hörsaals: Statt »H5« prangt neben der Tür nun ein Schild, auf dem ein blaues Logo prangt: ›easyCredit‹. Hinter dem Namen verbirgt sich ein Kreditangebot der Nürnberger Teambank AG. Das Geldinstitut hat den Umbau des Hörsaals mit einer Spende von 130 000 Euro finanziert. Zehn Jahre lang wird der Raum dafür ›EasyCredit-Hörsaal‹ heißen. Vor dem ›EasyCredit-Hörsaal‹ gab es in Erlangen-Nürnberg schon den ›GfK-Hörsaal‹, benannt nach der Nürnberger Gesellschaft für Konsumforschung. Beim ›EasyCredit-Hörsaal‹ handelt es sich jedoch um den ersten, der nicht nach einem Unternehmen oder einem Spender, sondern nach dessen Produkt benannt ist.«, https://www.hochschulwatch.de/wiki/Universit%C3%A4t_Erlangen-N%C3%BCrnberg_%28ohne_Klinikum%29 [Stand: 30.12.2014] und http://www.wiso.uni-erlangen.de/infocenter/wiso_als_partner/hoersaalsponsoring/ [Stand: 30.12.2014].

310 Vgl. Coordination gegen BAYER-Gefahren 2014, auch unter: http://www.cbgnetwork.org/5766.html [Stand: 08.03.2015].

311 Kohlenberg/Musharbash 2013.

312 Kramer 2014.

313 Kohlenberg/Musharbash 2013.

314 Kohlenberg/Musharbash 2013.

315 Goldacre (2014: S. 387) schreibt dazu: »Heute wissen wir, dass die gesamte [sic!] Datengrundlage von der Pharmaindustrie systematisch ver-

fälscht [sic!] wurde, weil sie gezielt unwillkommene Studienergebnisse zurückhält und die guten veröffentlicht.«

316 Kohlenberg/Musharbash 2013.
317 Kohlenberg/Musharbash 2013.
318 Vgl. http://www.cbgnetwork.org/5766.html [Stand: 08.03.2015].
319 Vgl. http://www.cbgnetwork.org/5766.html [Stand: 08.03.2015].
320 Kohlenberg/Musharbash 2013.
321 Vgl. http://www.cbgnetwork.org/5766.html [Stand: 08.03.2015].
322 Mimkes 2015, auch unter: http://politik-im-spiegel.de/interview-mit-prof-peter-gtzsche-ber-die-pharmafia/ [Stand: 27.12.2014].
323 In Deutschland besitzen etwa 90 Prozent der Bevölkerung keine Aktien. Laut dem Historiker Wehler (2013) kontrollieren in Deutschland 7700 Haushalte, das sind 0,02 Prozent aller deutschen Haushalte, über die Hälfte des deutschen Betriebsvermögens.
324 Vgl. Panitz/Seibel 2012.
325 Schlicht 2013, auch unter: http://www.finanzen.de/news/14836/ard-hart-aber-fair-kritisiert-kosten-der-riester-rente [Stand: 01.01.2015].
326 Kohlenberg/Musharbash 2013.
327 Kohlenberg/Musharbash 2013.
328 Kohlenberg/Musharbash 2013.
329 http://www.fiwi1.uni-freiburg.de/raffelhueschen/lebenslauf.html [Stand: 01.01.2015].
330 http://www.generationenvertraege.de/ [Stand: 08.03.2015].
331 https://lobbypedia.de/wiki/Forschungszentrum_Generationenvertr%C3%A4ge [Stand: 01.01.2015].
332 Kohlenberg/Musharbash 2013.
333 Kohlenberg/Musharbash 2013. Da der betreffende Forscher anonym bleiben wollte, wurde auch der Name des Instituts nicht offengelegt.
334 Kohlenberg/Musharbash 2013.
335 Kohlenberg/Musharbash 2013.
336 Vgl. Kohlenberg/Musharbash 2013.
337 Jentsch et al. 2012.
338 http://www.diw.de/sixcms/detail.php?id=diw_01.c.387047.de [Stand: 04.10.2014].
339 Kohlenberg/Musharbash 2013.
340 http://www.hiig.de/das-institut/ [Stand: 08.03.2015].
341 Herbold 2013.
342 Vgl. Kohlenberg/Musharbash 2013.
343 Vgl. Herbold 2013.
344 Reuss 2013.
345 Kohlenberg/Musharbash 2013.
346 Zit in: Bultmann 1994: S. 14.

347 Vgl. Thieme 2011: »Die Konzerne haben sich bei der Finanzierung von Professuren weitgehend auf regionale Zuständigkeiten geeinigt. EnBW engagiert sich in Baden-Württemberg, Vattenfall in den neuen Bundesländern, RWE in Aachen und Eon in München.«

348 Thieme 2011.

349 http://www.eonerc.rwth-aachen.de/ [Stand: 29.12.2014].

350 http://de.atomkraftwerkeplag.wikia.com/wiki/Studien_und_Stiftungs professuren [Stand: 29.12.2014].

351 http://www.rwe.com/web/cms/de/37110/rwe/presse-news/pressemittei lungen /pressemitteilungen/?pmid=4002217 [Stand: 29.12.2014].

352 http://www.ie3.tu-dortmund.de/cms/de/Institut/Team/K_Leitung_und_ Administration/Rehtanz.html [Stand: 29.12.2014].

353 http://web.archive.org/web/20130125065006/http://www.enbw.com/ content/de/karriere/studierende/foerderprogramme/network2/partner-hochschulen/index.jsp [Stand: 29.12.2014].

354 http://de.areva.com/DE/areva-deutschland-697/hochschulkooperation-en.html [Stand: 29.12.2014].

355 http://www.hzdr.de/db/Cms?pOid=36391&pNid=0 [Stand: 29.12.2014].

356 http://tu-dresden.de/aktuelles/newsarchiv/2012/5/areva05 [Stand: 29.12.2014].

357 http://de.atomkraftwerkeplag.wikia.com/wiki/Studien_und_Stiftungs professuren [Stand: 29.12.2014].

358 Kohlenberg/Musharbash 2013.

359 Zu den Sponsoren: http://www.ewi.uni-koeln.de/fileadmin/user_upload/ EWI_Community/Foerderergesellschaft/Liste_Foerderergesellschaften_ EWI.pdf[Stand: 30.12.2014].

360 http://www.ewi.uni-koeln.de/institut/ [Stand: 29.12.2014]. Zum Wesen von An-Instituten: »Eine Einrichtung kann durch Anerkennung, für die in einigen Bundesländern die Hochschule, in anderen das Ministerium zuständig ist, zur ›Einrichtung an der Hochschule‹, also zu einem ›An-Institut‹ werden.«: Misera 2010: S. 12.

361 Vgl. Kohlenberg/Musharbash 2013 und Frontal 21 2013, auch unter: https://www.youtube.com/watch?v=LPUDBdGE9m4 [Stand: 08.01.2015].

362 Thieme 2011.

363 Vgl. http://www.ewi.uni-koeln.de/institut/finanzierung/ [Stand: 29.12.2014].

364 Vgl. http://www.ewi.uni-koeln.de/ewi-community/foerderergesellschaft/ [Stand: 29.12.2014].

365 Waldermann 2010: »Laut EWI ist Professor Bettzüge ›ordentlicher Landesbeamter‹, sein Gehalt beziehe er von der Universität Köln. Allerdings

holt diese sich das Geld über Drittmittel herein. Eine Sprecherin der Uni Köln bestätigte *SPIEGEL ONLINE,* dass die Stiftungsprofessur ›nicht aus dem Haushalt der Universität, sondern von der deutschen Energiewirtschaft‹ finanziert werde.«

366 Vgl. Thieme 2011: In seinem Vortrag an der Hochschule Aalen am 13. Januar 2015 befürwortete Marc Oliver Bettzüge erneut Atomenergie, kritisierte die Quersubventionierungen alternativer Energien und ignorierte dabei großzügig die Ergebnisse von nicht durch die Atomstromproduzenten finanzierten Studien, die die hohen Quersubventionierungen an die Atomenergie aufzeigen. Vgl. auch die Kampagnen des Umweltinstituts München e.V. zu Stromkosten, Energiewende und Atomlobby.

367 http://www.ewi.uni-koeln.de/institut/kultur-und-geschichte/ [Stand: 30.12.2014].

368 http://www.ewi.uni-koeln.de/fileadmin/user_upload/Publikationen/Studien/Politik_und_Gesellschaft/2010/EWI_2010-08-30_Energieszenarien-Studie.pdf [Stand: 30.12.2014].

369 Vgl. http://www.verivox.de/nachrichten/umweltministerium-hegt-grosse-zweifel-an-atomgutachten-56314.aspx?p=2 [Stand: 30.12.2014].

370 Vgl. Brost 2010.

371 Vgl. Brost 2010.

372 Vgl. Gathmann 2010.

373 Vgl. Kohlenberg/Musharbash 2013 oder: http://de.atomkraftwerkeplag.wikia.com/wiki/Studien_und_Stiftungsprofessuren [Stand: 30.12.2014].

374 Kohlenberg/Musharbash 2013.

375 Was die positiven Voten des EWI zu Atomenergie anlangt, ist diese Aussage nicht haltbar. Wenn die Marktkräfte wirklich frei spielen könnten, wäre Atomstrom wohl die erste Stromart, die vom Markt verschwinden würde, da sie ohne staatliche Subventionen die teuerste aller Energiearten ist. Beispielsweise wären die Versicherungsprämien von privaten Versicherungsgesellschaften gegen einen GAU schon beinahe prohibitiv teuer, so teuer, dass Atomstrom schon allein deswegen wohl nicht mehr wettbewerbsfähig wäre. Vgl. auch die Studie u. a. im Auftrag von Greenpeace Energy eG: Küchler/Meyer/Blanck 2012: S. 11.

376 Kohlenberg/Musharbash 2013.

377 Vgl. Kreiß 2014.

378 Vgl. Bulow 1986: S. 730.

379 Vgl. Bulow 1986: S. 729f.

380 Vgl. Kreiß 2013: S. 105ff: Kap.»Das Versagen der Wirtschaftswissenschaft«: Es soll in keiner Weise unterstellt werden, Bulow vertrete mit seinen Aussagen irgendwelche Geldinteressen oder sei von Geldgebern beeinflusst. Um auf manchen Gebieten der Ökonomie zu Fehlaussagen zu kommen, reicht es völlig aus, die weltanschaulich geprägten Grund-

axiome neoliberaler Ökonomie anzuwenden. Auf diesen realitätsfernen Grundannahmen aufbauend, kamen beispielsweise auch die »fünf Weisen« in Deutschland und andere führende Ökonomen 2008/2009 zu absurden Fehlprognosen.

381 Vgl. Rampell 2013.
382 http://www.forum-institut.de/de/bergrecht/ihre-referenten/prof-dr-bruno- thomauske/ [Stand: 31.12.2014].
383 Seidler 2010 und Tjong 2010, wonach auch ThyssenKrupp den Lehrstuhl sponsert.
384 http://www.forum-institut.de/de/bergrecht/ihre-referenten/prof-dr-bruno-thomauske/ [Stand: 31.12.2014].
385 Seidler 2010.
386 Vgl. Bauchmüller 2011. Der Titel »Leiter des Instituts für Nuklearen Brennstoffkreislauf« entbehrt in diesem Fall nicht einer gewissen Ironie, da Thomauske seit Langem als starker Befürworter eines Endlagers in Gorleben galt. Bei Endlagerung kann man mit gesundem Menschenverstand nicht mehr wirklich von einem Brennstoff*kreislauf* sprechen.
387 Bauchmüller 2011.
388 Vgl. Bauchmüller 2011.
389 Tjong 2010.
390 Bauchmüller 2011.
391 Heiser/Kaul 2011.
392 Ismar 2011.
393 Ismar 2011: Der damalige Bundesumweltminister Sigmar Gabriel (SPD) kommentierte das Deutsche Atomforum am 1. Juli 2009 folgendermaßen: »50 Jahre Atomforum – das bedeutet ein halbes Jahrhundert Lug und Trug.«
394 Heiser/Kaul 2011.
395 Heiser/Kaul 2011.
396 Ismar 2011.
397 http://www.watermakesmoney.com/de/ [Stand: 20.01.2015].
398 Vgl. Löhr 2013: S. 79: (Teil-)Privatisierungen der kommunalen Wasserversorgung führten in vielen Fällen zu stark steigenden Gebühren der Wasserverbraucher. So stiegen sie etwa nach der Teilprivatisierung der Potsdamer Wasserwerke Ende 1997 binnen zwei Jahren um über 70 Prozent trotz sinkenden Wasserbedarfs. Die anschließende Rekommunalisierung war für Potsdam sehr kostspielig.
399 http://www.tu-berlin.de/?97789 [Stand: 20.01.2015]. Der Vertrag wurde 2011 um weitere fünf Jahre verlängert. In diesem Zeitraum zahlt Veolia insgesamt 750 000 Euro für den Stiftungslehrstuhl, also 150 000 Euro pro Jahr. Veolia Wasser schreibt in seinem Nachhaltigkeitsbericht 2009: »Im Jahr 2009 hat Veolia Wasser die im Jahr 2008 aufgebauten Hoch-

schulpatenschaften zu 15 deutschen Hochschulen gepflegt und besonders zu Energielehrstühlen erweitert. Jede dieser Hochschulen wird von einem Paten aus der Unternehmensgruppe betreut. Viele der Paten waren selbst Studenten an dieser Hochschule, kennen die Ansprechpartner und die Aktivitäten der Lehrstühle.«

400 http://www.auf-ww.uni-rostock.de/ [Stand: 20.01.2015].

401 Rügemer: 2013. auch unter: http://www.arte.tv/de/wasserwirtschaft-in-deutschland/3752030,CmC=3767934.html [Stand: 15.03.2015].

402 KWB 2013: S. 3, auch unter: http://kompetenz-wasser.de/fileadmin/user_upload/pdf/downloads/KWB_Jahresbericht2013-WEB.pdf [Stand: 20.01.2015].

403 Hänggi 2013: S. 33.

404 http://www.zaar.uni-muenchen.de/organisation/personen/index.html [Stand: 03.01.2015]; Zahl der Beschäftigten inklusive studentischer Hilfskräfte. Es handelt sich um ein vom Bayerischen Staatsministerium für Wissenschaft, Forschung und Kunst anerkanntes »An-Institut« nach Art. 103 Abs. 2 BayHSchG.

405 http://www.zaar.uni-muenchen.de/zaar/ziel/kooperation/index.html [Stand: 03.01.2015].

406 http://www.zaar.uni-muenchen.de/zaar/unabhaengigkeit/index.html; http://www.zaar.uni-muenchen.de/download/zaar/satzung.pdf [Stand: 02.01.2015]; § 1 und § 2 der Stiftungssatzung. Laut §§ 5 und 6 der Stiftungssatzung müssen sowohl im Kuratorium wie im Stiftungsrat, zwei Kontroll- und Entscheidungsinstanzen (die wichtigsten Entscheidungen werden im Kuratorium getroffen), die Stiftungsgeber 60 Prozent der Sitze haben. Die beiden Gremien setzten sich gemäß Tätigkeitsbericht 2014 (vom Dezember 2014: S. 7f.) ausschließlich aus Arbeitgebervertretern zusammen.

407 Bognanni/Pennekamp 2011.

408 Bognanni/Pennekamp 2011.

409 http://www.igmetall.de/direktor-des-zentrums-fuer-arbeitsbeziehung-und-arbeitsrecht-zaar-9775.htm. [Stand: 03.01.2015].

410 Kramer 2011.

411 Kramer 2011.

412 Kramer 2011.

413 Kramer 2011.

414 Hänggi 2013: S. 32f.: Mit erfrischender Offenheit sagte einmal der Präsident einer großen Industriestiftung, Joseph Deiss: »Es kann doch nicht sein, dass wir einfach sagen, gut, wir bezahlen ein paar Millionen, und nachher macht ihr damit, was ihr wollt.«

415 Kramer 2011.

416 Ausnahmen bestätigen die Regel.

417 Das Weblog *Spiegelkabinett* weist auf die Folgen der Tätigkeit des ZAAR für die Lehre hin:»Die Crux ist aber, dass diese Herren ihre Erkenntnisse an Generationen von Studenten weitergeben, denn sie gehen der ganz normalen Lehrtätigkeit außerhalb ihres Instituts an der Ludwig-Maxi-milians-Universität nach. Das heißt: Die [...] Ansichten der Arbeitgeberverbände werden an einer öffentlichen Hochschule auf Kosten der steuerzahlenden Arbeitnehmer an die nächsten Generationen von Arbeitsrichtern, Staats- und Rechtsanwälten vermittelt, die dann mit diesem Wissen in ihren Köpfen Recht sprechen.«: http://spiegelkabinett-blog.blogspot.de/2013/03/gekaufte-wissenschaft-zentrum-fur.html [Stand: 03.01.2015].
418 Vgl. http://www.audi-cr.de/de/gesellschaft/ [Stand: 05.01.2015].
419 http://www.ini.tum.de/ [Stand: 05.01.2015].
420 http://www.ini.uni-muenchen.de/index.html [Stand: 05.01.2015]. Dort heißt es:»Zwischen der LMU München und AUDI besteht die Vereinbarung, dass interessante Forschungsfragen, die für AUDI von Interesse sind, finanziell gefördert werden. [...] In der Vergangenheit wurden zum Beispiel Projekte von Doktoranden gefördert, die sich mit Gesundheitsmanagement, Marketing, der Leitung altersheterogener Gruppen, dem Erwerb von Eigenverantwortung, den Auswirkungen bestimmter Unternehmenskulturen befassten. Idealerweise sind es Forschungsideen, bei denen der Student oder die Studentin promovieren will. Die Betreuung wird sowohl von einem Professor an der LMU geleistet als auch von Führungskräften von AUDI.«
421 https://www.unibw.de/praes/service/presse/Pressemitteilungen/pressemitteilungen-2011/universitaet-der-bundeswehr-muenchen-und-audi-ag-gruenden-gemeinsames-forschungsinstitut [Stand: 05.01.2015].
422 http://www.hin.nsu.de/html/uber_uns.html [Stand: 05.01.2015].
423 http://www.audi-cr.de/de/gesellschaft/ [Stand: 05.01.2015].
424 http://www.thi.de/hochschule/fakultaet-elektrotechnik-und-informatik/personen/professoreninnen/prof-dr-michael-botsch.html [Stand: 05.01.2015].
425 http://www.thi.de/hochschule/ueber-uns/hochschulgremien.html [Stand: 05.01.2015]. Von den zehn externen Mitgliedern des Hochschulrates (nicht an der Hochschule tätige Mitglieder) sind sieben aus der Industrie. Es gibt keinen Vertreter der Zivilgesellschaft, wie etwa einen Naturschutzverband, Sozialverband, eine Religionsgemeinschaft oder Ähnliches.
426 http://www.thi.de/hochschule/foerderverein.html [Stand: 05.01.2015].
427 http://www.thi.de/hochschule/ueber-uns/hochschulleitung/prof-dr-thomas-suchandt.html [Stand: 05.01.2015].

428 Vgl. den Flyer der TH Ingolstadt zu CARISSMA: http://www.thi.de/fileadmin/daten/forschung/CARISSMA/Flyer_CARISSMA_02.pdf [Stand: 07.01.2015] und Schweiger 2010, auch unter: www.thi.de/uploads/media/HI_News_Extra_web.pdf, [Stand: 05.01.2015].

429 http://www.thi.de/zaf/carissma.html [Stand: 06.01.2015].

430 http://www.thi.de/zaf/carissma.html [Stand: 06.01.2015].

431 http://www.thi.de/zaf/carissma.html [Stand: 06.01.2015].

432 Schweiger 2010.

433 Vgl. Schober 2014: S. 51. Im Flyer CARISSMA der TH Ingolstadt werden als thematische Schwerpunkte aufgeführt: »Passive und integrale Sicherheit, aktive Sicherheit und Fahrerassistenz, Umfeldsensorik, Car2X- Communication, Sicherheit neuer Antriebskonzepte, Testentwicklung für sicherheitskritische Systeme, Simulationsentwicklung, Leichtbau«, alles Gebiete, die unmittelbar für die Automobilindustrie von Nutzen sein können.

434 http://www.thi.de/zaf/carissma/leitung-und-team.html?schrift=2 [Stand: 05.01.2015] und: http://www.thi.de/hochschule/fakultaet-elektrotechnik-und-informatik/personen/professoreninnen/prof-dr-ing-thomas-brandmeier.html [Stand: 05.01.2015].

435 http://www.thi.de/zaf/einzelansicht/browse/6/article/konstituierende-sitzung-des-wissenschaftlichen-beirats-des-forschungs-und-testzentrums-carissma-der/6.html [Stand: 05.01.2015].

436 https://www.thi.de/index.php?id=4361 [Stand: 05.01.2015].

437 Haibach 2008: S. 192: Selbst die Befürworterin von Drittmitteln, Marita Haibach, Präsidentin der European Fundraising Association, sagt: »Der primäre Zweck von Unternehmen ist es nicht, sich als Förderer von Gemeinwohlanliegen zu betätigen, sondern Profite zu erzielen.«

438 Vgl. Kreiß 2014 und Kreiß 2013 zum täglichen Marktversagen: Die veralteten Vorstellungen von Adam Smith, *The Wealth of Nations* (1776), dass, wenn jeder aus Eigennutz handelt, über den Markt wie von unsichtbarer Hand das beste Ergebnis für die Allgemeinheit herauskommt, treffen heute nicht mehr zu. Das mag in einer schottischen Kleinstadt im 18. Jahrhundert Gültigkeit gehabt haben, als noch fast jeder jeden kannte und wo kein unüberschaubarer und schwer überprüfbarer Güter- und Komponentenfluss über Tausende von Kilometern und Dutzende von Nationen existierte.

439 Olson 1991: Olson zeigt eindringlich auf, welch negative gesamtwirtschaftliche Auswirkungen die Durchsetzung von Gruppeninteressen hat.

440 Wenn unsere derzeitigen Gesetze solche Entwicklungen ganz legal zulassen, ist es möglicherweise an der Zeit, diese Gesetze zu ändern.

441 Vgl. Schober 2014: S. 51.

442 http://www.thi.de/zaf/carissma.html [Stand: 06.01.2015]: Interessanterweise wird auf der Website zu CARISSMA hervorgehoben, dass das Projekt besonders für Kinder gut sei: »Kinder und Jugendliche sind besonders gefährdet: Sie verunglücken dreimal häufiger als andere Verkehrsteilnehmer.« Dass viele Kinder durch die Autoabgase und die dadurch verursachten hohen Ozonwerte bei Sonnenschein Lungen- und andere Leiden bekommen, wird in den CARISSMA-Darstellungen naheliegenderweise nicht erwähnt (es ist ja auch nicht Gegenstand der Forschungsausrichtung des Projekts) und wäre auch nicht im Sinne von Audi, da deren Luxus-Limousinen (wie alle Luxuslimousinen) wegen der hohen PS-Zahl besonders luftbelastend sind. Eine Reduzierung des Pkw-Straßenverkehrs würde nicht nur die Verkehrssicherheit für Kinder, sondern auch die genannten anderen Probleme in einem beheben, wäre also eine viel effizientere Lösung.

443 »Premium« sicherlich nicht für Umwelt, saubere Luft und damit u.a. für unsere Kinder.

444 Redaktion *Format* 2014, auch unter: http://www.format.at/news/oesterreich/ranking-die-100-oesterreicher-376375 [Stand: 07.01.2014]. Vgl. auch: Kreiß 2013 und Kreiß 2014: zum immer wieder vorgeschützten, falschen Argument der Sicherung von Arbeitsplätzen.

445 Vgl. z.B. Hänggi (2013: S. 27), der sehr treffend bemerkt: »Verräterisch an all diesen Aussagen ist, wie sehr die ›Bedürfnisse der Gesellschaft‹ mit denen der Industrie gleichgesetzt werden.« Zwischen diesen beiden Bedürfnissen besteht oft ein himmelweiter Unterschied. Zu den die Allgemeininteressen in den Vordergrund stellenden industrienahen Wissenschaftlern gibt es zahllose Beispiele.

446 http://www.forschungswende.de/ [Stand: 08.03.2015]

447 *Frontal 21* 2013, auch unter: https://www.youtube.com/watch?v= LPUD BdGE9m4 [Stand: 08.01.2015].

448 Krüger 2013, auch unter: http://www.taz.de/Autoindustrie-und-RWTH-Aachen/!116954/ [Stand: 08.01.2015]. Weshalb vergibt das Bundeswirtschaftsministerium eine Studie an ein Institut, das im Verdacht steht, sehr industrienah zu sein? Normalerweise wird für diese Studien bezahlt, demnach würde auch das Bundeswirtschaftsministerium das ika mitfinanzieren.

449 Krüger 2013.

450 Krüger 2013.

451 Krüger 2013.

452 http://www.ika.rwth-aachen.de/de/aktuell.html [Stand: 08.01.2015].

453 Ich persönlich habe sie trotz einiger Versuche nicht gefunden.

454 Spitzer 2014: S. 12.

455 Spitzer 2014: S. 83.

456 Spitzer 2014: S. 148.
457 Spitzer 2014: S. 147.
458 Spitzer 2014: S. 148.
459 Spitzer 2014: S. 318.
460 Vgl. Buchwald 2014.
461 Buchwald 2014.
462 Vgl. Mayer 2013: S. 21–23.
463 Vgl. Kamella 2013: S. 6.
464 Mayer 2013: S. 21–23.
465 Vgl. Stukenberg 2014: S. 38–42.
466 Kamella 2013: S. 6f.
467 Kamella 2013: S. 8 und Stukenberg 2014.
468 Stukenberg 2014.
469 Vgl. Kreiß 2014: S. 96: »Capri Sonne war Gewinner der dreistesten Werbe-
     lüge 2013.« http://www.foodwatch.org/de/informieren/kinderernaehrung
     /aktuelle-nachrichten/capri-sonne-erhaelt-goldenen-windbeutel-2013/
     [Stand: 26.01.2015].
470 Vgl. Stukenberg 2014.
471 McDonald's 2006: S. 46. Der gesamte Text lautet: »Auf dem Tisch lie-
     gen: Obst, Bilder von verschiedenen Gerichten, Bild von Pizza, Wurst-
     semmel, Hamburger mit Pommes. Die Kinder sollen nun einordnen, was
     davon unter ›Fast Food‹ fällt. Hier ist die Definition des Begriffes wich-
     tig: ›Fast Food‹ ist alles, was schnell und ›aus der Hand‹ gegessen werden
     kann – also zählt zum Beispiel auch Obst dazu. Der Begriff ›Fast Food‹
     bezieht sich also in erster Linie nicht auf das, was man isst, sondern auf
     die Art, wie man es zu sich nimmt.« In anderem McDonald's-Unter-
     richtsmaterial wird in einem Memoryspiel ein Hamburger in dieselbe
     Kategorie wie »Brot« eingeordnet, Foodwatch 2013: S. 4, auch unter:
     https://www.foodwatch.org/uploads/media/2013-05-02_Faktenpapier_
     Unterrichtsmaterial_final_03.pdf [Stand: 08.03.2015].
472 http://www.schule-bw.de/unterricht/faecher/nwt/unterrichtseinheiten/
     einheiten/antriebe/design/Genius_Design_Aerodynamik.pdf
     [Stand: 26.01.2015].
473 http://www.schule-bw.de/unterricht/faecher/nwt/unterrichtseinheiten/
     einheiten/antriebe/design/Genius_Design_Aerodynamik.pdf
     [Stand: 26.01.2015].
474 Bettzieche 2014.
475 Stukenberg 2014.
476 Steiner/Fischer 2012: S. 10.
477 Beier 2003: S. 28.
478 Schorlemmer zit. in: Achtnich 2011, zit. in: Mayer 2013: S. 24.
479 Vgl. Stukenberg 2014.

480 Kamella zit. in: Bettzieche 2014.
481 Mayer 2013: S. 20.
482 Mayer 2013: S. 21.
483 Kamella 2013: S. 13.
484 Stukenberg 2014.
485 Vgl. dazu die Aussagen von Rudolf Steiner (1976 und 1996), den Begründer der Waldorfschulen. Der Geist muss über das Wirtschaftsleben bestimmen und es regeln, nicht umgekehrt, das wäre sonst so, wie wenn der Bauch über den Kopf entscheiden würde oder der Schwanz mit dem Hund wackelt.
486 Mayer 2013: S. 19.
487 DFG: Deutsche Forschungsgesellschaft; BMBF: Bundesministerium für Bildung und Forschung.
488 Ober 2014a: S. 38.
489 Vgl. Herrmann/Spath (2006: S. 147ff) welche Forschungsinhalte in der Vergangenheit durch das BMBF konkret gefördert wurden.
490 Vogt 2014: S. 98.
491 Vgl. Bodack 2012: S. 9–23.
492 Spitzer 2014: S. 291.
493 Spitzer 2014: S. 292.
494 Spitzer 2014: S. 292.
495 Ober 2014b: S. 11.
496 Malka/Gregori 2008: S. 194.
497 The Tobacco Institute: »Tobacco Smoke and the Nonsmoker. Scientific Integrity at the Crossroads«, vom 20. Oktober 1986, zit. in Malka/Gregori 2008: S. 195.
498 Vgl. Friedrichs 2011.
499 Rürup hatte 2002 bis 2003 den Vorsitz in der Kommission für die Nachhaltigkeit in der Finanzierung der sozialen Sicherungssysteme inne.
500 Ober 2014a: S. 45 und Schneidewind/Singer-Brodowski 2014: S. 20: Beide weisen darauf hin, dass, ökonomisch betrachtet, »der Grenznutzen weiterer technologisch getriebener Innovationen in modernen Gesellschaften abnimmt. Die Entwicklung von empfundener Lebensqualität und Wohlstand entkoppelt sich vom weiteren Anstieg des Bruttosozialproduktes.«
501 http://www.bmwi.de/DE/Themen/Technologie/innovationspolitik,did=60192.html [Stand: 28.10.2014].
502 Ober 2014a: S. 53.
503 http://www.e-fi.de/die_expertenkommission.html [Stand: 16.01.2015].
504 http://innovationsdialog.acatech.de/organisation.html [Stand: 16.01.2015]. Das Gremium sagt von sich selbst: »Die eigentliche ›Dialogrunde‹ bildet der im Auftrag der Bundeskanzlerin berufene Steu-

erkreis. Ihm gehören Wissenschafts- und Wirtschaftsvertreter unter Vorsitz von acatech-Präsident Henning Kagermann an. Gemeinsam mit den Vertretern der Bundesregierung diskutiert der Kreis regelmäßig relevante Zukunftsfragen.«

505 http://innovationsdialog.acatech.de/organisation/innovationsdialog/mitglieder-des-steuerkreises0.html [Stand: 16.01.2015].

506 In der Selbstdarstellung heißt es: »Die Forschungsunion hat von 2006 bis 2013 als das zentrale innovationspolitische Beratungsgremium die Umsetzung und Weiterentwicklung der Hightech-Strategie 2020 für Deutschland begleitet.«, unter: http://www.forschungsunion.de/ [Stand: 15.01.2015]. (Schneidewind/Singer-Brodowski (2014: S. 174) betonen den großen Einfluss der industrienahen Fraunhofer-Gesellschaft auf die Hightech-Strategie.

507 http://www.forschungsunion.de/mitglieder/index.html [Stand: 16.01.2015]. Auch Schneidewind/Singer-Brodowski (2014: S. 384) weisen auf die einseitige Interessenvertretung in der Forschungsunion hin.

508 Vgl. Ober 2014a: S. 51ff.

509 Wie z.B. von Niko Paech.

510 Vgl. das Buch von Wolfgang Heckl (2014), dem Leiter des Deutschen Museums München, mit dem gleichnamigen Titel.

511 Ober (2014b: S. 52) schreibt dazu: »Die sozial-ökologische Forschung gibt es schon, man muss sie nur mit der Lupe suchen.« Sie beträgt etwas mehr als 1 Prozent der gesamten öffentlichen Forschungsmittel. Auch Schneidewind/Singer-Brodowski (2014: S. 162) betonen, dass »der sozial-ökologische Impuls, bezogen auf das gesamte Forschungssystem, nicht mehr als ein kleiner Tropfen auf dem heißen Stein der über 70 Mrd. Gesamtforschungsausgaben pro Jahr in Deutschland« sei.

512 Zur Erinnerung: Laut dem Historiker Wehler (2013) kontrollieren in Deutschland 7700 Haushalte, das sind 0,02 Prozent aller deutschen Haushalte, über die Hälfte des deutschen Betriebsvermögens.

513 Vgl. Ober 2014b: S. 12; ähnlich Schneidewind/Singer-Brodowski 2014: S. 306: »Wissenschaftspolitik ist bislang ein Unterfangen weniger Eingeweihter und Aktiver im Wissenschaftssystem. Sie vollzieht sich fast vollständig außerhalb öffentlicher, medialer und politischer Sichtbarkeit und Korrektive.«

514 Grefe/Sentker 2014.

515 Grefe/Sentker 2014.

516 Grefe/Sentker 2014.

517 Vgl. Kreiß 2013 und Kreiß 2014. Der Betriebswirt Heinz Siebenbrock (2013: S. 20) schreibt hierzu: »In der Betriebswirtschaftslehre wird Profitmaximierung als Mission und Vision religiös überhöht.« Den Studie-

renden der Betriebswirtschaftslehre ist laut Siebenbrock spätestens nach der Einführungswoche klar: Gewinnmaximierung ist das höchste Ziel auf Erden (Vgl. ebd.).

518 Bergmann 2013. Vgl. auch die ausführliche Darstellung bei Schneidewind/Singer-Brodowski 2014: S. 167–183.

519 Bergmann 2013: S. 7.

520 Statistisches Bundesamt 2013: S. 101. Die Helmholtz-Zentren schreiben über ihre Finanzierung 2014 auf ihrer Homepage »Das jährliche Budget der Gemeinschaft beträgt mehr als 3,8 Milliarden Euro. Es wird zu circa 70 Prozent von Bund und Ländern im Verhältnis 90 : 10 aufgebracht. Rund 30 Prozent des Gesamtbudgets werben die Zentren selbst als Drittmittel ein.«, http://www.helmholtz.de/ueber_uns/mission/ [Stand: 16.01.2015].

521 Vgl. http://www.helmholtz.de/ueber_uns/senat_und_senatskommission/ [Stand: 16.01.2015], wonach sechs von 21 Senatsmitgliedern aus der Wirtschaft kommen.

522 Vgl. http://www.fraunhofer.de/de/ueber-fraunhofer/einrichtungen-organe/ senat.html#tabpanel-2 [Stand: 16.01.2015], wonach zehn von etwa 30 Senatsmitgliedern aus der Wirtschaft kommen, darunter Führungskräfte namhafter Konzerne. Auch Schneidewind/Singer-Brodowski (2014: S. 143f.) betonen die Industrielastigkeit speziell der Fraunhofer-Institute und zeigen in einer Tabelle auf, dass etwa zwei Drittel (66,8 Prozent) der Gesamtmittel der Fraunhofer-Institute auf Drittmittel entfallen, während der Anteil von Drittmitteln bei den anderen Forschungsgesellschaften deutlich niedriger liegt (Helmholtz-Gemeinschaft 36 Prozent, Leibniz-Gemeinschaft 28 Prozent und Max-Planck-Gesellschaft 18 Prozent).

523 Vgl. Bergmann 2013: S. 15–20.

524 Bergmann 2013: S. 1f. Allerdings gibt es zumindest eine Ausnahme: Im Senat der Fraunhofer-Gesellschaft gibt es einen Vertreter einer Zivilgesellschaft, den Vorstand der Deutschen Wildtier Stiftung; vgl. http:// www.fraunhofer.de/de/ueber-fraunhofer/einrichtungen-organe/senat. html#tabpanel-2 [Stand: 16.01.2015]. Die Kernaussage von Matthias Bergmann dürfte dennoch zutreffen.

525 Spitzer 2014: S. 290f.

526 Spitzer 2014: S. 290f. Auf der Website des Fraunhofer IDMT Ilmenau finden sich nach meiner Recherche keine Angaben zur Finanzierung des Instituts. In Wikipedia heißt es zur Finanzierung des Fraunhofer-Instituts für Digitale Medientechnik Ilmenau: »Der Betriebshaushalt des Fraunhofer IDMT lag im Geschäftsjahr 2006 bei 7,5 Millionen Euro. Diese kamen zu etwa 30 % aus der Grundfinanzierung, welche zu 90 % aus Bundesmitteln und zu 10 % aus Landesmitteln finanziert wird. Rund 40 % des Betriebshaushalts waren Erträge aus der Wirtschaft.« Mit an-

deren Worten: Die Finanzierung des Fraunhofer IDMT Ilmenau durch die private Wirtschaft war demnach in der Vergangenheit (2006) nicht unerheblich, unter: http://de.wikipedia.org/wiki/Fraunhofer-Institut_für_Digitale_Medientechnologie [Stand: 06.03.2015].

527 Herrmann/Spath 2006: S. 219.

528 Böschen et al. 2008: S. 206ff.: Bei der Diskussion um Nichtwissenskulturen schlagen Böschen et al. das Prinzip der Gestaltungsöffentlichkeit vor, bei dem gesellschaftliche Akteure aus möglichst vielen relevanten gesellschaftlichen Gruppierungen eingebunden werden und nicht nur einseitige Interessen vertreten sein sollten.

529 Schneidewind/Singer-Brodowski 2014: S. 30 und 36.

530 Münch 2011.

531 Ober (2014b: S. 18f.) zu den sehr viel geringeren Ressourcen der zivilgesellschaftlichen Organisationen sowie deren viel geringerer Lobbyvertretung.

532 Herrmann/Spath 2006: S. 62.

533 Herrmann/Spath 2006: S. 75 und: Hänggi 2013: S. 124.

534 Herrmann/Spath 2006: S. 77 und: Herrmann/Spath 2013: S. 49.

535 http://ec.europa.eu/research/horizon2020/pdf/press/horizon_2020_budget_constant_2011.pdf [Stand: 16.01.2015] oder Herrmann/Spath 2013: S. 128.

536 http://sciencescitoyennes.org/wp-content/uploads/2011/06/OpenLetter-28-07-11.pdf [Stand: 16.01.2015].

537 Vgl. Hänggi 2013: S. 123.

538 Hänggi 2013: S. 123.

539 Vgl. Meier et. al. 2012.

540 Vgl. Meier et. al. 2012: S. 71.

541 Vgl. Meier et al. 2012: S. 71.

542 Meier et al. (2012: S. 72) schreiben dazu: »Da die Großunternehmen die Themen bestimmen, erhalten sie auch die meisten Fördermittel. Von den knapp 180 Millionen Euro der EU, die Clean Sky 2010 und 2011 einplante, waren nur knapp sechs Millionen Euro für europäische Universitäten vorgesehen, für die zwölf oben genannten beteiligten Großunternehmen hingegen mehr als 55 Prozent der Summe. Der Rest verteilte sich auf andere Forschungseinrichtungen und KMU – insgesamt beteiligten sich 300 Partner. Das GTI »Brennstoffzellen und Wasserstoff« etwa budgetierte für 2008 bis 2010 rund 180 Millionen Euro, wovon 130 Millionen für die beteiligten Industrien vorgesehen waren.«

543 Vgl. Meier et al. 2012: S. 71f., und Hänggi 2013: S. 179ff.: Für die Schweiz zeigt Hänggi anhand mehrerer Beispiele, wie auch dort bei der Allokation öffentlicher Mittel Industrieinteressen deutlich bevorzugt

würden, da viele Schweizer Entscheidungsgremien mit industrienahen Experten besetzt seien.

544 Hermann/Spath 2006: S. 220.

545 Bei Stukenberg (2014) ist unter der Überschrift »Einmaleins des Lobbyismus« zu lesen: »Der Klassiker. Die berüchtigten Hinterzimmer-Gespräche sind die Wirkungsstätte des klassischen Lobbyismus. Abseits der Öffentlichkeit überzeugen gewiefte Experten die Fachpolitiker von ihrer Sicht der Dinge. Oft schreiben sie sogar an Gesetzentwürfen mit. Verboten ist das nicht: Die Geschäftsordnung der Bundesministerien und des Bundestages erlauben ›Interessenvertreter‹.«

546 Ein Bekannter, dem ich Mitte Januar 2015 von diesem Buchprojekt erzählte, meinte: »Oh, das wird sicher 1000 Seiten dick.« Das wäre in der Tat problemlos möglich.

547 Bok 2003: S. 76: »Industry funding can magnify the voice of those who receive it and encourage them to continue their research and be more outspoken and more vigorous in expounding their views. Such tactics can confuse the public and distort the debate about important issues.«

548 Münch 2011: S. 20.

549 Zum genau entgegengesetzten Ergebnis kommt Günter Stock, der bei privatwirtschaftlichen Drittmittelgeldern geradezu ins Schwärmen gerät und darin beinahe die ultimative Befreiung der Wissenschaft sieht: Demnach seien Drittmittel »ein ungeheures Privileg für jeden Wissenschaftler, der Zugang zu solchen Geldern hat. Er sollte sich glücklich schätzen und er tut es auch, weil er hier Möglichkeiten hat, frei zu entscheiden, wie er es in seiner Verantwortung für richtig hält.«, zit. in: Kocka/Stock 2011: S. 9 (Vorw. von Günter Stock). Wichtig ist hier der Nebensatz »der Zugang zu solchen Geldern hat«. Der Zugang entscheidet. Es ist doch eher unwahrscheinlich, dass ein Greenpeace-Anhänger Zugang zu Genforschungsmitteln von Monsanto erhält. Wer im Club ist, kann innerhalb des Clubs ungeahnte Freiheiten entfalten – solange er die Regeln des Clubs einhält. Ist das die wissenschaftliche Freiheit, die wir uns wünschen? Und: Wer legt die Clubregeln fest?

550 Krimsky 2003: S. 224; vgl. Hänggi 2013: S. 78, der sich auf Krimsky bezieht.

551 Hänggi 2013: S. 78, bezieht sich hier auf Krimsky (2003).

552 Bok 2013: S. 342.

553 Bok 2013: S. 344: »Few of the developments described above are entirely new. Nevertheless, they have now proceeded to such an extent that the nature of academic science seems fundamentally altered.«

554 Hänggi 2013: S. 13: »Der wichtigste Punkt ist aber ein anderer [...], dass die ganze Ausrichtung der Forschung beeinflusst wird: Es bestehen für die Universitäten starke Anreize, in solche Richtungen zu forschen, die

geeignet sind, Sponsoren anzuziehen. Es ist wohl kein Zufall, dass keine andere Wissenschaft so konsequent wie die (Mainstream-)Ökonomie – also die Wissenschaft, die am meisten privates Geld erhält – an den gesellschaftlich relevanten Fragen vorbei forscht.«

555 Selbstverständlich nicht alle, ja sicherlich nicht einmal die Mehrheit der mit Drittmitteln ausgestatteten Forscher.

556 Statistisches Bundesamt 2013: S. 101.

557 Das ist selbstverständlich nur eine grobe Schätzung.

558 Bok 2013: S. 351: »Whatever the reason, where conflicts of interest are concerned, money seems to triumph over principle with disturbing frequency.« (»Was auch immer die Gründe sein mögen, wo Interessenkonflikte [zwischen Industrie und Wissenschaft] auftreten, scheint mit beunruhigender Häufigkeit Geld über Grundsätze zu triumphieren.«)

559 Bok 2003: S. 76: »Eventually, confidence in all academic research may suffer, especially if the investigators who join the debate and testify before Congress fail to reveal the identity of their sponsors.«

560 Bok 2013: S. 356: »The continued lack of strict conflict-of-interest-rules in a number of universities and the absence of vigorous enforcement of existing rules by many other institutions threaten to place a cloud of suspicion over the published work of academic researchers, whether it be reports on their research or commentary on other questions of scientific or general interest. As more and more studies and articles appear documenting the financial entanglements of academic authors, the public may come to doubt the objectivity of the research and lose confidence in the public pronouncements of professors on a wide variety of subjects ranging from new drugs and medical treatments to dietary advice, global warming, occupational safety, and much else.«

561 Beispielsweise von Marita Haibach (2008), der Präsidentin der European Fundraising Association.

562 Kohlenberg/Musharbash 2013.

563 Vgl. Kohlenberg/Musharbash 2013.

564 Vgl. Kramer 2014.

565 Von diesem Verbot *nicht* betroffen wären Nebentätigkeiten von Hochschulpersonal im Rahmen der bisherigen gesetzlichen Regelungen.

566 http://www.bmwi.de/DE/Themen/Technologie/innovationspolitik,did=60192.html [Stand: 28.10.2014].

567 Hänggi 2013: S. 72.

568 Vgl. Gläser et al. 2008: S. 148.

569 Gläser et al. 2008: S. 158.

570 Vgl. Hänggi 2013: Kap.11/S. 149–168, für die Schweiz.

571 Vgl. Lange 2010: S. 374ff.

572 Vgl. Lange 2010: S. 355.

573 Schneidewind/Singer-Brodowski 2014: S. 336; Meyer-Guckel et al. 2010: S. 23. Den reinen Zahlen widersprechen nicht die industrienahen Forscher, wohl aber dieser Interpretation.

574 Vgl. Angell 2005: S. 236ff. Einen ähnlichen Vorschlag macht Krimsky 2003: S. 229.

575 Robinson 2013: S. 208.

576 Schott/Lieb/Ludwig 2011: S. 276.

577 Der Begriff »Industrie« umfasst hier die gesamte gewerbliche Wirtschaft, also auch die Dienstleistungsunternehmen.